DR. OETKER
STUDENTENFUTTER VON A–Z

DR. OETKER
STUDENTENFUTTER VON A–Z

Dr. Oetker Verlag

Abkürzungen

EL	=	Esslöffel
TL	=	Teelöffel
Msp.	=	Messerspitze
Pck.	=	Packung/Päckchen
g	=	Gramm
kg	=	Kilogramm
ml	=	Milliliter
l	=	Liter
evtl.	=	eventuell
geh.	=	gehäuft
gem.	=	gemahlen
ger.	=	gerieben
gestr.	=	gestrichen
TK	=	Tiefkühlprodukt
°C	=	Grad Celsius
Ø	=	Durchmesser

Kalorien-/Nährwertangaben

E	=	Eiweiß
F	=	Fett
Kh	=	Kohlenhydrate
kJ	=	Kilojoule
kcal	=	Kilokalorien
BE	=	Broteinheiten

Bei den Nährwertangaben in den Rezepten handelt es sich um auf- bzw. abgerundete ganze Werte. Lediglich die Broteinheiten werden in 0,5er-Schritten mit einer Stelle nach dem Komma angegeben.
Aufgrund von ständigen Rohstoffschwankungen und/ oder Rezepturveränderungen bei Lebensmitteln kann es zu Abweichungen kommen. Die Nährwertangaben dienen daher lediglich Ihrer Orientierung und eignen sich nur bedingt für die Berechnung eines Diätplans, zum Beispiel bei Krankheiten wie Diabetes.
Bei krankheitsbedingten Diäten richten Sie sich daher bitte nach den Anweisungen Ihres Diätassistenten bzw. Ihres Arztes.

Allgemeine Hinweise zu den Rezepten

Lesen Sie bitte vor der Zubereitung – besser noch vor dem Einkauf – das Rezept einmal vollständig durch. Oft werden Arbeitsabläufe oder -zusammenhänge dann klarer.

Zutatenliste und Arbeitsschritte

Die Zutaten sind in der Reihenfolge ihrer Verarbeitung aufgeführt. Die Arbeitsschritte sind einzeln hervorgehoben, in der Reihenfolge, in der sie von uns ausprobiert wurden.

Zubereitungszeiten

Die Zubereitungszeit ist ein Anhaltswert für die Dauer der Vorbereitung und die eigentliche Zubereitung. Längere Wartezeiten wie Kühl- oder Abkühlzeiten, Auftau- und Durchziehzeiten sind, sofern parallel keine weitere Tätigkeit erfolgt, nicht in der Zubereitungszeit enthalten. Die Gar- und Backzeiten werden in der Regel gesondert ausgewiesen.

Backofeneinstellung und Back- und Garzeiten

Die in den Rezepten angegebenen Backofentemperaturen, Back- und Garzeiten sind Richtwerte, die je nach individueller Hitzeleistung Ihres Backofens über- oder unterschritten werden können. Machen Sie nach Beendigung der angegebenen Backzeit eine Garprobe.
Die Temperaturangaben in diesem Buch beziehen sich auf Elektrobacköfen. Die Temperatureinstellungsmöglichkeiten für Gasbacköfen variieren je nach Hersteller, sodass wir keine allgemeingültigen Angaben machen können. Bitte beachten Sie deshalb bei der Einstellung des Backofens die Gebrauchsanleitung des Herstellers. Ein Backofenthermometer eignet sich dabei gut, um die Backofentemperatur im Blick zu haben.

Einschubhöhe

Hohe und halbhohe Formen werden im Allgemeinen auf dem Rost auf die untere Einschubleiste geschoben, flache Formen auf die mittlere Einschubleiste. Abweichungen sind möglich und von der Ausführung Ihres Backofens abhängig. Beachten Sie daher auch die Angaben Ihres Herstellers.

Vorwort

Das WG-Zimmer ist einigermaßen ausgestattet, die neue Stadt erkundet. Zur Uni findet man im Schlaf. Die Kommilitonen werden zu Gleichgesinnten und Freunden. Nach den ersten Hürden zieht der Studentenalltag ein und mit ihm die tägliche Frage: Was esse ich heute?

Lieferservice oder Fast-Food-Restaurants sind da die schnellste und einfachste Lösung. Auf Dauer ist das leider weder BAföG-kompatibel noch gesund: Homemade ist angesagt! Dr. Oetker gibt hier mit einem knappen Kilo Rezepten die perfekte Starthilfe für günstige und gelingsichere Gaumenfreuden. Gewürzt mit einer Prise Kreativität passen sich die Rezepte an den eigenen Geschmack an und begeistern garantiert auch hungrige Mitstudenten.

Also am besten gleich loslegen und die ersten selbst gekochten Lieblingsgerichte entdecken:
So nehmen sich selbst Teilzeit-Fleisch-Esser vom vegetarischen Couscous-Brokkoli-Auflauf oder vom veganen Kartoffel-Bohnen-Topf gerne noch einen Nachschlag.

Wird's am Monatsende mal wieder knapp, machen gebratene Hackfleischeier und ein schnelles Paprika-Quark-Brot nicht nur satt, sondern glücklich und mit klassischen Frikadellen mit Kartoffelpüree oder preisgünstigen Eiern in Senfsauce kommt das Zuhause-Gefühl-wie-bei-Muttern auf den Teller.
Bei wenig Zeit zwischen Vorlesung und Mensa sind das Studentenbrötchen XXL oder die Veggie-Wraps die perfekten To-go-Lösungen.
Süße Energie-Kicks für nicht enden wollende Lernnächte und Prüfungsvorbereitungen spenden handliche Crumble Cookies, erfrischender Obstsalat oder heiße spanische Schokolade.

Zur Party in der WG-Küche sorgen Tortellini-Suppe, Baguettes mit Frischkäse und Zitronencreme für gute Laune bei ausgehungerten Studienfreunden. Virgin Hugo und Weizen de luxe sind dabei gern gesehene flüssige Alternativen zu Cola und Pils.

Nach den ersten Selfmade-Kochexperimenten und dem studierten Ratgeber gibt's nach einigen Wochen die Erkenntnis: „Nahrungssuche und Nahrungsaufnahme" bereichern mit allem Sinnen das studentische Tagesgeschäft.

Andalusische Pilzpfanne I

Ganz simpel

2 Portionen

VEGAN

Pro Portion: E: 10 g, F: 25 g, Kh: 14 g, kJ: 1280, kcal: 306, BE: 1,0

je 250 g	*möglichst kleine Champignons, Austernpilze und Shiitakepilze*
1–2 EL	*Zitronensaft*
2	*Knoblauchzehen*
1/2 Bund	*Petersilie*
5 EL	*Olivenöl*
	Salz
	gem. Pfeffer

Zubereitungszeit: etwa 35 Minuten, ohne Marinierzeit

1. Die Champignons putzen, mit Küchenpapier abreiben, evtl. abspülen und trocken tupfen. Austernpilze putzen, mit Küchenpapier abreiben und in Streifen zupfen. Shiitakepilze putzen, Stängel flach schneiden, Pilze mit Küchenpapier abreiben und große Shiitakepilze halbieren oder vierteln. Alle drei Pilzsorten in einer Schüssel mit Zitronensaft beträufeln und etwa 10 Minuten zum Marinieren stehen lassen.

2. Inzwischen Knoblauchzehen abziehen und fein hacken. Petersilie abspülen, trocken tupfen, die Blättchen von den Stängeln zupfen und fein schneiden.

3. Olivenöl in einer großen Pfanne erhitzen. Die fein gehackten Knoblauchzehen darin glasig dünsten.

4. Die marinierten Pilze hinzugeben und bei mittlerer Hitze 5–6 Minuten schmoren lassen, dabei ab und zu umrühren. Anschließend die Pilze bei großer Hitze kurz braten.

5. Pilzpfanne mit Salz und Pfeffer kräftig würzen, fein geschnittene Petersilie unterrühren und dann alles sofort heiß servieren.

Dazu passt: Baguette- oder Fladenbrot.

Rezeptvariante: Für eine **Champignon-Sahne-Pfanne** (1–2 Portionen) statt der Austern- und Shiitakepilze möglichst kleine Champignons (750 g) verwenden. Pilze putzen und ganz lassen (größere Pilze halbieren oder vierteln). 1 Zwiebel abziehen, fein würfeln. 40 g Butterschmalz in einer Pfanne erhitzen. Zwiebelwürfel darin unter Rühren dünsten. Pilze hinzugeben und unter gelegentlichem Rühren bei mittlerer Hitze braten, mit Salz und Pfeffer kräftig würzen. 125 g Schlagsahne und 1–2 Esslöffel Crème fraîche hinzugeben und bei schwacher Hitze erwärmen. Zutaten mit Salz und Pfeffer abschmecken. Mit 1 Esslöffel Schnittlauchröllchen bestreuen. Mit Toast- oder Baguettebrot servieren. Wem die Sauce zu flüssig ist, rührt etwas hellen Saucenbinder unter (Packungsanleitung beachten). Nach Belieben die Sauce mit etwas Zitronensaft abschmecken.

Aperol Sour | (im Foto links)

Erfrischend – mit Alkohol

1 Glas

Pro Glas: E: 1 g, F: 0 g, Kh: 35 g, kJ: 894, kcal: 213, BE: 3,0

5 cl Aperol Bitter
4 cl Zitronensaft
2 cl Zuckersirup
4 cl Orangensaft
einige Eiswürfel

evtl. 1 Scheibe von
1 Bio-Orange (unbehandelt, ungewachst)
evtl. 1 Cocktailkirsche
evtl. 1 Holzspießchen

Zubereitungszeit: 3–5 Minuten

1. Die Zutaten für den Drink mit einigen Eiswürfeln in einen Shaker geben und kräftig schütteln.

2. Nach Belieben die Orangenscheibe mit der Cocktailkirsche auf das Holzspießchen stecken. Einige Eiswürfel in einen Tumbler oder anderes Glas geben. Den Drink durch ein Barsieb in das vorbereitete Glas abseihen und mit dem Spießchen servieren.

Aperol Spritz | (im Foto rechts)

Beliebt – mit Alkohol

1 Glas

Pro Glas: E: 0 g, F: 0 g, Kh: 16 g, kJ: 650, kcal: 155, BE: 1,5

einige Eiswürfel
4 cl Aperol Bitter
6 cl Prosecco
2 cl Sodawasser

1 Scheibe von
1 Bio-Orange (unbehandelt, ungewachst)

Zubereitungszeit: etwa 3 Minuten

1. Einige Eiswürfel in ein Longdrinkglas geben.

2. Erst den Aperol, dann den Prosecco und zuletzt das Sodawasser hinzugeben, nicht verrühren.

3. Die Orangenscheibe halbieren, in den Drink geben und servieren.

Tipps: Servieren Sie den Aperol Spritz mit einem Trinkhalm. Anstatt Prosecco kann man auch einen trockenen Weißwein verwenden.

Apfel-Knusper-Kompott mit Zimtsahne | Preiswertes Partydessert

12 Portionen

Pro Portion: E: 5 g, F: 28 g, Kh: 52 g, kJ: 2028, kcal: 485, BE: 4,5

Für das Apfelkompott:

3 kg säuerliche Äpfel (z. B. Boskop oder Elstar)
Schale und Saft von
2 Bio-Zitronen (unbehandelt, ungewachst)
250 ml Wasser
5–6 EL flüssiger Honig

Für die Knuspermischung:

50 g Butter
80 g kernige Haferflocken
80 g Sonnenblumenkerne
80 g gehobelte Haselnusskerne
80 g brauner Zucker
60 g Rosinen

Für die Zimtsahne:

600 g Schlagsahne (mind. 30 % Fett)
3 EL Zucker
3/4 TL gem. Zimt

etwas gem. Zimt

Außerdem:

Mixer mit Rührstäben

Zubereitungszeit: etwa 40 Minuten, ohne Abkühlzeit

1. Für das Apfelkompott die Äpfel schälen, vierteln, entkernen und grob zerkleinern. Die Zitronen heiß abwaschen, abtrocknen und die Schale fein abreiben. Anschließend die Zitronen halbieren und den Saft auspressen.

2. Die Apfelstücke mit Wasser, Honig, Zitronenschale und -saft in einem großen Topf zum Kochen bringen. Zugedeckt bei schwacher Hitze 5–10 Minuten garen (bis die Apfelstücke gar sind, aber nicht zerfallen), dabei gelegentlich umrühren. Den Topf von der Kochstelle nehmen. Das Apfelkompott mit einem Schneebesen durchschlagen (das Kompott soll noch stückig bleiben). Das Apfelkompott erkalten lassen.

3. Für die Knuspermischung inzwischen die Hälfte der Butter in einer großen Pfanne zerlassen. Jeweils die Hälfte der Haferflocken, Sonnenblumen-, Haselnusskerne und des Zuckers darin unter Rühren leicht anrösten, herausnehmen und in eine Schüssel geben. Die restlichen Zutaten ebenso verarbeiten. Die Rosinen unter die gesamte Knuspermischung rühren und das Ganze erkalten lassen.

4. Für die Zimtsahne die Sahne mit Zucker und Zimt steif schlagen. Das Kompott mit der Knuspermischung und der Zimtsahne abwechselnd in 12 Gläser oder eine große Glasschüssel schichten. Die Oberfläche mit Zimt bestreuen.

Tipps: Wem das Apfelkompott zu flüssig ist, gießt einfach die Flüssigkeit vor dem Einschichten ab. Mit gekauftem Apfelmus und Fertig-Müsli verringert sich die Zubereitungszeit. Für 12 Personen etwa 2 1/2 kg Apfelmus und 300–350 g Fertig-Müsli einplanen.

Apfelmus-Streusel-Kuchen I

Ganz simpel

20 Stücke

Pro Stück: E: 3 g, F: 16 g, Kh: 41 g, kJ: 1188, kcal: 284, BE: 3,5

Für den Streuselteig:

500 g Weizenmehl
3 gestr. TL Dr. Oetker Backin
200 g Zucker
1 Pck. Dr. Oetker Vanillin-Zucker
1 gestr. TL gem. Zimt
1 Ei (Größe M)
250 g Butter oder Margarine (zimmerwarm)

Für die Füllung:

3 Gläser Apfelmus (Einwaage je 370 g)
100 g Rosinen

Außerdem:

1 Backblech (30 x 40 cm)
Mixer mit Rührstäben

Zubereitungszeit: etwa 30 Minuten
Backzeit: etwa 50 Minuten

1. Das Backblech fetten. Den Backofen vorheizen.
Ober-/Unterhitze: etwa 180 °C
Heißluft: etwa 160 °C

2. Für den Teig das Mehl mit Backpulver in einer Rührschüssel mischen. Zucker, Vanillin-Zucker, Zimt, Ei und Butter oder Margarine hinzufügen. Die Zutaten mit dem Mixer (Rührstäbe) erst kurz auf niedrigster, danach auf höchster Stufe zu feinen Streuseln verarbeiten.

3. Gut die Hälfte der Streusel auf das Backblech geben und zu einem Boden andrücken.

4. Für die Füllung Apfelmus auf dem Teig verteilen und verstreichen. Rosinen daraufstreuen und etwas eindrücken. Restliche Streusel daraufstreuen. Das Backblech auf mittlerer Einschubleiste in den vorgeheizten Backofen schieben. Den Kuchen **etwa 50 Minuten backen.**

5. Das Backblech auf einen Rost stellen. Den Kuchen darauf erkalten lassen und dann in Stücke schneiden.

Tipps: Zum Rühren eine hohe Schüssel verwenden oder den Rand locker mit Küchenpapier bedecken, damit die Streusel nicht aus der Schüssel springen. Die Rosinen können ersatzlos weggelassen werden.

Apfel-Streusel-Törtchen

Schnell

12 Stück

Pro Stück: E: 5 g, F: 19 g, Kh: 35 g, kJ: 1398, kcal: 334, BE: 3,0

Für den Streuselteig:

200 g Butter
225 g Weizenmehl
1 gestr. TL Dr. Oetker Backin
30 g Haferflocken
100 g abgezogene, gem. Mandeln
150 g Zucker
2 Pck. Dr. Oetker Vanillin-Zucker
½ TL gem. Zimt

Für die Füllung:

360 g stückiges Apfelkompott, (aus dem Glas)
2 gestr. TL Dr. Oetker Finesse Geriebene Zitronenschale

Außerdem:

1 Muffinform für 12 Muffins
Mixer mit Rührstäben

Zubereitungszeit: etwa 25 Minuten, ohne Kühlzeit

Backzeit: 25–30 Minuten

1. Für den Teig die Butter in einem Topf zerlassen und abkühlen lassen. Das Mehl mit Backpulver mischen und in eine Rührschüssel geben. Haferflocken, Mandeln, Zucker, Vanillin-Zucker, Zimt und die abgekühlte Butter hinzufügen. Die Zutaten mit dem Mixer (Rührstäbe) zu Streuseln verarbeiten, zugedeckt etwa 30 Minuten in den Kühlschrank stellen.

2. Den Backofen vorheizen.
Ober-/Unterhitze: etwa 180 °C
Heißluft: etwa 160 °C

3. Die Mulden der Muffinform fetten. Gut die Hälfte der Teigstreusel in den Mulden der Muffinform verteilen, leicht andrücken.

4. Für die Füllung Apfelkompott mit Zitronenschale verrühren. Apfelmasse mit einem Teelöffel auf dem Teig verteilen. Übrige Streusel daraufstreuen.

5. Die Form auf dem Rost in den vorgeheizten Backofen schieben. Törtchen **25–30 Minuten backen.**

6. Die Muffinform auf einen Rost stellen und die Törtchen in der Form abkühlen lassen. Anschließend die Apfel-Streusel-Törtchen aus der Form lösen und auf einem Rost erkalten lassen.

Tipp: Ist kein Mixer vorhanden, dann die Zutaten für die Streusel mit sauberen Händen verkneten.

Austernpilztoast

Schneller Snack

2 Portionen (ergibt 4 Toastdreiecke)

Pro Portion: E: 7 g, F: 20 g, Kh: 16 g, kJ: 1131, kcal: 270, BE: 1,0

1/2	*kleine Zwiebel*
100 g	*Austernpilze*
1/2	*rote Paprikaschote*
1/2 Bund	*Schnittlauch*
2 Stängel	*Basilikum*
2 EL	*Speiseöl (z. B. Sonnenblumenöl)*
	Salz
	gem. Pfeffer
75 g	*Doppelrahm-Frischkäse mit Kräutern*
2 Scheiben	*Toastbrot (z. B. Vollkorn- oder Dreikorn-Toastbrot)*

Außerdem:

1	*Backblech*
	Backpapier

Zubereitungszeit: etwa 20 Minuten
Überbackzeit: etwa 10 Minuten

1. Zwiebel abziehen und fein würfeln. Austernpilze putzen, mit Küchenpapier abreiben und in dünne Streifen schneiden.

2. Paprikahälfte entstielen, entkernen und die weißen Scheidewände entfernen. Die Paprikahälfte abspülen, abtropfen lassen und in Streifen schneiden.

3. Den Backofen vorheizen.
Ober-/Unterhitze: etwa 200 °C
Heißluft: etwa 180 °C

4. Kräuter abspülen, trocken tupfen. Schnittlauch in Röllchen schneiden. Basilikumblättchen von den Stängeln zupfen und Blättchen fein hacken.

5. Öl in einer Pfanne erhitzen, die Zwiebelwürfel darin glasig dünsten. Die Paprikastreifen hinzufügen und unter gelegentlichem Rühren 2–3 Minuten bei mittlerer Hitze mitdünsten. Dann die Austernpilzstreifen dazugeben. Das Gemüse unter gelegentlichem Rühren etwa 4 Minuten weiter dünsten. Die Kräuter untermengen, mit Salz und Pfeffer würzen. Dann Frischkäse unterrühren und darin schmelzen.

6. Das Toastbrot toasten, diagonal durchschneiden und die Pilz-Gemüse-Mischung darauf verteilen. Das Backblech mit Backpapier belegen. Die Toastdreiecke darauf legen. Das Backblech in den vorgeheizten Backofen schieben. Die Austernpilztoasts **etwa 10 Minuten überbacken.**

Tipps: Auch andere Pilze wie Champignons, Pfifferlinge oder Shiitakepilze können für diesen Toast verwendet werden. Ist der Appetit groß, lassen sich die Zutaten problemlos verdoppeln.

Baguette mit Frischkäse überbacken

Ganz simpel – auch partytauglich

4 Portionen

Pro Portion: E: 23 g, F: 31 g, Kh: 74 g, kJ: 2809, kcal: 671, BE: 6,0

400 g Doppelrahm-Frischkäse mit Kräutern
1 EL Butter oder Margarine (zimmerwarm)
1 Ei (Größe M)
2 Tomaten (etwa 200 g)
1 Knoblauchzehe
1 TL getrockneter Oregano
evtl. Salz
evtl. gem. Pfeffer
1 großes Baguette (etwa 500 g) oder 2 Baguettes (je 250 g, zum Aufbacken)
2 TL abgetropfte Kapern

Außerdem:

1 Backblech oder Rost
Backpapier

Zubereitungszeit: etwa 25 Minuten
Überbackzeit: etwa 20 Minuten

1. Den Frischkäse mit Butter oder Margarine und Ei in eine Schüssel geben und mit einer Gabel zu einer cremigen Masse verrühren.

2. Die Tomaten abspülen, abtrocknen, halbieren und in sehr kleine Würfel schneiden, dabei die Stängelansätze herausschneiden. Knoblauch abziehen und durch eine Knoblauchpresse drücken oder sehr fein hacken.

3. Tomatenwürfel und Knoblauch mit der Frischkäsemasse verrühren, mit Oregano, evtl. Salz und Pfeffer würzen.

4. Den Backofen vorheizen.
Ober-/Unterhitze: etwa 200 °C
Heißluft: etwa 180 °C

5. Das Baguette halbieren bzw. vierteln und jeweils waagerecht aufschneiden, sodass 8 Baguettestücke entstehen.

6. Die Frischkäsemasse gleichmäßig bis zum Rand auf den Baguettestücken verteilen. Backblech oder Rost mit Backpapier belegen und die bestrichenen Baguettestücke darauflegen. Die Kapern auf die Frischkäsemasse streuen und etwas eindrücken.

7. Den Rost oder das Backblech auf mittlerer Einschubleiste in den vorgeheizten Backofen schieben. Die Baguettestücke **etwa 20 Minuten überbacken.**

Tipps: Für eine Party die Zutaten einfach verdoppeln, verdreifachen oder ..., außerdem sehen die Baguettestücke mit frischen Basilikumblättchen garniert gleich viel hübscher aus. Sind keine Kapern zur Hand, diese einfach weglassen oder durch klein gehackte Oliven austauschen.

Baguettebrötchen mit Schinken und Camembert | Transportgeeignet

2 Stück

Pro Stück: E: 23 g, F: 22 g, Kh: 42 g, kJ: 1928, kcal: 461, BE: 3,5

1 Tomate
75 g Salatgurke
50 g Kochschinken
100 g Camembert
einige Salatblätter
einige Kräuterblättchen (z. B. Basilikum, Petersilie)
2 Baguettebrötchen (je etwa 80 g)
20 g Butter

Zubereitungszeit: etwa 10 Minuten

1. Die Tomate abspülen, abtrocknen, halbieren und den Stängelansatz herausschneiden. Gurke abspülen, abtrocknen und das Ende abschneiden. Tomate und Gurke in dünne Scheiben schneiden.

2. Kochschinken in Streifen und Camembert in Scheiben schneiden. Die Salatblätter und Kräuterblättchen abspülen und trocken tupfen.

3. Die Baguettebrötchen waagerecht halbieren und mit Butter bestreichen. Die unteren Brötchenhälften nacheinander mit Salatblättern, Tomaten-, Gurken-, Camembertscheiben, Schinkenstreifen und Kräuterblättchen belegen, mit den oberen Brötchenhälften belegen.

Tipp: Die Gurken- und Tomatenscheiben noch mit etwas gemahlenem Pfeffer bestreuen.

Baked Potatoes (Ofenkartoffeln, Folienkartoffeln, Backkartoffeln) I

Fürs Monatsende – dauert etwas länger

4 Portionen

Pro Portion: E: 11 g, F: 19 g, Kh: 63 g, kJ: 2007, kcal: 481, BE: 5,5

8 mehligkochende Kartoffeln (je etwa 200 g)
Olivenöl

Für die Füllung:

150 g Crème fraîche
200 g saure Sahne
Saft von ½ Zitrone
Salz
gem. Pfeffer
½ Bund Schnittlauch

Außerdem:

Alufolie
1 Backblech

Zubereitungszeit: etwa 20 Minuten
Garzeit: 60–90 Minuten

1. Den Backofen vorheizen.
Ober-/Unterhitze: etwa 200 °C
Heißluft: etwa 180 °C

2. Die Kartoffeln gründlich waschen, evtl. abbürsten und abtrocknen. Die Kartoffeln mehrfach mit einer Gabel einstechen, damit sie im Backofen nicht platzen.

3. Die Kartoffeln mit etwas Olivenöl rundherum einstreichen. Jede Kartoffel in einem Bogen Alufolie einwickeln, dabei die Enden gut festdrücken. Die Kartoffeln nebeneinander auf das Backblech legen. Das Backblech auf mittlerer Einschubleiste in den vorgeheizten Backofen schieben. Die Kartoffeln je nach Größe **60–90 Minuten garen.**

4. Für die Füllung Crème fraîche mit saurer Sahne und Zitronensaft verrühren. Die Füllung mit Salz und Pfeffer abschmecken. Schnittlauch abspülen, trocken tupfen und in Röllchen schneiden.

5. Die gegarten Kartoffeln aus dem Backofen nehmen. Die Alufolie öffnen. Die Kartoffeln längs einschneiden, etwas auseinanderdrücken und füllen. Die gefüllten Kartoffeln mit Schnittlauchröllchen bestreut servieren.

Bandnudeln mit Schinken und Erbsen | Ganz simpel

4 Portionen

Pro Portion: E: 31 g, F: 21 g, Kh: 80 g, kJ: 2687, kcal: 642, BE: 6,5

1	Zwiebel
20 g	Butter
300 g	TK-Erbsen
	Salz
	gem. Pfeffer
4 l	Wasser
4 gestr. TL	Salz
400 g	Bandnudeln
1 TL	Weizenmehl
100 g	Schlagsahne
100 ml	Gemüsebrühe
150 g	Kochschinken
50 g	ger. Parmesan

Zubereitungszeit: etwa 30 Minuten

1. Zwiebel abziehen und fein würfeln. Butter in einem Topf zerlassen. Zwiebelwürfel darin leicht bräunen. Gefrorene Erbsen hinzufügen, mit Salz und Pfeffer würzen. Die Erbsen zugedeckt etwa 5 Minuten dünsten, evtl. 1–2 Esslöffel Wasser hinzugeben.

2. In der Zwischenzeit Wasser in einem großen Topf zugedeckt zum Kochen bringen. Dann Salz und Nudeln hinzugeben. Die Nudeln im geöffneten Topf bei mittlerer Hitze nach Packungsanleitung kochen lassen, dabei gelegentlich umrühren.

3. Mehl mit Sahne anrühren, mit der Gemüsebrühe unter Rühren zu den Erbsen geben. Die Sauce unter gelegentlichem Rühren zum Kochen bringen und etwa 5 Minuten köcheln lassen. Schinken in feine Streifen schneiden und kurz in der Sauce miterhitzen.

4. Die Nudeln in ein Sieb geben, mit heißem Wasser abspülen, abtropfen lassen und in eine vorgewärmte Schüssel geben. Die Sauce darauf verteilen.

5. Die Nudeln mit Käse bestreut sofort servieren. Oder den Käse dazureichen.

Basilikum-Reis-Bällchen auf Tomaten-Porree-Gemüse I

Vegetarisch

2 Portionen (ergibt 6 Bällchen)

Pro Portion: E: 23 g, F: 47 g, Kh: 68 g, kJ: 3319, kcal: 793, BE: 5,5

Für die Basilikum-Reis-Bällchen:

375 ml Salzwasser
125 g Naturreis
½ Bund Basilikum
etwa 25 g Magerquark
1 Ei (Größe M)
40 g ger. Parmesan
30 g Semmelbrösel
Salz
gem. Pfeffer

Für das Gemüse:

1 Stange Porree (Lauch)
400 g Tomaten
1 Knoblauchzehe
1 ½ EL Speiseöl (z. B. Sonnenblumenöl)
50 ml Gemüsebrühe

Zum Frittieren:

etwa 1 l Speiseöl (z. B. Sonnenblumenöl)

Für den Dip:

75 g Crème fraîche oder Schmand (Sauerrahm)
75 g Joghurt

Zubereitungszeit: etwa 40 Minuten, ohne Abkühlzeit
Garzeit: etwa 30 Minuten

1. Für die Bällchen Salzwasser in einem Topf zum Kochen bringen. Den Reis hineingeben und zugedeckt nach Packungsanleitung etwa 30 Minuten garen. Reis abgießen und abkühlen lassen.

2. Basilikum abspülen und trocken tupfen. Die Blättchen von den Stängeln zupfen und in Streifen schneiden. Reis mit Quark, Ei, Parmesan, Semmelbröseln und der Hälfte der Basilikumstreifen in eine Schüssel geben und verkneten. Die Reis-Basilikum-Masse mit Salz und Pfeffer abschmecken.

3. Für das Gemüse Porree putzen, die Stange längs halbieren, gründlich abspülen und abtropfen lassen. Porree in Stücke schneiden.

4. Die Tomaten kreuzweise einschneiden und mit kochendem Wasser übergießen. Nach 1–2 Minuten herausnehmen und mit kaltem Wasser abschrecken. Tomaten enthäuten und achteln, dabei die Stängelansätze herausschneiden. Den Knoblauch abziehen und fein würfeln.

5. Öl in einem Topf erhitzen und die Knoblauchwürfel darin andünsten. Porreestücke zufügen und kurz mitdünsten.

6. Brühe unterrühren, einmal kurz aufkochen lassen und das Ganze zugedeckt bei schwacher Hitze etwa 5 Minuten garen. Tomaten hinzufügen, 3–4 Minuten mitgaren, mit Salz und Pfeffer würzen.

7. In der Zwischenzeit das Frittieröl in einem hohen Topf erhitzen. Das Öl hat dann die richtige Temperatur erreicht, wenn sich an einem ins Fett gehaltenen Holzlöffel kleine Bläschen bilden. Mit angefeuchteten Händen etwa 6 gleich große Bällchen aus der Reismasse formen.

8. Die Reisbällchen portionsweise in dem Öl 3–4 Minuten goldbraun frittieren, dabei evtl. wenden. Dann die Bällchen mit einer Schaumkelle herausnehmen, auf Küchenpapier legen und warm stellen.

9. Für den Dip Crème fraîche oder Schmand mit Joghurt glatt rühren und mit Salz und Pfeffer abschmecken.

10. Restliche Basilikumstreifen unter das Tomaten-Porree-Gemüse rühren, mit Basilikum-Reis-Bällchen und dem Dip servieren.

Tipp: Die Reisbällchen schmecken auch mit Thymian statt mit Basilikum zubereitet sehr lecker.

Bircher-Benner-Müsli I

Fürs Frühstück

1 Portion

VEGAN

Pro Portion: E: 10 g, F: 16 g, Kh: 58 g, kJ: 1798, kcal: 428, BE: 5,0

3 geh. EL	*kernige Haferflocken (etwa 30 g)*
1 EL	*Rosinen (etwa 10 g)*
125 ml	*Mandelmilch (erhältlich im Bioladen)*
1 EL	*gehackte Walnusskernhälften (etwa 15 g)*
1/2	*Apfel (etwa 100 g)*
1	*kleine Orange (etwa 150 g)*
1/2	*Banane (etwa 40 g, ohne Schale)*
2–3 TL	*Zitronensaft*

Zubereitungszeit: etwa 20 Minuten, ohne Quellzeit

1. Haferflocken, Rosinen und Mandelmilch in einer Schale verrühren und etwa 10 Minuten quellen lassen. Inzwischen die Walnusskerne in einer Pfanne ohne Fett hellbraun rösten und auf einen Teller geben.

2. Den Apfel schälen und das Kerngehäuse entfernen. Den Apfel grob raspeln und sofort unter die Haferflockenmasse mischen.

3. Die Orange so schälen, dass die weiße Haut vollständig mitentfernt wird. Orange in Scheiben schneiden, diese nochmals halbieren oder vierteln. Die Banane schälen, in Scheiben schneiden und mit den Orangenscheiben unter die Zutaten mischen.

4. Müsli mit Zitronensaft abschmecken. Das Müsli in einem Schälchen anrichten und mit den Walnusskernen bestreuen.

Birnenmus-Trifle I

Süße Versuchung

4 Portionen

VEGAN

Pro Portion: E: 6 g, F: 2 g, Kh: 30 g, kJ: 696, kcal: 165, BE: 2,5

125 g Quinoa
etwa 250 ml Wasser

Für das Birnenmus:
2 Birnen (etwa 400 g)
2 EL Wasser
evtl. 1/2–1 TL Voll-Rohrzucker
etwas gem. Zimt

etwa 100 g Sojajoghurt
evtl. 1 TL Frucht-Dicksaft (z. B. Birnen- oder Agaven-Dicksaft)

evtl. etwas gem. Zimt zum Bestreuen

Zubereitungszeit: etwa 40 Minuten, ohne Abkühlzeit

1. Quinoa nach Packungsanleitung zubereiten. Dafür Quinoa mit dem Wasser aufkochen und bei schwacher Hitze zugedeckt etwa 25 Minuten köcheln lassen. Den Topf von der Kochstelle nehmen. Quinoa etwa 5 Minuten weiter ausquellen, dann abkühlen lassen.

2. Für das Birnenmus in der Zwischenzeit Birnen abspülen, abtrocknen, schälen, vierteln, entkernen und in kleine Stücke schneiden. Die Birnenstücke mit dem Wasser in einem Topf zum Kochen bringen und bei schwacher Hitze zugedeckt 10–15 Minuten kochen, bis sie weich sind. Dabei ab und zu umrühren, damit nichts anbrennt.

3. Die Birnenmasse pürieren (Vorsicht: Die Masse ist heiß!), mit Zucker und Zimt abschmecken, dann abkühlen lassen.

4. Den gegarten, abgekühlten Quinoa mit dem Joghurt verrühren. Die Quinoa-Joghurt-Masse nach Belieben mit etwas Frucht-Dicksaft nachsüßen.

5. Die Quinoa-Joghurt-Masse in 4 gleich große Portionen teilen. Von jeder Portion die Hälfte in ein Glas einfüllen. Das Birnenmus in 4 gleich große Portionen teilen und je eine Portion daraufgeben. Die restliche Quinoa-Joghurt-Masse darauf verteilen und nach Belieben mit Zimt bestreuen.

Tipps: Birnenmus-Trifle mit Nüssen, Sonnenblumenkernen oder Kokosraspeln bestreut servieren. Nicht vergessen: Alles kurz in einer Pfanne ohne Fett unter Wenden anrösten, so schmeckt das Eigenaroma intensiver hervor. Gut machen sich immer auch einige abgespülte, trocken getupfte Zitronenmelisse- oder Minzeblättchen. Für ein **geschichtetes Birnenkompott mit Quinoa** (im Foto links) die stückigen Birnen (mit der Flüssigkeit) nicht pürieren. Das Birnenkompott ebenso mit Zucker und Zimt abschmecken. Abwechselnd in Gläser etwas abgekühlten Quinoa, etwas Joghurt und etwas Birnenkompott einschichten. So lange wiederholen, bis alle Zutaten verbraucht sind.

Bitotschki (russische Frikadellen) I

Preiswert

8–10 Portionen

Pro Portion: E: 36 g, F: 48 g, Kh: 10 g, kJ: 2601, kcal: 621, BE: 0,5

1–1 1/2 kg	*Gehacktes (halb Rind-, halb Schweinefleisch)*
2	*Eier (Größe M)*
	Salz
	gem. Pfeffer
etwa 4 EL	*Speiseöl oder*
	40 g Butterschmalz
3 Bund	*Frühlingszwiebeln*
750 g	*kleine, weiße Champignons*
570 g	*abgetropfte Cornichons (aus dem Glas)*
etwas	*Mehl*
500 g	*Schlagsahne*
2–2 1/2 TL	*Paprikapulver edelsüß*
2–2 1/2 EL	*mittelscharfer Senf*
1 Bund	*glatte Petersilie*

Außerdem:

1	*große Auflaufform oder*
	1 tiefes Backblech

Zubereitungszeit: etwa 45 Minuten
Garzeit: etwa 25 Minuten

1. Gehacktes mit Eiern in einer Schüssel vermengen, mit Salz und Pfeffer würzen. Aus der Masse mit angefeuchteten Händen 24–30 kleine Frikadellen formen.

2. Die Hälfte vom Speiseöl oder Butterschmalz in einer großen Pfanne erhitzen und die Hälfte der Frikadellen darin von allen Seiten unter gelegentlichem Wenden bei mittlerer Hitze in etwa 10 Minuten braten. Frikadellen herausnehmen und beiseitestellen. Restliches Öl oder Butterschmalz erhitzen und die übrigen Frikadellen ebenso braten.

3. Den Backofen vorheizen.
Ober-/Unterhitze: etwa 200 °C
Heißluft: etwa 180 °C

4. Frühlingszwiebeln putzen, abspülen, abtropfen lassen und in Scheiben schneiden. Champignons putzen, evtl. mit Küchenpapier abreiben und halbieren. Cornichons längs vierteln.

5. Cornichonviertel kurz in einer Pfanne mit etwas Speiseöl andünsten, anschließend mit etwas Mehl bestäuben, mit der Sahne übergießen und kurz aufkochen lassen. Vorbereitetes Gemüse mit der Cornichon-Sahne-Mischung in einer Schüssel vermengen. 2 Teelöffel Paprikapulver und Senf unterrühren, mit Salz und Pfeffer abschmecken.

6. Die Auflaufform oder das Backblech fetten. Die Gemüse-Sahne-Masse darin verteilen, die Frikadellen daraufgeben und mit Paprikapulver bestäuben. Die Form auf dem Rost oder das Backblech auf mittlerer Einschubleiste in den vorgeheizten Backofen schieben. Bitotschki **etwa 25 Minuten garen.**

7. Inzwischen Petersilie abspülen, trocken tupfen, die Blättchen von den Stängeln zupfen. Petersilie fein schneiden. Frikadellen auf dem Gemüse mit Petersilie bestreut servieren.

Dazu passt: Reis.

Blechkartoffeln mit Kräuterquark I

Preiswert

8 Portionen

Pro Portion: E: 23 g, F: 25 g, Kh: 43 g, kJ: 2101, kcal: 501, BE: 3,5

2 kg mittelgroße, festkochende Kartoffeln
4–5 Knoblauchzehen
10 EL Olivenöl
1 EL gerebelter Thymian
1 EL gerebelter Rosmarin
Salz
gem. Pfeffer

Für den Kräuterquark:

1 kg Magerquark
400 g Schmand (Sauerrahm)
2 EL gehackte, gemischte TK-Kräuter

Außerdem:

1 Backblech

Zubereitungszeit: etwa 20 Minuten, ohne Durchziehzeit
Garzeit: etwa 40 Minuten

1. Kartoffeln gründlich waschen und abtropfen lassen. Knoblauchzehen abziehen und hacken.

2. Olivenöl mit Knoblauch, Kräutern, Salz und Pfeffer verrühren. Die Kartoffeln ungeschält der Länge nach halbieren, mit der Ölmischung vermengen und mindestens 30 Minuten durchziehen lassen.

3. Den Backofen vorheizen.
Ober-/Unterhitze: etwa 200 °C
Heißluft: etwa 180 °C

4. Das Backblech fetten. Die Kartoffelhälften mit der Schnittfläche nach oben darauflegen und mit der restlichen Marinade beträufeln. Das Backblech in den vorgeheizten Backofen schieben. Die Kartoffeln **etwa 40 Minuten garen.**

5. Inzwischen für den Kräuterquark den Quark mit Schmand und Kräutern verrühren. Den Kräuterquark mit Salz und Pfeffer abschmecken.

Tipps: Werden die Blechkartoffeln mit Kräuterquark solo gereicht, dann bei guten Essern 2 ½ kg Kartoffeln für 8 Personen einplanen. Dafür evtl. ein zweites Backblech benutzen. Statt gerebeltem Rosmarin frische Rosmarinnadeln verwenden.

Noch mehr Dips: Für **Schafskäsedips mit Paprika und Möhren** 300 g Schafskäse mit 500 g Magerquark und 100 ml Milch in einer Schüssel pürieren. Für den Paprikadip 1 rote Paprikaschote (etwa 200 g) halbieren, entstielen, entkernen und die weißen Scheidewände entfernen. Die Schote abspülen, abtropfen lassen und fein würfeln. 1 Knoblauchzehe abziehen und durch die Knoblauchpresse drücken. Paprika und Knoblauch mit 1 gehäuftem Esslöffel Paprikamark unter die Hälfte der Käse-Quark-Masse rühren. Den Paprikadip mit Salz, Pfeffer und Paprikapulver edelsüß abschmecken. Für den Möhrendip 2 Möhren (etwa 200 g) putzen, schälen, abspülen und abtropfen lassen. Möhre grob raspeln und unter die übrige Käse-Quark-Masse rühren. Möhrendip mit Salz, Pfeffer und 1 ½–2 Teelöffeln Zitronensaft abschmecken.

Bloody Mary | Feurig – mit Alkohol

1 Glas

Pro Glas: E: 0 g, F: 1 g, Kh: 20 g, kJ: 917, kcal: 219, BE: 1,5

2–3 Eiswürfel
4 cl Wodka
8 cl Tomatensaft
1 Spritzer Worcestersauce
1 Spritzer Tabasco
1 Spritzer Zitronensaft
gem. weißer Pfeffer
1 Prise Salz

Nach Belieben:
1 Stück Staudensellerie

Zubereitungszeit: 2–3 Minuten

1. Die Eiswürfel in ein Longdrinkglas geben.

2. Wodka mit Tomatensaft, Worcestersauce, Tabasco, Zitronensaft, Pfeffer und Salz hineingeben und gut umrühren. Den Drink nach Belieben mit einem Stück Staudensellerie servieren.

Tipp: Anstelle des normalen Salzes können Sie auch Selleriesalz verwenden.

Blumenkohlcurry mit Reis I

Vegetarisch – ganz simpel

4 Portionen

Pro Portion: E: 16 g, F: 12 g, Kh: 38 g, kJ: 1373, kcal: 333, BE: 3,0

125 g Naturreis
800 g Blumenkohl
200 g Porree (Lauch)
2 Möhren (200 g)
1 Schalotte
1 Chilischote
1 EL Butter
½ TL Salz
2 gestr. TL Currypulver
1 TL gem. Piment
1–2 EL Zitronensaft
6 EL Wasser
1–2 TL Honig
4 Eier (Größe M)
300 g Joghurt (1,5 % Fett)

Zubereitungszeit: etwa 30 Minuten

1. Naturreis nach Packungsanleitung zubereiten.

2. In der Zwischenzeit vom Blumenkohl die Blätter entfernen und den Strunk abschneiden. Den Blumenkohl in kleine Röschen teilen, die Stiele kreuzweise einschneiden, abspülen und abtropfen lassen.

3. Porree putzen, die Stangen längs halbieren, gründlich waschen und abtropfen lassen. Möhren putzen, schälen, abspülen und abtropfen lassen. Das Gemüse in dünne Scheiben bzw. Streifen schneiden.

4. Schalotte abziehen und fein würfeln. Chilischote halbieren, entstielen, entkernen und die Scheidewände entfernen. Schote abspülen, abtropfen lassen und in feine Streifen schneiden.

5. Butter in einem großen Topf zerlassen. Schalottenwürfel und Chilistreifen darin andünsten. Gemüsescheiben bzw. -stücke hinzufügen und unter Rühren ebenfalls kurz andünsten, Blumenkohlröschen hinzugeben. Salz, Currypulver und Piment unterrühren. Zitronensaft, Wasser und Honig hinzufügen und unter gelegentlichem Rühren etwa 10 Minuten dünsten.

6. Inzwischen die Eier in kochendes Wasser geben, etwa 6 Minuten kochen lassen. Dann mit kaltem Wasser abschrecken und schälen. Eier vierteln.

7. Joghurt unter das Blumenkohlcurry rühren (das Curry nicht mehr kochen lassen) und evtl. nochmals mit den Gewürzen abschmecken.

8. Reis in einem Sieb abtropfen lassen. Blumenkohlcurry mit Reis und Eiervierteln servieren.

Tipp: Statt Eierviertel eine Handvoll Soja- oder Mungobohnensprossen über das Curry streuen. Dafür die Sprossen in ein Sieb geben, unter fließendem kalten Wasser abspülen und gut abtropfen lassen, evtl. auf ein Küchentuch geben. Die Sprossen kurz vor dem Servieren auf das Gemüsecurry streuen. Die Sprossen liefern für unsere tägliche Ernährung wichtiges pflanzliches Eiweiß.

Bohnensalat I

Schöner, bunter Frischekick

2 Portionen

Pro Portion: E: 17 g, F: 6 g, Kh: 31 g, kJ: 1047, kcal: 250, BE: 2,5

1 kleine, grüne Paprikaschote (etwa 150 g)
100 g Tomaten
1 kleine, rote Zwiebel
125 g abgespülte, abgetropfte Kidneybohnen (aus der Dose)
125 g abgespülte, abgetropfte, weiße Bohnen (aus der Dose)
70 g abgetropfter Gemüsemais (aus der Dose)

50 g Frischkäse mit Joghurt (13 % Fett)
50 ml Milch (3,5 % Fett)
1–2 EL Limetten- oder Zitronensaft
Salz, gem. Pfeffer

Außerdem:

einige Blätter Eisbergsalat zum Auslegen der Schüssel (etwa 60 g)

Zubereitungszeit: etwa 25 Minuten, ohne Durchziehzeit

1. Paprikaschote halbieren, entstielen, entkernen und die weißen Scheidewände entfernen. Schotenhälften abspülen, abtropfen lassen und in Würfel schneiden. Die Tomaten abspülen, abtrocknen, halbieren und die Stängelansätze herausschneiden. Tomaten in dünne Scheiben schneiden. Zwiebel abziehen, halbieren, zunächst in feine Scheiben schneiden, dann in Ringe teilen.

2. Kidneybohnen, weiße Bohnen und Gemüsemais mit Paprikawürfeln, Tomatenscheiben und Zwiebelringen in einer Schüssel vermischen.

3. Den Frischkäse mit der Milch und ½ Esslöffel von dem Limetten- oder Zitronensaft mit einem Schneebesen verrühren. Die Sauce mit Salz, Pfeffer und nach Belieben mit etwas Limetten- oder Zitronensaft würzen. Die Sauce mit der Bohnen-Paprika-Mischung vermischen. Den Salat zugedeckt etwa 1 Stunde durchziehen lassen.

4. Die Salatblätter abspülen, gut abtropfen lassen oder trocken tupfen und eine Schüssel damit auslegen. Den Bohnensalat nochmals mit Limetten- oder Zitronensaft, Salz und Pfeffer abschmecken und darin anrichten.

Dazu passt: Fladenbrot.

Bohnensuppe I

Schnell – echt scharf

2–3 Portionen

Pro Portion: E: 44 g, F: 20 g, Kh: 32 g, kJ: 2076, kcal: 497, BE: 2,5

1	*Zwiebel*
1–2 TL	*Speiseöl (z. B. Sonnenblumenöl)*
100 g	*gewürfelter, durchwachsener Speck oder Bacon*
250 g	*Gehacktes (halb Rind-, halb Schweinefleisch)*
2 geh. EL	*Tomatenmark*
1 geh. TL	*Paprikapulver edelsüß*
500 ml	*Fleisch- oder Gemüsebrühe*
530 g	*gut abgetropfte, weiße Bohnen mit Suppengrün (aus der Dose)*
	Salz
	gem. Pfeffer
etwa	
2 Stängel	*Petersilie*
1	*rote Chilischote*

Zubereitungszeit: etwa 10 Minuten
Garzeit: etwa 25 Minuten

1. Zwiebel abziehen und in kleine Würfel schneiden.

2. Speiseöl in einer Pfanne erhitzen. Zwiebel- und Speckwürfel hinzugeben, kurz anbraten. Gehacktes hinzugeben und unter Rühren scharf anbraten. Dabei die Fleischklümpchen mit einer Gabel zerdrücken.

3. Tomatenmark und Paprika hinzufügen und unterrühren. Brühe hinzugießen, zum Kochen bringen und etwa 10 Minuten bei mittlerer Hitze kochen lassen.

4. Weiße Bohnen zur Suppe in den Topf geben, wieder zum Kochen bringen und weitere etwa 15 Minuten kochen lassen. Die Suppe mit Salz und Pfeffer abschmecken.

5. Petersilie abspülen und trocken tupfen. Die Blättchen von den Stängeln zupfen. Die Blättchen grob zerschneiden. Chilischote halbieren, entstielen, entkernen, abspülen und trocken tupfen. Chilihälften sehr klein schneiden.

6. Die Suppe in Suppentassen anrichten, mit Petersilie und Chili bestreuen.

Dazu passt: Baguette.

Bologneser Reistopf | Preiswert

4 Portionen

Pro Portion: E: 36 g, F: 24 g, Kh: 64 g, kJ: 2601, kcal: 621, BE: 5,0

1 EL Sonnenblumenöl
500 g Gehacktes (halb Rind-, halb Schweinefleisch)
2 mittelgroße Zwiebeln
Salz, gem. Pfeffer
Paprikapulver edelsüß
gerebelter Oregano oder Majoran
250 g Langkornreis
35 g Tomatenmark
750 ml Fleischbrühe
je 1 kleine, rote und gelbe Paprikaschote
300 g TK-Erbsen

Zubereitungszeit: etwa 30 Minuten
Garzeit: etwa 25 Minuten

1. Öl in einem Topf erhitzen. Gehacktes hinzufügen und anbraten. Dabei gelegentlich umrühren und die Fleischklümpchen mit einer Gabel zerdrücken.

2. Zwiebeln abziehen, in kleine Würfel schneiden, zu dem Gehackten geben und mit andünsten. Gehacktes mit Salz, Pfeffer, Paprika und Oregano oder Majoran würzen.

3. Den Reis hinzufügen und kurz mit andünsten. Tomatenmark unterrühren und Brühe hinzugießen. Alles zum Kochen bringen und dann zugedeckt bei schwacher Hitze etwa 15 Minuten kochen lassen.

4. In der Zwischenzeit Paprika halbieren, entstielen, entkernen und die weißen Scheidewände entfernen. Die Schotenhälften abspülen, abtropfen lassen und in kleine Würfel schneiden.

5. Paprikawürfel und Erbsen in den Reistopf geben und unterrühren. Wieder zum Kochen bringen. Den Reistopf anschließend bei schwacher Hitze weitere etwa 10 Minuten garen lassen. Reistopf mit Salz, Pfeffer und Paprika abschmecken, evtl. noch etwas Brühe hinzufügen.

Tipps: Statt der Erbsen macht sich auch abgetropfter Gemüsemais gut in diesem Reistopf. Oder einfach 2–3 enthäutete, gewürfelte Tomaten unter die Reismischung geben.

Bratkartoffeln | Beliebt – deftig

2 Portionen

Pro Portion: E: 9 g, F: 22 g, Kh: 35 g, kJ: 1587, kcal: 379, BE: 3,0

500 g festkochende Kartoffeln
½ gestr. TL Salz
1 große Zwiebel
3 EL Speiseöl
50 g gewürfelter Schinkenspeck
gem. Pfeffer

Zubereitungszeit: etwa 15 Minuten, ohne Abkühlzeit
Garzeit: 35–45 Minuten

1. Die Kartoffeln gründlich waschen, evtl. abbürsten und abtropfen lassen. Kartoffeln in einen Topf geben und so viel Wasser hinzufügen, dass die Kartoffeln knapp bedeckt sind. Salz hinzugeben. Die Kartoffeln zugedeckt zum Kochen bringen und in 20–25 Minuten, je nach Größe der Kartoffeln, gar kochen.

2. Die Kartoffeln abgießen und etwas abkühlen lassen. Die Kartoffeln noch warm pellen und dann erkalten lassen.

3. Die Zwiebel abziehen und klein würfeln. Die Kartoffeln in etwa 5 mm dicke Scheiben schneiden.

4. Speiseöl in einer großen Pfanne zerlassen. Die Speckwürfel darin anbraten. Die Kartoffelscheiben hinzugeben, mit Salz und Pfeffer würzen.

5. Die Kartoffeln in etwa 10 Minuten bei mittlerer Hitze unter gelegentlichem Wenden goldbraun braten. Die Zwiebelwürfel hinzugeben und das Ganze weitere 5–10 Minuten braten.

Dazu passen: Tomatensalat, Spiegeleier, Würstchen oder, wenn es das Budget hergibt, Steaks.

Tipps: Am besten die Kartoffeln bereits am Vortag kochen und pellen. Durch ein wenig Paprikapulver erhalten die Bratkartoffeln eine appetitlich goldene Farbe.

Bratwurst-Toast

Preiswert – schnell

1 Portion

Pro Portion: E: 30 g, F: 46 g, Kh: 39 g, kJ: 2870, kcal: 686, BE: 3,0

1 *Roggenbrötchen oder 1 dicke Scheibe Bauernbrot*

Für den Belag:

1 *grobe Bratwurst (etwa 125 g)*
1 *kleine Zwiebel*
je ½ *kleine, grüne und rote Paprikaschote*
10 g *Butter*
Salz
gem. Pfeffer
getrockneter Majoran oder Oregano
1 EL *ger. Käse, z. B. Gouda*

Außerdem:

1 *Backblech oder Rost*
Backpapier

Zubereitungszeit: etwa 20 Minuten
Backzeit: etwa 15 Minuten

1. Den Backofen vorheizen.
Ober-/Unterhitze: etwa 220 °C
Heißluft: etwa 200 °C

2. Brötchen waagerecht aufschneiden. Das Bratwurstbrät aus der Haut (Pelle) drücken und die Brötchenhälften oder die Brotscheibe damit dick bis an den Rand bestreichen.

3. Backblech oder Rost mit Backpapier belegen. Die bestrichenen Brötchenhälften oder die Brotscheibe darauflegen. Den Rost oder das Backblech auf mittlerer Einschubleiste in den vorgeheizten Backofen schieben. Toast **etwa 10 Minuten garen,** bis die Wurstmasse gar ist.

4. Inzwischen die Zwiebel abziehen, halbieren und in dünne Spalten schneiden. Die Paprikahälften entstielen, entkernen, die weißen Scheidewände entfernen. Paprika abspülen, abtropfen lassen und in feine Streifen schneiden. Butter in einer kleinen Pfanne zerlassen. Zwiebelspalten und Paprikastreifen darin kurz andünsten, mit Salz, Pfeffer und Majoran würzen.

5. Das Gemüse auf dem Tost verteilen, leicht andrücken und mit Käse bestreuen. Den Rost oder das Backblech wieder in den Backofen schieben. Toast **bei gleicher Backofeneinstellung weitere etwa 5 Minuten überbacken,** bis der Käse zerlaufen ist.

Brokkoli-Käse-Suppe I

Beliebt – ganz simpel

4 Portionen

Pro Portion: E: 11 g, F: 20 g, Kh: 11 g, kJ: 1145, kcal: 274, BE: 0,5

750 g	*Brokkoli*
800 ml	*Gemüsebrühe*
200 g	*Sahne- oder Kräuterschmelzkäse*
1 Pck.	*helle Sauce (für 250 ml Flüssigkeit)*
	gem. Pfeffer
	ger. Muskatnuss

Zubereitungszeit: etwa 30 Minuten

1. Von dem Brokkoli die Blätter entfernen. Brokkoli abspülen und abtropfen lassen. Den Strunk schälen und in kleine Stücke schneiden. Brokkoli in Röschen teilen.

2. Gemüsebrühe zugedeckt in einem Topf zum Kochen bringen, Brokkoli hinzufügen und etwa 5 Minuten bei mittlerer Hitze darin garen.

3. Gut ein Drittel der Brokkoliröschen mit einer Schaumkelle entnehmen und in einem Sieb abtropfen lassen. Restlichen Brokkoli zusammen mit der Brühe pürieren, Schmelzkäse hinzufügen und darin unter Rühren auflösen.

4. Saucenpulver mit einem Schneebesen in die Suppe rühren. Suppe aufkochen lassen und mit Pfeffer und Muskat würzen.

5. Vor dem Servieren abgetropfte Brokkoliröschen in der Suppe nochmals kurz erwärmen.

So wird's edel: Mit den Brokkoliröschen zum Servieren 100 g in Streifen geschnittenen Räucherlachs in die Suppe geben. Oder den gesamten Brokkoli pürieren und die Suppe anschließend mit 25 g gerösteten Mandelblättchen (Foto) bestreuen.

Dazu passt: Bauernbrot oder Vollkorntoast.

Rezeptvariante: Für eine **Blumenkohl-Käse-Suppe** den Brokkoli einfach durch die gleiche Menge Blumenkohl ersetzen. Die Garzeit erhöht sich dann auf etwa 8 Minuten.

Brokkoli-Möhren-Auflauf mit Hirse | Vegetarisch

4 Portionen

Pro Portion: E: 24 g, F: 32 g, Kh: 34 g, kJ: 2172, kcal: 518, BE: 3,0

150 g Hirse
½ TL Salz
500 g Möhren
500 g Brokkoli
Salz
4 Eiweiß (Größe M)
4 Eigelb (Größe M)
125 g Schlagsahne
150 g ger. Käse (z. B. Gouda)

Außerdem:

1 große, flache Auflaufform (etwa 2 ½ l Inhalt)
Mixer mit Rührstäben

Zubereitungszeit: etwa 35 Minuten, ohne Abkühlzeit
Garzeit: etwa 40 Minuten

1. Die Hirse nach Packungsanleitung mit Wasser und Salz in etwa 20 Minuten zubereiten, dann etwas abkühlen lassen.

2. Inzwischen die Möhren putzen, schälen, abspülen, abtropfen lassen und in Scheiben schneiden. Brokkoli putzen, abspülen, abtropfen lassen und in Röschen teilen. Den Brokkolistrunk schälen und in Scheiben schneiden.

3. Salzwasser in einem Topf zum Kochen bringen. Das Gemüse darin nacheinander jeweils 5–6 Minuten garen, dann in einem Sieb abtropfen lassen.

4. Den Backofen vorheizen.
Ober-/Unterhitze: etwa 200 °C
Heißluft: etwa 180 °C

5. Eiweiß mit dem Mixer (Rührstäbe) auf höchster Stufe steif schlagen. Eigelb mit Sahne und geriebenem Käse (etwa 2 Esslöffel davon zum Überbacken beiseitelegen) in einer Schüssel verrühren. Die Hirse unterrühren und Eischnee unterheben. Das Gemüse vorsichtig unterheben.

6. Die Auflaufform fetten und die Hirse-Gemüse-Masse darin verteilen. Die Form auf dem Rost auf mittlerer Einschubleiste in den vorgeheizten Backofen schieben. Den Auflauf **etwa 30 Minuten garen.**

7. Restlichen, beiseitegelegten Käse auf dem Auflauf verteilen. Den Auflauf **weitere etwa 10 Minuten garen**.

Tipps: Den Auflauf statt mit Hirse unbedingt einmal mit Vollkornreis probieren. Ist kein Mixer vorhanden, die Eier mithilfe eines Schneebesens mit der Sahne verschlagen.

Rezeptvariante: Für einen **Hirse-Tomaten-Auflauf** 2 Esslöffel Butter zerlassen, 1 gewürfelte Zwiebel darin andünsten. 500 ml Gemüsebrühe zum Kochen bringen, 200 g Hirse zugeben und etwa 15 Minuten köcheln lassen. In der Zwischenzeit 700 g Tomaten kreuzweise einschneiden und mit kochendem Wasser übergießen. Nach 1–2 Minuten herausnehmen und mit kaltem Wasser abschrecken. Tomaten enthäuten, halbieren und die Stängelansätze herausschneiden. Die Tomaten in Scheiben schneiden. Hirse abtropfen lassen. Eine Auflaufform fetten. Die Hälfte der Hirse in der Auflaufform verteilen. Tomatenscheiben darauf verteilen, mit Salz und Pfeffer bestreuen, wieder mit Hirse bedecken.150 g Sahne mit 150 g Joghurt, 2 Eiern und 2 zerdrückten Knoblauchzehen verschlagen, mit Salz, Pfeffer und Muskat würzen, auf dem Hirseauflauf verteilen. Den Auflauf bei der angegebenen Backofeneinstellung etwa 25 Minuten garen.

Brötchen-Snack | Perfekt zum Vorbereiten

12 Stück

Pro Stück: E: 18 g, F: 12 g, Kh: 32 g, kJ: 1307, kcal: 312, BE: 2,5

4 Fleischtomaten (etwa 500 g)
2 EL TK-Knoblauch-Kräuter-Mischung oder 1 TL Pizza-Gewürzmischung
2 EL Olivenöl
Salz, gem. Pfeffer
6 Scheiben Kochschinken
500 g Mozzarella
12 kleine Aufbackbrötchen (je 50–70 g, aus dem Brotregal)

Außerdem:

1 Backblech
Backpapier

Zubereitungszeit: etwa 15 Minuten
Backzeit: etwa 12 Minuten

1. Das Backblech mit Backpapier belegen. Den Backofen vorheizen.
Ober-/Unterhitze: etwa 200 °C
Heißluft: etwa 180 °C

2. Die Tomaten abspülen, abtrocknen, halbieren und Stängelansätze herausschneiden. Anschließend die Tomaten in kleine Würfel schneiden, in ein Sieb geben und abtropfen lassen. Tomatenwürfel mit Knoblauch-Kräuter- oder Pizza-Gewürzmischung und Olivenöl vermischen, mit Salz und Pfeffer würzen.

3. Die Kochschinken-Scheiben übereinanderlegen und in 4 breite Streifen schneiden. Mozzarella abtropfen lassen und in feine Scheiben schneiden.

4. Die Brötchen waagerecht der Länge nach je zweimal ein-, aber nicht durchschneiden. Die Einschnitte vorsichtig auseinanderdrücken. Tomatenwürfel und Schinkenstreifen darin verteilen, Mozzarella-Scheiben darauflegen. Die Brötchen auf dem Backblech verteilen. Das Backblech auf mittlerer Einschubleiste in den vorgeheizten Backofen schieben. Die Brötchen nach Packungsanleitung **etwa 12 Minuten backen.**

5. Die Brötchen sofort vom Backblech nehmen und servieren.

Tipps: Frisch und warm aus dem Backofen schmecken die Brötchen-Snacks am besten. Ist der Brötchen-Snack zum Sattessen gedacht, sollten pro Person 2–3 Brötchen eingeplant werden. Statt Mozzarella etwa 500 g geriebenen Pizzakäse nehmen.

Brot-Schinken-Pfanne I

Ganz simpel

2 Portionen

Pro Portion: E: 16 g, F: 18 g, Kh: 38 g, kJ: 1603, kcal: 382, BE: 2,5

125 g	*Weißbrot (z. B. Toastbrot, Baguette oder Brötchen)*
2	*Fleischtomaten*
2	*Knoblauchzehen*
1	*Zwiebel*
3 EL	*Speiseöl*
etwa 100 g	*magere Schinkenwürfel*
evtl. einige Stängel	*Basilikum*
	Salz, gem. Pfeffer

Zubereitungszeit: etwa 20 Minuten

1. Das Weißbrot in Würfel schneiden. Die Tomaten abspülen, trocken tupfen, halbieren und die Stängelansätze herausschneiden. Tomatenhälften in Würfel schneiden.

2. Knoblauch und Zwiebel abziehen. Knoblauch in dünne Scheiben, Zwiebel in Streifen schneiden.

3. 2 Esslöffel des Öls in einer Pfanne erhitzen. Die Brotwürfel darin von allen Seiten leicht bräunen. Die Knoblauchscheiben hinzugeben und mitbräunen lassen. Die Hälfte der Brotwürfel aus der Pfanne nehmen und beiseitestellen.

4. Restliches Olivenöl in die Pfanne geben und erhitzen. Die Zwiebelstreifen, Schinken- und Tomatenwürfel hinzugeben und unter gelegentlichem Rühren etwa 5 Minuten dünsten.

5. In der Zwischenzeit das Basilikum abspülen und trocken tupfen. Die Blättchen von den Stängeln zupfen. Einige Blättchen zum Garnieren beiseitelegen. Restliche Blättchen in Streifen schneiden.

6. Basilikumstreifen unter die Brot-Schinken-Pfanne mischen, mit Salz und Pfeffer würzen. Beiseitegestellte Brotwürfel darauf verteilen. Die Pfanne mit den Basilikumblättchen garnieren und sofort servieren, damit die Brotwürfel knusprig bleiben.

Tipps: Wer das Brot ganz knusprig mag, kann die Brotwürfel auch separat braten und zum Schluss untermischen. Die Brot-Schinken-Pfanne vorsichtig mit Salz würzen, da der Schinken schon reichlich Würze mitbringt.

Brotspieße mit Salat

Vegetarische Partyspieße

12 Portionen (12 Spieße)

Pro Portion: E: 12 g, F: 24 g, Kh: 52 g, kJ: 1997, kcal: 476, BE: 4,5

1–2 Baguettes (etwa 375 g)
1–2 Baguettes mit Kräutern (z. B. mit Kräutern der Provence, etwa 375 g)
1–2 Bauern- oder Vollkorn-Baguettes (etwa 375 g)
1 Bund gemischte Kräuter (z. B. Petersilie, Dill, Kerbel)
4 Knoblauchzehen
300 g Butter
Salz
gem. Pfeffer
Worcestersauce

Für den Salat:

etwa 1 1/4 kg kleine, gemischte Blattsalate (z.B. Radicchio, Spinat, Frisée, Endivie)
300 g Joghurt (3,5 % Fett)
100 ml Essig
1 EL mittelscharfer Senf
etwas Zucker

Außerdem:

12 Spieße (z. B. Bambusspieße, etwa 30 cm lang, oder Metallspieße)
1–2 Backbleche
Backpapier

Zubereitungszeit: etwa 40 Minuten
Grillzeit: etwa 10 Minuten je Backblech

1. Die Backbleche mit Backpapier belegen. Die Baguette-Brote in etwa 2 cm dicke Scheiben schneiden. Je Baguette-Sorte 2 Brotscheiben auf einen Spieß stecken. Die Spieße nebeneinander auf die Backbleche legen.

2. Die Kräuter abspülen und trocken tupfen. Die Blättchen oder Spitzen von den Stängeln zupfen und fein schneiden.

3. Knoblauch abziehen und durch eine Knoblauchpresse drücken.

4. Butter in einem Topf zerlassen. Kräuter und Knoblauch unterrühren, mit Salz, Pfeffer und Worcestersauce herzhaft würzen.

5. Die gewürzte Kräuterbutter mit einem Backpinsel auf die Baguette-Spieße streichen. Dies so lange wiederholen, bis die Kräuterbutter aufgebraucht ist.

6. Für den Salat die Salate putzen und die äußeren, welken Blätter bzw. dicke Stiele entfernen. Die Salatblätter vom Strunk zupfen, in reichlich Wasser gründlich waschen, aber nicht drücken. Die Salatblätter in einem Sieb gut abtropfen lassen oder trocken schleudern. Große Blätter kleiner zupfen.

7. Joghurt mit Essig und Senf verrühren, mit Salz, Pfeffer und Zucker abschmecken.

8. Den Backofengrill (auf etwa 240 °C) vorheizen. Die Backbleche nacheinander im oberen Drittel unter den vorgeheizten Backofengrill schieben. Die Baguette-Spieße **etwa 10 Minuten je Backblech rösten,** dabei die Spieße einmal wenden.

9. Die Salatblätter mit dem Joghurtdressing vermischen und anschließend zu den gerösteten Brotspießen reichen.

Tipps: Für diese Spieße können auch andere Brotsorten wie z.B. Oliven- oder Zwiebelbrot verwendet werden. Die Brotspieße lassen sich prima vorbereiten. Dafür die Baguette-Spieße 2–3 Stunden vor dem Servieren wie in Punkt 1 beschrieben vorbereiten. Auch die Kräuterbutter kann einige Stunden vor dem Grillen der Spieße zubereitet werden. Die Butter zum Bestreichen dann nochmals erwärmen. Die preiswerten Brotspieße lassen sich zur Outdoor-Party auch gut auf einem Grill rösten. Dazu die Spieße in Grillschalen legen und diese auf den Grillrost stellen, so kann die Butter nicht ins Feuer tropfen.

Brownies I

Cremig getoppt

48 Stück

Pro Stück: E: 2 g, F: 14 g, Kh: 12 g, kJ: 758, kcal: 181, BE: 1,0

Für den Teig:

250 g Butter oder Margarine
200 g Zartbitter-Schokolade (etwa 50 % Kakaoanteil)
150 g Weizenmehl
2 gestr. TL Dr. Oetker Backin
100 g gehackte Mandeln
150 g brauner Zucker
2 Pck. Dr. Oetker Vanillin-Zucker
1 Prise Salz
30 g gesiebtes Kakaopulver
4 Eier (Größe M)
4 EL Milch (3,5 % Fett)

Für die Topping-Creme:

300 g weiße Kuvertüre
250 g Crème fraîche
1 Pck. Dr. Oetker Vanillin-Zucker
20 g Speisestärke
125 ml Milch (3,5 % Fett)
120 g Butter

Zum Bestäuben:

evtl. Kakaopulver

Außerdem:

1 Backblech (30 x 40 cm)
Mixer mit Rührstäben

Zubereitungszeit: etwa 60 Minuten, ohne Kühlzeit
Backzeit: 15–20 Minuten

1. Für den Teig Butter oder Margarine in einem Topf zerlassen. Den Topf von der Kochstelle nehmen.

2. Die Schokolade in kleine Stücke brechen, zu der Butter oder Margarine in den Topf geben und unter Rühren schmelzen. Die Schoko-Fett-Masse etwas abkühlen lassen.

3. Inzwischen das Backblech fetten. Den Backofen vorheizen.
Ober-/Unterhitze: etwa 180 °C
Heißluft: etwa 160 °C

4. Mehl mit Backpulver mischen und in eine Rührschüssel geben. Mandeln, Zucker, Vanillin-Zucker, Salz und Kakao hinzugeben. Die Zutaten miteinander verrühren.

5. Eier, Schoko-Butter-Masse und Milch hinzufügen. Die Zutaten mit dem Mixer (Rührstäbe) verrühren, bis ein glatter Teig entstanden ist.

6. Den Teig auf dem vorbereiteten Backblech verteilen und glatt streichen.

7. Das Backblech in den vorgeheizten Backofen schieben. Die Brownieplatte **15–20 Minuten backen.**

8. Das Backblech auf einen Rost stellen. Die Brownieplatte erkalten lassen.

9. Für die Creme die Kuvertüre in Stücke hacken. Crème fraîche mit Vanillin-Zucker und Speisestärke verrühren. Milch und Butter in einem Topf unter Rühren zum Kochen bringen.

10. Die Crème-fraîche-Masse einrühren und unter Rühren aufkochen lassen. Den Topf von der Kochstelle nehmen.

11. Kuvertürestücke mit einem Schneebesen unterrühren und etwa 5 Minuten stehen lassen. Die Masse dann zu einer geschmeidigen Creme verrühren.

12. Die Creme auf den Brownieboden geben, glatt streichen und mindestens 2 Stunden in den Kühlschrank stellen, bis die Creme fest ist.

13. Das Gebäck mit Kakao bestäuben und in Quadrate (etwa 5 x 5 cm) schneiden.

Tipp: Die Mandeln vorher in einer Pfanne ohne Fett bei schwacher Hitze unter Rühren goldbraun rösten. Dann tritt der Mandelgeschmack noch intensiver hervor.

Bulgur-Gemüse-Pfanne I

Ganz simpel

2 Portionen

VEGAN

Pro Portion: E: 10 g, F: 17 g, Kh: 55 g, kJ: 1743, kcal: 416, BE: 3,5

1	*kleine Zwiebel*
1	*Knoblauchzehe*
1 EL	*Olivenöl*
125 g	*Bulgur*
etwa	
1 gestr. TL	*gem. Kreuzkümmel (Cumin)*
300 ml	*Gemüsebrühe*
3	*Tomaten (etwa 300 g)*
1/2 Bund	*Frühlingszwiebeln*
1	*mittelgroße Zucchini*
2 EL	*Olivenöl*
	Salz
	gem. Pfeffer
1–2 TL	*Zitronensaft*

Zubereitungszeit: etwa 20 Minuten
Garzeit: etwa 20 Minuten

1. Zwiebel und Knoblauch abziehen und in kleine Würfel schneiden.

2. Das Olivenöl in einem Topf erhitzen. Die Zwiebel- und Knoblauchwürfel darin unter gelegentlichem Rühren bei mittlerer Hitze etwa 2 Minuten andünsten.

3. Bulgur und Kreuzkümmel hinzugeben und unter gelegentlichem Rühren 1–2 Minuten kurz mit andünsten. Die Gemüsebrühe hinzugießen. Die Zutaten einmal aufkochen lassen, dann zugedeckt bei schwacher Hitze in etwa 10 Minuten (Packungsanleitung beachten) ausquellen lassen, dabei 2–3-mal umrühren.

4. In der Zwischenzeit die Tomaten kreuzweise einschneiden und mit kochendem Wasser übergießen. Nach 1–2 Minuten herausnehmen und mit kaltem Wasser abschrecken. Die Tomaten enthäuten, vierteln, entkernen und die Stängelansätze herausschneiden. Die Tomatenviertel halbieren.

5. Frühlingszwiebeln putzen, abspülen, abtropfen lassen und in feine Scheiben schneiden. Zucchini abspülen, abtrocknen und die Enden abschneiden. Zucchini evtl. längs halbieren, dann quer in Scheiben schneiden.

6. Das Olivenöl in einer großen Pfanne erhitzen. Die Zucchini- und Frühlingszwiebelscheiben darin bei mittlerer bis starker Hitze in 3–4 Minuten leicht anbraten, dabei gelegentlich umrühren.

7. Den gequollenen Bulgur mit den Tomatenstücken in die Pfanne geben, unterrühren und etwa 2 Minuten bei schwacher Hitze darin erwärmen, dabei gelegentlich umrühren. Die Bulgur-Gemüse-Pfanne mit Salz, Pfeffer, Kreuzkümmel und Zitronensaft abschmecken.

Dazu passt: Ein **Petersilien-Joghurt-Dip.** Dafür 75 g Sojajoghurt (natur) mit 1 gehäuften Teelöffel geschnittener Petersilie (frisch oder TK) und etwas gemahlenen Kreuzkümmel (Cumin) verrühren. Den Dip nach Belieben mit etwas Salz und Pfeffer abschmecken.

Burger XXL | Ganz simpel – Sattmacher

2 Stück

Pro Stück: E: 42 g, F: 43 g, Kh: 101 g, kJ: 4047, kcal: 964, BE: 8,5

4–5 Champignons (50 g)
3 Scheiben Kochschinken
150 g Joghurt-Salatcreme
2 American Mega-Burger (je 75 g)
4 Salatblätter
6 Scheiben American Sandwichtoast
4 Scheiben roher Schinken (z. B. Parmaschinken)
4 große Scheiben Salami

Zubereitungszeit: etwa 20 Minuten

1. Champignons putzen, evtl. mit Küchenpapier abreiben. Champignons in dünne Scheiben schneiden, evtl. große Champignons erst vierteln, dann in Scheiben schneiden. 1 Scheibe Kochschinken fein würfeln.

2. Die Hälfte der Salatcreme mit Pilzscheiben und Schinkenwürfeln verrühren. Burger jeweils waagerecht aufschneiden, jede Hälfte mit Pilz-Schinken-Mayonnaise bestreichen und mit jeweils 1 Salatblatt belegen. Toastbrotscheiben mit restlicher Mayonnaise bestreichen.

3. Immer 2 bestrichene Toastbrotscheiben mit jeweils 1 Scheibe Kochschinken, 2 Scheiben rohen Schinken und 2 Scheiben Salami belegen. Belegte Toastbrote in dieser Reihenfolge mit den bestrichenen Burgern zusammensetzen, alles leicht andrücken. Die Burger sofort servieren oder bis zum Verzehr einzeln in Frischhaltefolie wickeln.

Tipps: Wer es knackiger mag, toastet das Sandwichbrot und ersetzt das Softbrötchen durch ein Roggenbrötchen. Für Gäste einfach die Zutatenmengen anpassen.

Caipirinha | Klassisch – mit Alkohol

1 Glas

Pro Glas: E: 0 g, F: 1 g, Kh: 20 g, kJ: 917, kcal: 219, BE: 1,5

1 Bio-Limette (unbehandelt, ungewachst)
2–3 TL brauner Zucker (Rohrzucker)
2 cl Lime Juice (Limonadenkonzentrat aus Limettensaft und Zucker)
grob zerstoßenes Eis oder Crushed Ice
5 cl Cachaça

2 kurze, dicke Trinkhalme

Zubereitungszeit: etwa 5 Minuten

1. Die Limette heiß abwaschen, abtrocknen und achteln. Limettenachtel in einen Tumbler oder ein anders Glas geben. Braunen Zucker und Lime Juice zugeben und alles mit einem Holzstößel gut zerdrücken.

2. Das Glas mit dem Eis auffüllen und den Cachaça darübergießen. Den Drink umrühren und mit den Trinkhalmen servieren.

Tipp: Cachaça ist ein brasilianischer Zuckerrohrschnaps, der nicht wie Rum aus Melasse, sondern aus frischem Zuckerrohr hergestellt wird.

Rezeptvariante: Köstlich schmeckt auch **Cachaça-Cola.** Dazu 4 cl Cachaça in ein zur Hälfte mit Eiswürfeln gefülltes Longdrinkglas geben, mit kalter Cola auffüllen und nach Belieben einen Spritzer Limettensaft dazugeben.

Caipirinha-Bowle

Für laue Sommernächte – mit Alkohol

10–12 Gläser

Pro Glas: E: 1 g, F: 1 g, Kh: 39 g, kJ: 1330, kcal: 318, BE: 3,5

9–10 Bio-Limetten (unbehandelt, ungewachst)
250 g brauner Zucker (Rohrzucker)
250 ml Cachaça
1 kleine Galia-Melone
1 1/2 l kaltes Mineralwasser
1 1/2 l kalter, trockener Sekt
einige Eiswürfel

Zubereitungszeit: etwa 25 Minuten, ohne Kühlzeit

1. Von den Limetten 7–8 Stück heiß abspülen, abtrocknen und achteln. Limettenachtel in ein Bowlengefäß geben und mit dem Zucker vermengen. Mit einem Holzstößel die Limetten zerdrücken, sodass der Saft austritt. Cachaça dazugießen, umrühren und das Gefäß in den Kühlschrank stellen.

2. Melone halbieren und die Kerne mit einem Löffel herausschaben. Die Melone schälen und das Fruchtfleisch in kleine Würfel schneiden oder mit einem Kugelausstecher ausstechen. Melonenwürfel oder -kugeln ebenfalls in das Bowlengefäß geben. Die Mischung etwa 2 Stunden mit Frischhaltfolie zugedeckt in den Kühlschrank stellen.

3. Kurz vor dem Servieren die letzten beiden Limetten so schälen, dass die weiße Haut mitentfernt wird. Die Limetten vierteln, dann in Scheiben schneiden. Limettenscheiben, Mineralwasser, Sekt und Eiswürfel zur Mischung geben. Die Bowle zum Servieren in Gläser gießen, mit Löffeln und Trinkhalmen servieren.

Tipp: Anstelle von Limettenscheiben die beiden letzten Limetten zu Beginn auspressen und den Saft mit 150 ml Mineralwasser vermischen. Die Mischung in Eiswürfelbehälter füllen und zum Servieren anstelle der Wassereiswürfel in die Bowle geben.

Chai | Gewürztee

4 Portionen

Pro Portion: E: 9 g, F: 9 g, Kh: 12 g, kJ: 689, kcal: 165, BE: 1,0

1 l	*Milch*
4 EL	*loser, schwarzer Tee*
1	*Zimtstange*
1–2	*Gewürznelken*
evtl.	*Kardamom oder Sternanis*
evtl. etwas	*brauner Zucker (Rohrzucker)*

Zubereitungszeit: 8–10 Minuten

1. Die Milch in einem Topf zum Kochen bringen. Tee, Zimtstange, Nelken und Kardamom oder Sternanis hinzugeben und etwa 2 Minuten bei schwacher Hitze leicht kochen lassen.

2. Chai durch ein Sieb gießen und in 4 Gläser verteilen. Nach Belieben mit braunem Zucker süßen.

Tipps: Der Tee schmeckt heiß und kalt. Den kalten Chai (Foto) mit einigen Eiswürfeln und nach Belieben mit Zimtstangen garniert servieren.

Champignonfrikadellen | Vegetarisch

2 Portionen

Pro Portion: E: 17 g, F: 19 g, Kh: 36 g, kJ: 1596, kcal: 381, BE: 3,0

400 g Champignons
2 Schalotten
3–4 EL Speiseöl (z. B. Sonnenblumenöl)
1 Brötchen (Semmel) vom Vortag
1 Knoblauchzehe
1 Ei (Größe M)
Salz
gem. Pfeffer
1/2 TL gehackte Majoranblättchen (ersatzweise 1 Msp. gerebelter Majoran)
3–4 EL Semmelbrösel

Zubereitungszeit: etwa 35 Minuten, ohne Abkühlzeit

1. Champignons putzen, evtl. mit Küchenpapier abreiben und fein würfeln.

2. Schalotten abziehen und fein würfeln. 1 Esslöffel Öl in einer großen Pfanne erhitzen und die Schalottenwürfel darin glasig dünsten. Die Pilze hinzufügen und unter gelegentlichem Rühren bei mittlerer Hitze so lange mitdünsten, bis das Pilzwasser verdampft ist (etwa 5 Minuten). Die Pilze in eine Schüssel geben und etwas abkühlen lassen. Das Brötchen in kaltem Wasser einweichen.

3. Knoblauchzehe abziehen, fein hacken. Brötchen gut ausdrücken, mit dem Knoblauch und dem Ei zu den gedünsteten Champignons geben. Pilzmasse mit Salz, Pfeffer und Majoran würzen. Die Zutaten vermengen.

4. Die Semmelbrösel in einen tiefen Teller geben. Aus der Pilzmasse 6 flache Frikadellen formen und in den Semmelbröseln wenden.

5. Restliches Öl in der Pfanne erhitzen. Die Frikadellen darin etwa 4 Minuten von jeder Seite bei mittlerer Hitze knusprig braten.

Dazu passt: Kartoffelsalat von Seite 126.

Tipp: Am besten lassen sich die Champignonfrikadellen mit einem Pfannenwender in den Semmelbröseln wenden, da die Pilzmasse sehr weich ist.

Noch ein Tipp: Zu den Champignonfrikadellen schmeckt auch ein **Kräuterdip.** Hierfür je 75 g Joghurt (3,5 % Fett) und Crème fraîche verrühren. 2 Esslöffel gehackte Kräuter (frisch oder TK, z. B. Schnittlauch, Petersilie) unterrühren. Alles mit Salz und Pfeffer abschmecken. Zusätzlich kleine Gewürzgurken dazureichen.

Champignon-Löwenzahn-Salat I

Schneller Frühlingsgenuss

2 Portionen

VEGAN

Pro Portion: E: 11 g, F: 19 g, Kh: 5 g, kJ: 932, kcal: 223, BE: 0,0

je 200 g	*weiße und braune Champignons*
125 g	*Löwenzahnsalat*
100 g	*Rucola (Rauke)*
1	*Bio-Zitrone (unbehandelt, ungewachst)*
	Salz, gem. Pfeffer
1 Prise	*Voll-Rohrzucker*
3 ½ EL	*Speiseöl (z. B. Raps- oder Walnussöl)*
evtl. 1 EL	*Sonnenblumenkerne (etwa 10 g)*

Zubereitungszeit: etwa 25 Minuten

1. Champignons putzen, evtl. mit Küchenpapier abreiben und je nach Größe halbieren oder vierteln.

2. Löwenzahn und Rucola verlesen und die dicken Stängel abschneiden. Löwenzahn und Rucola abspülen, abtropfen lassen und mit Küchenpapier trocken tupfen oder trocken schleudern. Die Blätter etwas kleiner zupfen.

3. Die Zitrone heiß abwaschen, abtrocknen und etwas Schale fein abreiben. Zitrone halbieren und eine Zitronenhälfte auspressen.

4. Für das Dressing 1 ½–2 Esslöffel Zitronensaft mit etwas Salz, Pfeffer und Zucker verrühren. Speiseöl unterschlagen, etwa 1 Teelöffel Zitronenschale hinzugeben und unterrühren.

5. Die Champignons mit Löwenzahn und Rucola in eine Schüssel geben und mit dem Dressing vorsichtig vermengen. Den Salat mit Sonnenblumenkernen bestreuen.

Tipps: Als Vorspeise oder Beilage reicht der Salat auch für 4. Die Sonnenblumenkerne schmecken noch aromatischer, wenn man sie zuvor in einer Pfanne ohne Fett anröstet. Löwenzahn gibt es eher in den Frühjahrs- und Sommermonaten zu kaufen. Im Herbst bzw. Winter den Salat stattdessen mit glatter Petersilie oder Feldsalat zubereiten.

Channa Dal (Indische gelbe Erbsensuppe) I

Preiswert – vegetarisch

1 Portion

Pro Portion: E: 16 g, F: 15 g, Kh: 39 g, kJ: 1492, kcal: 357, BE: 3,5

60 g getrocknete, gelbe Schälerbsen
250 ml Gemüsebrühe
1 kleines Lorbeerblatt
1 Prise gem. Zimt
1 Msp. Chilipulver
¼ TL gem. Kardamom
1 EL Butter
½ TL Currypulver
1 Msp. gem. Kurkuma (Gelbwurz)
½ EL Kokosraspel
1 EL Rosinen
1 Msp. gem. Kreuzkümmel (Cumin)

Zubereitungszeit: etwa 15 Minuten
Garzeit: etwa 80 Minuten

1. Schälerbsen in einem Sieb kalt abspülen und abtropfen lassen. Die Erbsen mit der Gemüsebrühe in einem Topf aufkochen. Die Hitze reduzieren und dabei die Brühe mehrmals mit einer Schaumkelle abschäumen.

2. Lorbeerblatt, Zimt, Chilipulver und Kardamom hinzugeben und alles zugedeckt bei mittlerer Hitze etwa 80 Minuten köcheln lassen, bis die Erbsen weich sind und zerfallen. Dabei gelegentlich umrühren. Anschließend alles fein pürieren.

3. Die Butter in einer kleinen Pfanne zerlassen. Curry, Kurkuma und Kokosraspel hineingeben und kurz darin andünsten. Die Butter-Kokos-Masse in die pürierte Erbsensuppe rühren. Rosinen und Kreuzkümmel dazugeben und die Suppe erneut erwärmen. Suppe nach Belieben mit den Gewürzen abschmecken.

Dazu passt: Fladenbrot.

Tipp: Das Rezept lässt sich für Gäste leicht verdoppeln bzw. vervierfachen.

Kleine Warenkunde: Schälerbsen müssen nicht eingeweicht werden (wie z. B. Kichererbsen oder getrocknete Erbsen), da die äußere harte Schale beim Schälvorgang bereits entfernt wurde.

Chickenburger „Hawaii“ mit Ananas-Möhren-Rohkost I

Bunt und lecker

4 Portionen

Pro Portion: E: 35 g, F: 10 g, Kh: 70 g, kJ: 2178, kcal: 521, BE: 6,0

6 mittelgroße Möhren
1 geschälte Ananas ohne Strunk
Saft von
½ Zitrone
1 EL flüssiger Honig
gem. Piment
gem. Koriander
1 EL Sonnenblumenöl
4 dünne Scheiben Hähnchenbrustfilet (je etwa 100 g)
Salz, gem. Pfeffer
Paprikapulver edelsüß
1 TL Sonnenblumenöl
4 Roggenbrötchen
50 g ger. Käse
4 Salatblätter
4 TL Tomatenketchup oder Salsa

Außerdem:

1 Backblech

Zubereitungszeit: etwa 35 Minuten
Gratinierzeit: 2–3 Minuten

1. Die Möhren putzen, schälen, abspülen und raspeln. Die Ananas in dünne Scheiben schneiden. 4 Ananasscheiben beiseitelegen, die restlichen Ananasscheiben auf einer Salatplatte verteilen. Möhrenraspel daraufgeben.

2. Aus Zitronensaft, Honig, Gewürzen und Öl eine Marinade rühren. Marinade auf der Möhrenrohkost verteilen.

3. Hähnchenbrustfiletscheiben unter fließendem kalten Wasser abspülen, trocken tupfen, mit Salz, Pfeffer und Paprika würzen. Das Öl in einer Pfanne erhitzen. Die Hähnchenfilets darin von beiden Seiten 2–3 Minuten knusprig braun braten.

4. Den Backofengrill vorheizen (etwa 240 °C).

5. Die Brötchen auf-, aber nicht durchschneiden, aufklappen und auf ein Backblech legen. Auf die unteren Hälften jeweils 1 Hähnchenfilet und 1 Scheibe beiseitegelegte Ananas legen. Belegte Brötchenhälften mit Käse bestreuen.

6. Die Brötchen unter dem vorgeheizten Backofengrill **2–3 Minuten gratinieren.**

7. Das Backblech auf einen Rost stellen. Die Salatblätter abspülen, trocken tupfen und auf die oberen Brötchenhälften legen. Ketchup oder Salsa darauf verteilen. Die Brötchen zuklappen und zur Rohkost servieren.

Chili con Carne I

Klassisch

4 Portionen

Pro Portion: E: 40 g, F: 22 g, Kh: 28 g, kJ: 2020, kcal: 482, BE: 2,0

- *50 g durchwachsener Speck*
- *2–3 Zwiebeln*
- *1–2 Knoblauchzehen*
- *500 g Rindergehacktes*
- *800 g geschälte Tomaten (aus der Dose)*
- *800 g Chili-Bohnen (aus der Dose)*
- *2–3 EL Chilisauce*
- *1 Lorbeerblatt*
- *1–2 gestr. TL Chilipulver*
- *Salz*
- *1 Prise Zucker*
- *2 EL vorbereitete Petersilie*

Zubereitungszeit: etwa 30 Minuten
Garzeit: etwa 20 Minuten

1. Speck in Würfel schneiden und in einem Topf unter Rühren anbraten. Zwiebeln und Knoblauch abziehen, ebenfalls klein würfeln und in dem Speckfett glasig dünsten lassen.

2. Rindergehacktes hinzufügen und unter ständigem Rühren etwa 5 Minuten anbraten. Dabei die Fleischklümpchen mit einer Gabel zerdrücken.

3. Tomaten in der Dose grob zerkleinern. Tomaten mit der Flüssigkeit, Chili-Bohnen mit der Flüssigkeit, Chilisauce und Lorbeerblatt zum Gehackten geben. Das Ganze mit Chili, Salz und Zucker würzen, zum Kochen bringen und zugedeckt etwa 15 Minuten garen, dabei gelegentlich umrühren.

4. Das fertige Chili con Carne nochmals mit den Gewürzen abschmecken und das Lorbeerblatt entfernen. Chili mit Petersilie bestreuen und servieren.

Dazu passt: Warmes Fladenbrot, Roggenbrötchen oder Reis. Pro Person rechnet man 40–50 g rohen Reis. Ganz schnell geht es auch mit Kochbeutelreis.

Tipp: Besonders gut schmeckt das Chili con Carne, wenn es am Vortag zubereitet und am nächsten Tag erhitzt wird.

Chili sin Carne | Vegetarisch

4 Portionen

Pro Portion: E: 20 g, F: 20 g, Kh: 43 g, kJ: 1826, kcal: 438, BE: 3,0

1 Gemüsezwiebel (etwa 250 g)
2 Knoblauchzehen
1 dicke Möhre (etwa 150 g)
je 1 rote, gelbe und grüne Paprikaschote (je etwa 200 g)
1 Zucchini (etwa 300 g)
1 kleine Aubergine (etwa 250 g)
2–3 EL Olivenöl
250 g abgespülte, abgetropfte Kidneybohnen (aus der Dose)
1 Lorbeerblatt
2–3 EL Chilisauce
800 g passierte Tomaten (aus Dosen)
Salz
1 Prise Zucker
2 TL Chilipulver
1 Zweig Rosmarin
1 Bund Thymian
gem. Pfeffer
150 g Crème fraîche

Zubereitungszeit: etwa 30 Minuten
Garzeit: etwa 25 Minuten

1. Gemüsezwiebel und Knoblauch abziehen und fein würfeln. Die Möhre putzen, schälen, abspülen und abtropfen lassen. Paprikaschoten halbieren, entstielen, entkernen und die weißen Scheidewände entfernen. Schoten abspülen und trocken tupfen.

2. Zucchini und Aubergine abspülen, abtrocknen und die Enden bzw. Stängelansätze abschneiden. Möhre, Paprikaschoten, Zucchini und Aubergine in 1/2–1 cm kleine Würfel schneiden.

3. Das Olivenöl in dem Topf erhitzen. Zuerst die Zwiebel- und Möhrenwürfel darin bei mittlerer Hitze andünsten. Dann die Paprika- und Knoblauchwürfel hinzufügen. Danach die Zucchini- und Auberginenwürfel hinzugeben und mit andünsten.

4. Die Kidneybohnen mit dem Lorbeerblatt und der Chilisauce in den Topf geben. Passierte Tomaten hinzugießen und unterrühren. Alles zum Kochen bringen und bei schwacher Hitze zugedeckt etwa 15 Minuten köcheln lassen. Dabei das Chili gelegentlich umrühren. Das Chili mit Salz, Zucker und Chilipulver würzen.

5. Rosmarin und Thymian abspülen und trocken tupfen. Die Nadeln und Blättchen von den Stängeln zupfen und fein schneiden. Rosmarin und Thymian unter das Chili rühren. Das Chili weitere etwa 10 Minuten garen.

6. Das Chili mit Salz und Pfeffer abschmecken, das Lorbeerblatt entfernen. Zum Servieren jede Portion mit einem Klecks Crème fraîche garnieren.

Dazu passen: Nudeln (pro Person 60–80 g Rohware) oder gegarte Kartoffelwürfel (etwa 400 g) oder Baguette, Fladenbrot bzw. Tortilla-Chips.

Tipp: Das Chili noch mit etwas Chilipulver bestreut und Rosmarinnadeln garniert servieren.

Chili-Schoko-Cookies

Schokoglück mit feiner Schärfe

8–9 große Cookies

Pro Stück: E: 4 g, F: 14 g, Kh: 26 g, kJ: 1010, kcal: 241, BE: 2,0

Zum Vorbereiten:

1 kleine, rote Chilischote
50 g Cashewkerne, geröstet und gesalzen
50 g Vollmilch-Schokolade (etwa 30 % Kakaoanteil)

Für den Teig:

60 g Butter (zimmerwarm)
80 g brauner Zucker
1 Pck. Dr. Oetker Bourbon-Vanille-Zucker
1 Ei (Größe M)
100 g Weizenmehl
½ gestr. TL Dr. Oetker Backin
50 g Schoko-Tröpfchen

Außerdem:

1 Backblech (30 x 40 cm)
Backpapier
Mixer mit Rührstäben

Zubereitungszeit: etwa 45 Minuten
Backzeit: 12–15 Minuten

1. Zum Vorbereiten die Chilischote der Länge nach aufschneiden, entkernen, abspülen, abtropfen lassen und sehr fein hacken. Cashewkerne und Schokolade getrennt in kleine Stückchen hacken.

2. Das Backblech mit Backpapier belegen. Den Backofen vorheizen.
Ober-/Unterhitze: etwa 200 °C
Heißluft: etwa 180 °C

3. Für den Teig Butter mit Zucker und Vanille-Zucker in einer Rührschüssel mit dem Mixer (Rührstäbe) zunächst kurz auf niedrigster, dann auf höchster Stufe schaumig schlagen. Das Ei etwa 1 Minute unterschlagen.

4. Mehl mit Backpulver mischen, Chilis, Cashews, Schokolade und die Hälfte der Schoko-Tröpfchen daraufgeben und mit einem Teigschaber unterheben.

5. Den Teig mit 2 Esslöffeln oder einem Eisportionierer in gleich großen, runden Häufchen auf das Backblech setzen, dabei genügend Abstand zwischen den Teighäufchen lassen. Die Teighäufchen mit einem in Wasser getauchten Löffel zu flachen Cookies verstreichen. Die restlichen Schoko-Tröpfen daraufstreuen und leicht in den Teig drücken.

6. Das Backblech auf mittlerer Einschubleiste in den vorgeheizten Backofen schieben. Die Chili-Schoko-Cookies **12–15 Minuten backen.** Cookies mit dem Backpapier von dem Backblech auf einen Rost ziehen und erkalten lassen.

Tipp: Die Hände und Arbeitsgeräte nach dem Verarbeiten der Chilischoten gründlich waschen. Mit den Händen nicht in den Augen reiben.

Chinatopf | Sattmacher

1–2 Portionen

Pro Portion: E: 70 g, F: 23 g, Kh: 30 g, kJ: 2522, kcal: 603, BE: 0,5

20 g	*getrocknete, chinesische Pilze (z. B. Mu-err- oder Shiitakepilze)*
etwa 300 g	*Putenbrustfilet*
1	*rote Paprikaschote*
1	*grüne Paprikaschote*
1 Stange	*Porree (Lauch, etwa 150 g)*
340 g	*abgetropfte Bambusschösslinge (aus der Dose)*
2–3 EL	*Sojaöl (ersatzweise Sonnenblumenöl)*
350 g	*abgetropfte Sojabohnenkeimlinge (aus dem Glas)*
1–2 EL	*Sojasauce*
etwa 1/2 TL	*China-Gewürzmischung*

Zubereitungszeit: etwa 30 Minuten, ohne Einweichzeit

1. Die Pilze nach Packungsanleitung einweichen. Das Putenbrustfilet unter fließendem kalten Wasser abspülen, trocken tupfen und in feine Scheiben schneiden.

2. Paprika halbieren, entstielen, entkernen und die weißen Scheidewände entfernen. Die Schoten abspülen, abtropfen lassen und in Streifen schneiden. Porree putzen, Stange längs halbieren, gründlich waschen, abtropfen lassen und in schmale Stücke schneiden.

3. Die eingeweichten Pilze in einem Sieb abtropfen lassen. Die Bambusschösslinge in Scheiben, die Pilze in Stücke schneiden.

4. Sojaöl in einer beschichteten Pfanne oder einem Wok erhitzen. Das Fleisch darin rundherum anbraten. Das vorbereitete Gemüse und die Sojabohnenkeimlinge zugeben und etwa 3 Minuten mit andünsten. Vor dem Servieren den Chinatopf mit Sojasauce und der China-Gewürzmischung abschmecken.

Dazu passt: Basmatireis.

Chinesischer Spaghetti-Salat

Beliebt

2 Portionen

Pro Portion: E: 17 g, F: 8 g, Kh: 83 g, kJ: 1992, kcal: 477, BE: 6,0

2 l	*Wasser*
2 gestr. TL	*Salz*
200 g	*Spaghetti*
1 Bund	*Frühlingszwiebeln (etwa 250 g)*
1 EL	*Sojaöl (ersatzweise Sonnenblumen- oder Olivenöl)*
3–4 EL	*Sojasauce*
1–2 TL	*China-Gewürzmischung*
	Salz
	gem. Pfeffer
1 Prise	*Zucker*

Zubereitungszeit: etwa 30 Minuten, ohne Abkühl- und Durchziehzeit

1. Das Wasser in einem großen Topf zugedeckt zum Kochen bringen. Dann Salz und Spaghetti hinzugeben. Die Nudeln im geöffneten Topf bei mittlerer Hitze nach Packungsanleitung bissfest kochen, dabei gelegentlich umrühren. Anschließend die Nudeln in ein Sieb geben, mit kaltem Wasser abspülen und abtropfen lassen. Nudeln nach Belieben mit einer Küchenschere mehrmals in Stücke schneiden, abkühlen lassen.

2. In der Zwischenzeit die Frühlingszwiebeln putzen, abspülen, abtropfen lassen und in feine Scheiben schneiden.

3. In einer kleinen Schüssel das Öl mit 3 Esslöffeln Sojasauce, China-Gewürz, Salz, Pfeffer und Zucker gut verrühren. Die abgekühlten Nudeln mit den Frühlingszwiebelscheiben und der Sauce gut vermischen. Den Salat zugedeckt mindestens 1 Stunde im Kühlschrank durchziehen lassen.

4. Salat vor dem Servieren nochmals mit der restlichen Sojasauce und den Gewürzen abschmecken.

Tipp: Wer mag, würfelt zusätzlich 150 g Hähnchenbrustfilet oder 1 Putenbrustschnitzel (beides abgespült und trocken getupft). Die Fleischwürfel in 1 Esslöffel Sojaöl anbraten, mit Salz und Pfeffer würzen und abgekühlt unter den Salat mischen.

Cinnamon Rolls (Zimtschnecken) I

Coffee-Store-Cakes

8 Stück

Pro Stück: E: 7 g, F: 14 g, Kh: 61 g, kJ: 1709, kcal: 408, BE: 5,0

Für den Hefeteig:

375 g Weizenmehl
1 Pck. Hefeteig Garant
75 g Zucker
150 ml lauwarme Milch (1,5 % Fett)
75 g Butter (zimmerwarm)
knapp
1 gestr. TL gem. Kardamom

Zum Bestreichen und Bestreuen:

50 g Butter
knapp
1 gestr. TL gem. Zimt
50 g Zucker
60 g Rosinen
etwas Kondensmilch

Außerdem:

1 Backblech (30 x 40 cm)
Backpapier
Mixer mit Knethaken
Frischhaltefolie

Zubereitungszeit: etwa 15 Minuten, ohne Ruhezeit
Backzeit: 25–30 Minuten

1. Für den Teig Mehl mit Hefeteig Garant in einer Rührschüssel gründlich vermischen. Zucker, Milch, Butter und Kardamom hinzufügen und mit einem Mixer (Knethaken) in 3–5 Minuten zu einem glatten Teig verarbeiten.

2. Butter zerlassen und abkühlen lassen. Die Arbeitsfläche mit etwas Mehl bestäuben. Den Teig darauflegen und mit einer Teigrolle zu einem Rechteck (etwa 24 x 30 cm) ausrollen. Zimt mit Zucker vermischen. 1 Esslöffel Zimt-Zucker beiseitestellen.

3. Die Teigplatte mit Butter bestreichen und mit restlichem Zimt-Zucker gleichmäßig bestreuen. Anschließend die Rosinen daraufgeben. Teigplatte von der kürzeren Seite her locker aufrollen (der Teig muss noch aufgehen können). Die Teigrolle mit einem scharfen Messer in etwa 3 cm breite Scheiben schneiden. Dabei das Messer sägend – mit möglichst wenig Druck – durch den Teig führen.

4. Das Backblech mit Backpapier belegen. Die Teigstücke mit ausreichend Abstand auf das Backblech legen, leicht mit den Händen flach drücken. Dabei evtl. abstehende Teigenden gut andrücken. Teigstücke mit Frischhaltefolie zudecken und 15 Minuten ruhen lassen.

5. Inzwischen den Backofen vorheizen.
Ober-/Unterhitze: etwa 180 °C
Heißluft: etwa 160 °C

6. Die Folie entfernen, die Teigstücke mit Kondensmilch bestreichen und mit dem beiseitegestellten Zimt-Zucker bestreuen. Das Backblech auf mittlerer Einschubleiste in den vorgeheizten Backofen schieben. Die Cinnamon Rolls **25–30 Minuten backen.**

7. Das Backpapier mit den Cinnamon Rolls auf einen Rost ziehen. Gebäck erkalten lassen.

Tipps: Besonders lecker ist Hefegebäck ganz frisch. Man kann auch einen kleinen Apfel schälen, abspülen, in kleine Stücke schneiden und diese mit einrollen. Dann wird's fruchtig. Die Cinnamon Rolls können nach dem Backen auch noch mit Puderzuckerguss bestrichen oder besprenkelt werden.

Couscous-Brokkoli-Auflauf I

Schneller Sattmacher

4 Portionen

Pro Portion: E: 17 g, F: 23 g, Kh: 55 g, kJ: 2093, kcal: 498, BE: 4,5

400 ml Gemüsebrühe
250 g Instant-Couscous
500 g Brokkoli
Salz
2 EL Rosinen
1 Stängel Minze
1 rote Chilischote
1 TL gem. Kreuzkümmel (Cumin)
150 g Crème fraîche
2 EL Sonnenblumenkerne
100 g milder, cremiger Schafskäse

Außerdem:

1 große Auflaufform oder
4 Portionsauflaufförmchen

Zubereitungszeit: etwa 25 Minuten
Garzeit: etwa 15 Minuten

1. Die Brühe aufkochen lassen. Couscous in eine Schüssel geben und mit der Brühe übergießen. Couscous etwa 5 Minuten quellen lassen.

2. Inzwischen den Brokkoli putzen, abspülen, abtropfen lassen und in feine Röschen teilen. Die Stiele schälen und in Stifte schneiden. Salzwasser in einem Topf zum Kochen bringen. Die Brokkolistifte und -röschen darin 3–4 Minuten garen, dann in einem Sieb abtropfen lassen.

3. Die Rosinen mit heißem Wasser abspülen und abtropfen lassen. Minze abspülen und trocken tupfen. Die Blättchen vom Stängel zupfen und fein schneiden.

4. Die Chilischote längs aufschneiden, entkernen und die Scheidewände herausschneiden. Schote abspülen, trocken tupfen und in feine Würfel schneiden.

5. Couscous etwas auflockern. Minze, Chili, Rosinen, Kreuzkümmel, 100 g von der Crème fraîche und 1 Esslöffel der Sonnenblumenkerne untermischen.

6. Den Backofen vorheizen.
Ober-/Unterhitze: etwa 220 °C
Heißluft: etwa 200 °C

7. Die Auflaufform oder Förmchen fetten. Die Couscous-Mischung mit Salz abschmecken und darin verteilen.

8. Den Brokkoli mit der restlichen Crème fraîche mischen und auf der Couscous-Mischung verteilen. Zum Schluss den Schafskäse daraufbröseln und die restlichen Sonnenblumenkerne daraufstreuen.

9. Die Form oder Formen auf dem Rost in den vorgeheizten Backofen schieben. Den Auflauf **etwa 15 Minuten garen.**

Dazu passen: Joghurtdip und Tomatensalat.

Tipp: Der Auflauf lässt sich auch prima mit gegartem Reis (z.B. vom Vortag) statt mit Couscous zubereiten.

Couscous-Salat aus dem Schüttelbecher

Erst schichten, dann schütteln

2 Portionen

Pro Portion: E: 14 g, F: 7 g, Kh: 48 g, kJ: 1324, kcal: 316, BE: 4,0

100 g Instant-Couscous
2 Stängel Minze
300 g Joghurt (3,5 % Fett)
Salz
1–2 TL Zitronensaft
2 mittelgroße Tomaten
1 gelbe Paprikaschote
1 Bund glatte Petersilie

Außerdem:

1 hohes, verschließbares, becherartiges Gefäß (Schüttelbecher, mind. 1,2 l Inhalt)

Zubereitungszeit: etwa 30 Minuten, ohne Abkühlzeit

1. Couscous nach Packungsanleitung zubereiten und erkalten lassen. Couscous mit einer Gabel auflockern.

2. Minze abspülen, trocken tupfen und die Blätter abzupfen. Die Blätter fein schneiden. Die Minze unter den Joghurt rühren. Den Minzejoghurt mit Salz und Zitronensaft abschmecken.

3. Tomaten abspülen, abtrocknen, halbieren und die Stängelansätze herausschneiden. Tomaten in Würfel schneiden. Paprikaschote halbieren, entstielen, entkernen und die weißen Scheidewände entfernen. Die Schote abspülen, abtropfen lassen und fein würfeln.

4. Petersilie abspülen, trocken tupfen und die Blättchen von den Stängeln zupfen. Die Petersilienblättchen in grobe Streifen schneiden.

5. Den Schüttelbecher mit kaltem Wasser ausspülen. Dann in folgender Reihenfolge die vorbereiteten Zutaten einfüllen: zuerst den Minzejoghurt, dann den Couscous, darauf die Tomaten- und Paprikawürfel und zum Schluss die Petersilie. Den Schüttelbecher mit dem passenden Deckel verschließen.

6. Den Couscous-Salat erst direkt vor dem Verzehr kräftig schütteln! So bleibt alles schön frisch und ist im Kühlschrank etwa 2 Tage haltbar.

Tipps: Der Salat lässt sich gut zu Hause vorbereiten, mitnehmen und ist dann geschüttelt ruck, zuck servierbereit. Minzejoghurt zusätzlich mit 1 gestrichenem Teelöffel Sambal Oelek und 1 Prise gemahlenem Kreuzkümmel würzen. Übrigens: Für die Zubereitung von Instant-Couscous oder z. B. auch asiatische Instant-Mie-Nudeln benötigt man keinen Herd – perfekt für die Studenten-Küche!

Crumble Cookies | Herrlich knusprig

8–9 große Cookies

Pro Stück: E: 4 g, F: 18 g, Kh: 35 g, kJ: 1325, kcal: 317, BE: 3,0

Zum Vorbereiten:

50 g Walnusskerne

Für den Teig:

150 g Weizenmehl
1 gestr. TL Dr. Oetker Backin
125 g Butter (kalt)
50 g weißer Zucker
100 g feiner, brauner Zucker
1 Pck. Dr. Oetker Bourbon-Vanille-Zucker
1 Prise Salz
1 Eigelb (Größe M)
50 g kernige Haferflocken
1 gestr. TL gem. Kardamom

Außerdem:

1 Backblech (30 x 40 cm)
Backpapier
Mixer mit Knethaken

Zubereitungszeit: etwa 25 Minuten
Backzeit: 15–20 Minuten

1. Zum Vorbereiten die Walnusskerne grob hacken.

2. Das Backblech mit Backpapier belegen. Den Backofen vorheizen.
Ober-/Unterhitze: etwa 180 °C
Heißluft: etwa 160 °C

3. Für den Teig Mehl mit Backpulver in einer Rührschüssel mischen. Butter in kleine Würfel schneiden und hinzufügen. Beide Zuckersorten, Vanille-Zucker, Salz, Eigelb, Walnusskerne, Haferflocken und Kardamom ebenfalls hinzufügen. Die Zutaten mit dem Mixer (Knethaken) zunächst kurz auf niedrigster, dann auf höchster Stufe zu groben Streuseln verarbeiten.

4. Den Streuselteig in gleich großen, runden Portionen auf das Backblech geben. Die Streusel nur leicht festdrücken. Das Backblech auf mittlerer Einschubleiste in den vorgeheizten Backofen schieben. Die Crumble Cookies **15–20 Minuten backen.**

5. Die Crumble Cookies mit dem Backpapier von dem Backblech auf einen Rost ziehen und erkalten lassen.

Cuba Libre | Klassisch – mit Alkohol

1 Glas

Pro Glas: E: 0 g, F: 1 g, Kh: 17 g, kJ: 742, kcal: 176, BE: 1,5

1	*Bio-Limette (unbehandelt, ungewachst)*
einige	*Eiswürfel*
4 cl	*weißer Rum*
etwa 150 ml	*kalte Cola*
evtl. 1	*Trinkhalm*

Zubereitungszeit: 3–5 Minuten

1. Die Limette heiß abwaschen und abtrocknen. Die Limette quer halbieren. Eine Limettenhälfte in Viertel schneiden.

2. Ein gekühltes Longdrinkglas zur Hälfte mit Eiswürfeln füllen und den Saft der zweiten Limettenhälfte darüber auspressen. Limettenviertel hinzugeben.

3. Rum zugießen und umrühren. Das Glas mit Cola auffüllen und den Drink nach Belieben mit einem Trinkhalm servieren.

Cuba-Libre-Torte | Mit Alkohol

12–16 Stücke

Pro Stück: E: 4 g, F: 18 g, Kh: 47 g, kJ: 1588, kcal: 380, BE: 4,0

Für den All-in-Teig:

175 g Weizenmehl
1 leicht geh. EL Kakaopulver
2 gestr. TL Dr. Oetker Backin
200 g Zucker
3 Eier (Größe M)
175 g Butter oder Margarine (zimmerwarm)
150 ml Cola

Für die Füllung:

250 g Schlagsahne (mind. 30 % Fett)
1 Pck. Sahnesteif
40 g Zucker
2–3 EL weißer Rum

Für den hellen Guss:

200 g Puderzucker
5–6 EL weißer Rum

Für den dunklen Guss:

50 g Puderzucker
1 EL Cola

Zum Garnieren:

einige Fruchtgummi-Colafläschchen

Außerdem:

1 Springform (Ø 26 cm)
Backpapier
Mixer mit Rührstäben

Zubereitungszeit: etwa 50 Minuten, ohne Kühlzeit
Backzeit: etwa 25 Minuten

1. Den Boden einer Springform fetten und mit Backpapier belegen. Den Backofen vorheizen.
Ober-/Unterhitze: etwa 180 °C
Heißluft: etwa 160 °C

2. Für den Teig Mehl mit Kakao und Backpulver in einer Rührschüssel mischen. Restliche Zutaten hinzufügen und alles mit dem Mixer (Rührstäbe) kurz auf niedrigster, dann auf höchster Stufe in etwa 2 Minuten zu einem Teig verarbeiten.

3. Den Teig in die Springform füllen und verstreichen. Die Form im unteren Drittel auf dem Rost in den vorgeheizten Backofen schieben. Den Tortenboden **etwa 25 Minuten backen.**

4. Den Boden aus der Form lösen, mit dem Backpapier auf einen Rost ziehen und erkalten lassen.

5. Das mitgebackene Backpapier abziehen und den Boden mit einem großen Sägemesser einmal waagerecht durchschneiden.

6. Für die Füllung Sahne mit Sahnesteif und Zucker steif schlagen. Rum kurz unterrühren.

7. Den unteren Boden auf eine Tortenplatte legen und mit der Rumcreme bestreichen. Den oberen Boden auflegen und leicht andrücken. Die Torte 2–3 Stunden in den Kühlschrank stellen.

8. Für den hellen Guss Puderzucker nach und nach mit so viel Rum verrühren, dass ein dickflüssiger Guss entsteht.

9. Den Guss auf der Tortenoberfläche verstreichen, sodass der Guss in dicken Nasen etwas an den Seiten herunterläuft.

10. Für den dunklen Guss Puderzucker nach und nach mit Cola verrühren. Den Guss sofort mit einem kleinen Löffel auf den noch feuchten hellen Guss sprenkeln und etwas verstreichen, sodass ein Marmormuster entsteht.

11. Die Torte sofort mit Colafläschchen garnieren und den Guss fest werden lassen.

Tipps: Die Torte kann schon am Vortag zubereitet werden. Für eine alkoholfreie Variante kann der Rum prima durch Zitronen- oder Limettensaft ersetzt werden.

Eier in Senfsauce I

Preiswert

4 Portionen

Pro Portion: E: 17 g, F: 38 g, Kh: 7 g, kJ: 1833, kcal: 438, BE: 0,5

8	Eier (Größe M)
25 g	Butter
20 g	Weizenmehl
125 ml	Gemüsebrühe
250 g	Schlagsahne
1–2 EL	mittelscharfer Senf
	Salz, gem. Pfeffer
evtl. 1 EL	Kräuteressig

Zubereitungszeit: etwa 20 Minuten

1. Die Eier in etwa 8 Minuten in kochendem Wasser hart kochen. Dann die Eier aus dem Topf nehmen und mit kaltem Wasser abschrecken, damit die Eier nicht nachgaren.

2. In der Zwischenzeit Butter in einem Topf zerlassen. Das Mehl dazugeben und unter Rühren so lange darin erhitzen, bis es goldgelb ist.

3. Brühe und Sahne nach und nach unter Rühren mit dem Schneebesen hinzugeben, dabei darauf achten, dass keine Klümpchen entstehen.

4. Die Sauce zum Kochen bringen und unter Rühren 3–5 Minuten bei schwacher Hitze kochen lassen. Den Senf unterrühren. Die Sauce mit Salz und Pfeffer würzen, evtl. zusätzlich mit Essig abschmecken. Eier pellen, nach Belieben halbieren und kurz vor dem Servieren vorsichtig in die Sauce geben.

Dazu passen: Salzkartoffeln oder Kartoffelpüree (von Seite 80) und Gurkensalat.

Eierfrikassee mit Mischgemüse

Schmeckt auch am Monatsanfang

4 Portionen

Pro Portion: E: 16 g, F: 15 g, Kh: 18 g, kJ: 1143, kcal: 273, BE: 1,5

6 Eier (Größe M)
etwa 250 ml Gemüsebrühe
450 g TK-Mischgemüse
1 kleine Zwiebel
20 g Butter oder Margarine
20 g Weizenmehl
etwa 250 ml Milch (3,5 % Fett)
1 Bund Schnittlauch
Salz, gem. Pfeffer
1 Prise Zucker
1–2 TL Zitronensaft

Zubereitungszeit: etwa 20 Minuten
Garzeit: etwa 20 Minuten

1. Die Eier in etwa 10 Minuten in kochendem Wasser hart kochen. Dann die Eier aus dem Topf nehmen und mit kaltem Wasser abschrecken.

2. In der Zwischenzeit die Gemüsebrühe in dem Topf zum Kochen bringen. TK-Mischgemüse darin nach Packungsanleitung bissfest garen. Anschließend das Gemüse in ein Sieb abgießen, dabei die Gemüsebrühe auffangen.

3. Die Zwiebel abziehen und fein würfeln. Butter oder Margarine im Topf zerlassen. Die Zwiebelwürfel darin unter gelegentlichem Rühren andünsten. Das Mehl hinzugeben und unter Rühren so lange darin erhitzen, bis es hellgelb ist.

4. Die Gemüsebrühe mit der Milch auf 375 ml auffüllen und unter Rühren mit einem Schneebesen nach und nach hinzugießen. Dabei darauf achten, dass keine Klümpchen entstehen. Die Sauce aufkochen lassen und 7–8 Minuten bei schwacher Hitze ohne Deckel köcheln lassen, dabei gelegentlich umrühren.

5. Inzwischen die Eier pellen und in Scheiben schneiden. Einige Eierscheiben zum Garnieren beiseitelegen. Schnittlauch abspülen, trocken tupfen und in Röllchen schneiden.

6. Die Eierscheiben mit dem abgetropften Gemüse in die Sauce geben und 2–3 Minuten darin erhitzen, dabei ab und zu vorsichtig umrühren. Das Frikassee mit Salz, Pfeffer, Zucker und Zitronensaft abschmecken. Die Schnittlauchröllchen unter das Frikassee rühren. Das Eierfrikassee mit den beiseitegelegten Eierscheiben servieren.

Dazu passen: Reis oder Salzkartoffeln.

Tipps: Das Eierfrikassee ist ideal, um übrig gebliebene, hart gekochte Eier zu verwerten. Wer mag, verfeinert die Sauce am Schluss mit 2 Esslöffeln Crème fraîche oder Schmand. So schmeckt das Frikassee immer wieder anders: Statt TK-Mischgemüse die gleiche Menge an TK-Suppengemüse (oder eine andere fertige Gemüsemischungen) verwenden.

Eisbergsalat mit fruchtigem Dressing I

Schnell – fruchtig

4 Portionen

Pro Portion: E: 3 g, F: 3 g, Kh: 20 g, kJ: 529, kcal: 126, BE: 1,5

250 g Vanille-Joghurt (3,5 % Fett, aus dem Kühlregal)
etwa 3 EL Zitronensaft
1 Eisbergsalat
175 g abgetropfte Mandarinen (aus der Dose)

Zubereitungszeit: etwa 15 Minuten

1. Joghurt und Zitronensaft in eine Salatschüssel geben und mit einem Schneebesen schaumig aufschlagen.

2. Von dem Eisbergsalat die äußeren, welken Blätter entfernen. Salat abspülen und gut abtropfen lassen. Salat in mundgerechte Stücke schneiden und zu dem Dressing in die Salatschüssel geben.

3. Die Mandarinen hinzufügen. Den Salat und die Mandarinen vorsichtig unter das Dressing mischen.

Tipps: Das fruchtige Dressing schmeckt auch mit Chinakohl (in feine Streifen geschnitten). Statt Vanille-Joghurt die gleiche Menge Vollmilch-Joghurt verwenden. Den Mandarinensaft aufheben und 1–2 Esslöffel des Zitronensaftes durch Mandarinensaft ersetzen.

Eiskaffee I

Eiskalt genießen

4 Gläser

Pro Glas: E: 11 g, F: 35 g, Kh: 30 g, kJ: 1995, kcal: 477, BE: 2,5

800 ml Milch (3,5 % Fett)
80 g gem. Kaffee
evtl. Zucker
250 g Schlagsahne (mind. 30 % Fett)
500 ml Vanilleeis
etwa 20 g Schokoladenstreusel

Außerdem:

Mixer mit Rührstäben

Zubereitungszeit: etwa 20 Minuten, ohne Zieh- und Abkühlzeit

1. Die Milch in einem Topf unter Rühren zum Kochen bringen. Kaffeepulver in eine Kaffeekanne geben und mit der kochend heißen Milch übergießen.

2. Den Kaffee zugedeckt etwa 30 Minuten ziehen lassen, anschließend die Kaffeemilch durch ein Sieb gießen. Kaffeemilch dabei auffangen, evtl. mit Zucker verrühren und vollständig erkalten lassen.

3. Sahne steif schlagen. Vanilleeis aus der Packung nehmen, in Würfel schneiden und in 4 Gläsern verteilen. Die Gläser mit dem Kaffee auffüllen. Den Eiskaffee mit steif geschlagener Sahne und Schokostreuseln garniert servieren.

Eisschokolade | Eiskalte Erfrischung

4 Gläser

Pro Glas: E: 10 g, F: 39 g, Kh: 36 g, kJ: 2252, kcal: 538, BE: 3,0

100 g Schokolade
125 ml Wasser
500 ml Milch (3,5 % Fett)
125 g Schlagsahne (mind. 30 % Fett)
500 ml Vanilleeis
125 g Schlagsahne

Außerdem:

Mixer mit Rührstäben

Zubereitungszeit: etwa 15 Minuten, ohne Abkühlzeit

1. Die Schokolade in kleine Stücke brechen. Schokoladenstücke mit Wasser in einen kleinen Topf geben und unter ständigem Rühren so lange erhitzen, bis die Schokolade vollständig geschmolzen ist.

2. Nach und nach Milch und Sahne hinzugießen. Die Flüssigkeit unter Rühren erhitzen, aber nicht kochen lassen und anschließend abkühlen lassen.

3. Die Flüssigkeit zum Kühlen zugedeckt in den Kühlschrank stellen.

4. Das Vanilleeis in Würfel schneiden, gleichmäßig auf 4 Gläser verteilen und mit der erkalteten Schokoladenmilch auffüllen.

5. Zum Garnieren Sahne steif schlagen und die Eisschokolade damit bedeckt servieren.

Erbsensuppe I

Schnell

2 Portionen

Pro Portion: E: 28 g, F: 14 g, Kh: 44 g, kJ: 1758, kcal: 420, BE: 3,0

1	*Zwiebel*
1 TL	*Butter*
etwa 800 ml	*Wasser*
4 TL	*Hühner- oder Gemüsebrühenpulver*
600 g	*TK-Erbsen*
4 EL	*saure Sahne*
2 Spritzer	*Zitronensaft*
	Salz
	gem. Pfeffer
etwas	*Zucker*
4 TL	*ger. Parmesan*
2 TL	*gehackte, glatte Petersilie*

Zubereitungszeit: etwa 10 Minuten
Garzeit: etwa 10 Minuten

1. Die Zwiebel abziehen, halbieren und in kleine Würfel schneiden.

2. Die Butter in einem Topf zerlassen. Die Zwiebelwürfel darin andünsten. Wasser und Brühenpulver hinzugeben, unterrühren und aufkochen. Die gefrorenen Erbsen hinzugeben. Die Zutaten wieder zum Kochen bringen und zugedeckt etwa 10 Minuten bei mittlerer Hitze kochen lassen. 2 Teelöffel saure Sahne unterrühren. Die Suppe pürieren.

3. Die Suppe mit Zitronensaft, Salz, Pfeffer und Zucker abschmecken.

4. Die Erbsensuppe in Suppentassen oder -tellern anrichten und mit der restlichen sauren Sahne, dem Parmesan und der Petersilie garniert servieren.

Erdbeer-Bowle I

Für Freunde – mit Alkohol

8–10 Gläser

Pro Glas: E: 1 g, F: 0 g, Kh: 15 g, kJ: 917, kcal: 219, BE: 1,5

500 g Erdbeeren
2–3 EL Zucker
700 ml kalter, trockener Weißwein
1,4 l kalter, trockener oder halbtrockener Sekt

Zubereitungszeit: etwa 20 Minuten, ohne Kühlzeit

1. Erdbeeren abspülen, trocken tupfen und entstielen. Erdbeeren halbieren oder vierteln.

2. Erdbeeren in ein großes Bowlengefäß (3–4 l Inhalt) geben und mit dem Zucker bestreuen.

3. Etwas Wein darübergießen, umrühren und den Bowleansatz etwa 1 Stunde zugedeckt im Kühlschrank durchziehen lassen.

4. Anschließend den restlichen Wein und den Sekt dazugießen, die Bowle vorsichtig umrühren.

5. Die Bowle nach Belieben zum Servieren in Bowlegläser füllen und Löffel oder Spießchen dazureichen.

Erdbeerkuppel | Gelingt ohne Backofen

12 Stücke

Pro Stück: E: 7 g, F: 28 g, Kh: 30 g, kJ: 1723, kcal: 412, BE: 2,5

Für den Tortenboden:

125 g Butter
150 g Löffelbiskuits

Für die Füllung:

250 g kleine Erdbeeren
10 Löffelbiskuits (etwa 80 g)
3 EL Orangensaft oder Orangenlikör
400 g Doppelrahm-Frischkäse
300 g Joghurt (3,5 % Fett)
3 EL Zitronensaft
70 g Zucker
1 Pck. ungezuckerter Tortenguss, klar
1 geh. EL Zucker
150 ml Orangensaft
250 g Schlagsahne (mind. 30 % Fett)
1 Pck. Sahnesteif

Außerdem:

1 Springformrand oder Tortenring (Ø 26 cm)
Tortenspitze oder Backpapier
Mixer mit Rührstäben

Zubereitungszeit: etwa 40 Minuten, ohne Kühlzeit

1. Für den Boden Butter in einem kleinen Topf zerlassen. Löffelbiskuits in einen Gefrierbeutel geben, den Beutel verschließen. Löffelbiskuits mit einer Teigrolle zerbröseln. Biskuitbrösel in eine Schüssel geben und mit der zerlassen Butter gut vermengen.

2. Einen geschlossenen Springformrand oder einen Tortenring auf eine mit Tortenspitze oder Backpapier belegte Tortenplatte stellen. Die Bröselmasse gleichmäßig darin verteilen und mit einem Löffel gut andrücken. Den Boden in den Kühlschrank stellen.

3. Für die Füllung Erdbeeren abspülen, gut abtropfen lassen und entstielen. 3–4 Erdbeeren zum Garnieren

beiseitelegen, die restlichen Erdbeeren vierteln. Löffelbiskuits mit Saft oder Likör beträufeln.

4. Frischkäse mit Joghurt, Zitronensaft und Zucker verrühren. Tortengusspulver mit Zucker mischen und mit Orangensaft in einem kleinen Topf unter Rühren aufkochen lassen. Die heiße Masse schnell mit dem Mixer (Rührstäbe) unter die Frischkäsemasse rühren.

5. Sahne mit Sahnesteif steif schlagen und unter die Frischkäsemasse heben. Ein Drittel der Creme auf dem Boden verstreichen, mit den getränkten Löffelbiskuits belegen und gut die Hälfte der Erdbeerstücke darüberstreuen. Die restliche Creme leicht kuppelförmig daraufstreichen und mit den restlichen Erdbeerstücken bestreuen. Die Torte 2–3 Stunden in den Kühlschrank stellen.

6. Zum Garnieren Springformrand oder Tortenring lösen und entfernen, evtl. die Torte auf eine Tortenplatte oder einen Pizzateller umsetzen, dabei das Backpapier vom Bröselboden lösen und entfernen. Beiseitegelegte Erdbeeren vierteln und die Torte damit garnieren.

Tipps: Die Torte zusätzlich kurz vor dem Servieren mit einigen grob zerbröselten Löffelbiskuits garnieren. Statt der Erdbeeren können auch Himbeeren, Heidelbeeren oder Nektarinen verwendet werden.

Erdnuss-Cookies | Gelingt ohne Backofen

8–9 große Cookies

Pro Stück: E: 5 g, F: 20 g, Kh: 30 g, kJ: 1361, kcal: 327, BE: 2,5

Für den Teig:

100 g Butterkekse
150 g Vollmilch-Kuvertüre
150 g weiße Kuvertüre
100 g Peanut Butter, crunchy (Erdnusscreme mit Stückchen)

Außerdem:

1 Backblech oder Tablett (es soll in den Kühlschrank passen)
Backpapier

Zubereitungszeit: etwa 35 Minuten, ohne Kühlzeit

1. Für den Teig die Butterkekse in einen Gefrierbeutel geben. Den Beutel fest verschließen und die Kekse mit einer Teigrolle fein zerbröseln.

2. Vollmilch-Kuvertüre in kleine Stücke hacken. Zwei Drittel davon in einem Topf im Wasserbad bei schwacher Hitze unter Rühren schmelzen. Den Topf aus dem Wasserbad nehmen und die restliche Kuvertüre darin unter Rühren schmelzen. Die weiße Kuvertüre getrennt davon auf die gleiche Weise schmelzen.

3. Die Hälfte der Keksbrösel und die Hälfte der Erdnusscreme unter die geschmolzene Vollmilch-Kuvertüre rühren. Die restlichen Keksbrösel und die restliche Erdnusscreme unter die weiße Kuvertüre rühren.

4. Backblech oder Tablett mit Backpapier belegen. Mit einem Esslöffel gleich große Kleckse der weißen Kuvertüre-Masse mit etwas Abstand auf das Backpapier geben. Anschließend die Vollmilch-Kuvertüre-Masse in die Mitte der Kleckse geben. Die weiße und die Vollmilch-Kuvertüre mit einem Löffelstiel vorsichtig so vermischen, dass eine leichte Marmorierung entsteht.

5. Das Backblech oder Tablett etwa 10 Minuten in den Kühlschrank stellen. Die Erdnuss-Cookies fest werden lassen.

Tipps: Die gehackte Kuvertüre kann auch in 2 hitzebeständige Glas- oder Keramikschüsseln gegeben werden, um sie dann im vorgeheizten Backofen bei etwa 50 °C (Ober-/Unterhitze oder Heißluft) zu schmelzen. Dabei die Kuvertüre ab und zu umrühren.

Erdnuss-Gemüse-Reis I

Schnell

1 Portion

VEGAN

Pro Portion: E: 16 g, F: 11 g, Kh: 59 g, kJ: 1685, kcal: 400, BE: 4,5

50 g	*Vollkorn-Schnellkochreis (8–10 Minuten Garzeit)*
	Salz
2	*Möhren (etwa 125 g)*
1 kleine Stange	*Porree (Lauch, etwa 120 g)*
350 g	*Spitzkohl (ersatzweise China- oder Weißkohl)*
1 TL	*Sojaöl*
1–2 EL	*Sojasauce*
	getrocknete Chiliflocken (ersatzweise Cayennepfeffer)
75 ml	*heiße Gemüsebrühe*
10 g	*fein gehackte, geröstete, gesalzene Erdnusskerne*

Zubereitungszeit: etwa 20 Minuten

1. Vollkorn-Schnellkochreis in kochendem Salzwasser nach Packungsanleitung garen.

2. Inzwischen die Möhren putzen, schälen, abspülen, abtropfen lassen und in feine Stifte schneiden. Porree putzen, die Stange längs halbieren, gründlich waschen, abtropfen lassen und in feine Streifen schneiden. Von dem Spitzkohl die äußeren, welken Blätter entfernen. Spitzkohl abspülen, abtropfen lassen und in Stückchen schneiden.

3. Sojaöl in einem Wok oder einer großen, beschichteten Pfanne erhitzen. Möhrenstifte darin etwa 1 Minute unter Rühren anbraten. Porreestreifen und Spitzkohlstücke hinzugeben und unter Rühren weitere etwa 2 Minuten mitbraten lassen. Das Gemüse mit etwas Sojasauce oder etwas Salz und Chili oder Cayennepfeffer würzen. Die heiße Brühe zu dem Gemüse geben und zum Kochen bringen. Das Gemüse zugedeckt 8–10 Minuten unter gelegentlichem Rühren dünsten.

4. Den garen Reis evtl. abgießen und mit den Erdnüssen zum Gemüse geben. Die Zutaten bei starker Hitze unter Rühren vorsichtig vermischen. Gemüsereis mit Sojasauce oder Salz und Chili abschmecken.

Falafel mit Zitronenschmand

Beliebt – vegetarisch

4 Portionen

Pro Portion: E: 12 g, F: 25 g, Kh: 29 g, kJ: 1624, kcal: 388, BE: 2,5

Für die Falafel:

- *425 g abgetropfte Kichererbsen (aus der Dose)*
- *1 kleine Zwiebel*
- *1 Knoblauchzehe*
- *1 EL Olivenöl*
- *Salz*
- *gem. Kreuzkümmel (Cumin)*
- *1 Ei (Größe M)*
- *Cayennepfeffer*
- *1 Bund Minze oder ½ Bund glatte Petersilie*
- *2–3 EL Semmelbrösel*
- *3–4 EL Olivenöl*

Für den Zitronenschmand:

- *150 g Schmand (Sauerrahm)*
- *1 Msp. gem. Kreuzkümmel (Cumin)*
- *1 Msp. Cayennepfeffer*
- *2 EL Zitronensaft*
- *1 Prise Zucker*

Außerdem:

- *Pürierstab*

Zubereitungszeit: etwa 60 Minuten
Garzeit: etwa 10 Minuten

1. Die Kichererbsen in ein Sieb geben, mit kaltem Wasser abspülen und gut abtropfen lassen. Die Zwiebel abziehen und fein würfeln. Knoblauch abziehen und durch eine Knoblauchpresse drücken.

2. Das Öl in einer Pfanne erhitzen. Zwiebelwürfel und Knoblauch kurz darin andünsten, mit 1 Prise Salz und Kreuzkümmel würzen. Die Mischung auf einen Teller geben und beiseitestellen.

3. Kichererbsen und Ei in einen Rührbecher geben und mit dem Pürierstab fein pürieren. Die Masse mit Salz, Kreuzkümmel und Cayennepfeffer würzen. Beiseitegestellte Zwiebel-Knoblauch-Mischung unterrühren.

4. Minze oder Petersilie abspülen, trocken tupfen und die Blättchen von den Stängeln zupfen. Die Hälfte der Blättchen fein schneiden und mit den Semmelbröseln unter die Kichererbsenmasse mischen (die Masse soll trocken und formbar sein). Die Masse nochmals mit den Gewürzen abschmecken.

5. Olivenöl in der Pfanne erhitzen. Aus der Falafelmasse mit angefeuchteten Händen 20 kleine, rundlich-flache Falafel formen und gut zusammendrücken. Diese in der Pfanne bei mittlerer Hitze in 6–8 Minuten rundherum goldgelb braten, dabei einmal wenden.

6. Für den Zitronenschmand die Zutaten in eine Schüssel geben und gut miteinander verrühren.

Tipps: Falafel schmecken heiß, lauwarm und kalt sehr gut. Praktisch ist es, sie mit Holzspießchen aufzupicksen und dann in den Schmand zu dippen.

Falafel-Taler im Pita-Brot I

Etwas aufwendiger – vegetarisch

2 Portionen

Pro Portion: E: 36 g, F: 26 g, Kh: 123 g, kJ: 3649, kcal: 874, BE: 9,5

Zum Vorbereiten:

125 g getrocknete Kichererbsen

150 ml Gemüsebrühe
1 kleine Gemüsezwiebel
1–2 Knoblauchzehen
½ Bund Petersilie
Salz, gem. Pfeffer
gem. Kümmel
gem. Koriander
Paprikapulver edelsüß
½ EL gehackte Minze
20 g Speisestärke
1 Ei (Größe S)

1–2 EL Speiseöl (z. B. Sonnenblumenöl)

2 Tomaten
4 Salatblätter (wenn vorhanden)
4 Pita-Taschen aus Weizenmehl (Fertigprodukt)
200–250 g Kräuterquark oder Zaziki

Außerdem:

Pürierstab

Zubereitungszeit: etwa 60 Minuten, ohne Quellzeit

1. Zum Vorbereiten die Kichererbsen am Vorabend in eine Schüssel geben, mit Wasser bedecken und über Nacht quellen lassen.

2. Am nächsten Tag die gequollenen Kichererbsen in einem Sieb abgießen und etwas abtropfen lassen. Anschließend die Kichererbsen mit Brühe in einen Topf geben, aufkochen und zugedeckt bei mittlerer Hitze etwa 30 Minuten garen, dabei die Packungsanleitung beachten. Dann die weichen Kichererbsen in ein Sieb geben und abtropfen lassen.

3. Inzwischen Gemüsezwiebel und Knoblauchzehen abziehen, beides grob würfeln. Petersilie abspülen, trocken tupfen und die Blättchen von den Stängeln zupfen. Abgetropfte Kichererbsen, Zwiebel-, Knoblauchwürfel und Petersilienblättchen fein pürieren.

4. Die Masse mit Salz, Pfeffer, Kümmel, Koriander, Paprikapulver und Minze pikant abschmecken. Speisestärke und Ei zufügen, nochmals kurz pürieren.

5. Mit den Händen 4 gleich große Taler aus der Kichererbsenmasse formen. Speiseöl in einer großen Pfanne erhitzen. Die Taler bei mittlerer Hitze je Seite etwa 3 Minuten goldbraun braten. Die Taler aus der Pfanne nehmen und abkühlen lassen.

6. Inzwischen Tomaten abspülen, abtrocknen, halbieren und in Scheiben schneiden, dabei die Stängelansätze herausschneiden. Salatblätter abspülen, trocken tupfen.

7. Pita-Taschen nach Pack[illegible]ung rösten, kurz abkühlen lassen und in der M[illegible]neiden. Pita-Taschen mit Kräuterquark [illegible], Salatblättern, Falafel-Talern und Tomatenscheiben füllen.

Fanta* Schnitten mit Pfirsichschmand I

Für die Party

20 Stücke

Pro Stück: E: 4 g, F: 23 g, Kh: 38 g, kJ: 1595, kcal: 381, BE: 3,0

Für den Teig:

4 Eier (Größe M)
250 g Zucker
1 Pck. Dr. Oetker Vanillin-Zucker
125 ml Speiseöl (z. B. Sonnenblumenöl)
150 ml Fanta Orange (Limonade)
250 g Weizenmehl
3 gestr. TL Dr. Oetker Backin

Für den Belag:

960 g abgetropfte Pfirsichhälften (aus Dosen)
600 g Schlagsahne (mind. 30 % Fett)
3 Pck. Sahnesteif
3 Pck. Dr. Oetker Vanillin-Zucker
500 g Schmand (Sauerrahm)
2 Pck. Dr. Oetker Vanillin-Zucker

Zum Bestreuen:

2 EL Zucker
1 gestr. TL gem. Zimt

Außerdem:

1 Backblech (30 x 40 cm)
Mixer mit Rührstäben

Zubereitungszeit: etwa 30 Minuten, ohne Kühlzeit
Backzeit: etwa 25 Minuten

1. Das Backblech fetten. Den Backofen vorheizen.
Ober-/Unterhitze: etwa 180 °C
Heißluft: etwa 160 °C

2. Für den Teig Eier, Zucker und Vanillin-Zucker in eine Rührschüssel geben und mit einem Mixer (Rührstäbe) auf höchster Stufe schaumig schlagen. Öl und Limonade unterrühren.

3. Mehl mit Backpulver mischen und unterrühren. Den Teig auf das Backblech geben und verstreichen. Das Backblech auf mittlerer Einschubleiste in den vorgeheizten Backofen schieben. Den Boden **etwa 25 Minuten backen.**

4. Den Boden auf dem Backblech auf einen Rost stellen und erkalten lassen.

5. Für den Belag die Pfirsichhälften in kleine Stücke schneiden. Sahne mit Sahnesteif und Vanillin-Zucker steif schlagen. Den Schmand mit Vanillin-Zucker verrühren. Pfirsichstücke unter den Schmand heben und die Sahne locker unterheben. Die Masse gleichmäßig auf dem Kuchen verteilen und verstreichen.

6. Zucker mit Zimt mischen und die Creme damit bestreuen. Kuchen bis zum Servieren in den Kühlschrank stellen.

Tipps: Einen Teil der Pfirsiche in Spalten schneiden und auf den Kuchen legen. Anstelle der Pfirsiche 700 g abgetropfte Mandarinen (aus Dosen) verwenden. Der Schmand kann auch durch Crème fraîche ersetzt werden.

Rezeptvariante: Für **schnelle Fanta* Schnitten mit Guss** den Teig wie beschrieben, aber zusätzlich mit 1 Päckchen Finesse Orangenschalen-Aroma zubereiten und backen. Gebäckboden erkalten lassen. Für den Guss 250 g Puderzucker mit 3–4 Esslöffeln Fanta Orange nach und nach verrühren, auf dem abgekühlten Kuchen verteilen und verstreichen. Wer es bunt mag, streut zusätzlich 25 g gehackte Pistazienkerne oder Raspelschokolade auf den feuchten Guss.

*Rezept nicht durch Coca-Cola autorisiert.

Fisch mit Gemüse aus der Pfanne I

Sattmacher

2 Portionen

Pro Portion: E: 37 g, F: 29 g, Kh: 97 g, kJ: 3347, kcal: 800, BE: 8,0

250 g TK-Fischfilets (z. B. Kabeljau)
1–2 EL Zitronensaft
1 gelbe, große Paprikaschote (etwa 275 g)
2 Möhren (etwa 200 g)
½ EL Sonnenblumenöl
1 EL Margarine
150 ml Gemüsebrühe
100 g Schlagsahne
1–1 ½ TL Weizenmehl
2 EL Wasser
Salz
gem. Pfeffer
150 g TK-Erbsen

Außerdem:

400 g Gnocchi (aus dem Kühlregal)

Zubereitungszeit: etwa 30 Minuten, ohne Auftauzeit

1. TK-Fischfilets nach Packungsanleitung auftauen lassen.

2. Die Fischfilets unter fließendem kalten Wasser abspülen, mit Küchenpapier trocken tupfen und in mundgerechte Stücke schneiden. Die Fischstücke in eine Schüssel geben und anschließend mit dem Zitronensaft beträufeln.

3. Paprikaschote halbieren, entstielen, entkernen und die weißen Scheidewände entfernen. Schoten abspülen, abtropfen lassen und in mundgerechte Stücke schneiden.

4. Die Möhren putzen, schälen, abspülen, abtropfen lassen und in dünne Scheiben schneiden.

5. Öl und Margarine möglichst in einer beschichteten, großen Pfanne mit hohem Rand erhitzen. Die Paprikastücke mit den Möhrenscheiben darin bei starker Hitze in etwa 3 Minuten anbraten, dabei gelegentlich umrühren.

6. Brühe und Sahne unterrühren. Mehl mit Wasser anrühren und ebenfalls einrühren. Das Ganze kurz aufkochen lassen. Die Sauce mit Salz und Pfeffer würzen.

7. Die Fischstücke mit etwas Salz würzen und mit den TK-Erbsen in die Sauce geben. Fischstücke und Erbsen zugedeckt bei schwacher Hitze in etwa 7 Minuten gar ziehen lassen, dabei 1–2 mal vorsichtig umrühren.

8. In der Zwischenzeit Gnocchi nach Packungsanleitung zubereiten und mit der Fisch-Gemüse-Pfanne anrichten.

Tipps: Die Sauce mit etwas fein abgeriebener Bio-Zitronenschale oder 2–3 Esslöffeln trockenem Weißwein abschmecken. Statt mit der Paprikaschote kann die Fischpfanne auch mit Porree zubereitet werden. Dafür 1 große Stange Porree putzen, längs halbieren, gründlich waschen und abtropfen lassen. Porree in etwa 1 cm breite Stücke schneiden und wie beschrieben mitbraten.

Fischfilet in der Hülle I

Figurfreundlich

2 Portionen

Pro Portion: E: 37 g, F: 11 g, Kh: 7 g, kJ: 1147, kcal: 273, BE: 0,5

375 g	*TK-Seelachsfilet*
1 Stange	*Porree (Lauch)*
1 EL	*Speiseöl (z. B. Sonnenblumenöl)*
	Salz
	gem. Pfeffer
2	*Tomaten*
½ Bund	*glatte Petersilie*
1–2 EL	*Röstzwiebeln*

Außerdem:

2 Bögen	*Back- oder Butterbrotpapier (je etwa 30 x 30 cm)*
etwas	*Küchengarn*
1	*Backblech oder Rost*

Zubereitungszeit: etwa 20 Minuten, ohne Auftauzeit

Garzeit: 20–25 Minuten

1. Seelachsfilet nach Packungsanleitung auftauen lassen.

2. Porree putzen. Die Stange längs halbieren, gründlich waschen, abtropfen lassen und in feine Streifen schneiden. Öl in einer Pfanne erhitzen. Porreestreifen hinzugeben und unter gelegentlichem Rühren etwa 3 Minuten dünsten, mit Salz und Pfeffer würzen.

3. Den Backofen vorheizen.
Ober-/Unterhitze: etwa 200 °C
Heißluft: etwa 180 °C

4. Seelachsfilet unter fließendem kalten Wasser abspülen, trocken tupfen und in 2 gleich große Stücke teilen. Fisch mit Salz und Pfeffer bestreuen. 2 Bögen Back- oder Butterbrotpapier auf der Arbeitsfläche ausbreiten. Den Porree gleichmäßig mittig darauf verteilen und je 1 Fischstück darauflegen.

5. Tomaten abspülen, abtrocknen, halbieren und die Stängelansätze herausschneiden. Tomaten in Stücke schneiden. Petersilie abspülen und trocken tupfen. Die Blättchen von den Stängeln zupfen. Die Blättchen grob hacken, mit Tomatenstücken und Röstzwiebeln mischen, auf dem Fisch verteilen.

6. Fisch und Gemüse in dem Papier so einpacken, dass der Falzrand oben liegt. Dazu die gegenüberliegenden Seiten der Papierbögen jeweils oben zueinander führen und wie eine Ziehharmonika nach unten falten. An den Seiten die Päckchen wie bei einem Bonbon zusammendrehen und mit etwas Küchengarn zusammenbinden.

7. Die Päckchen auf das Backblech oder einen Rost legen. Das Backblech in den vorgeheizten Backofen schieben. Das Seelachsfilet **20–25 Minuten garen.**

8. Jeweils 1 Päckchen auf einen Teller legen. Die Päckchen öffnen und den Fisch sofort servieren.

Dazu passen: Pellkartoffeln.

Flammkuchen vom Blech I

Klassisch

6–8 Portionen

Pro Portion: E: 14 g, F: 16 g, Kh: 42 g, kJ: 1571, kcal: 376, BE: 3,0

Für den Hefeteig:

350 g Weizenmehl (Type 550)
1 Pck. Dr. Oetker Trockenbackhefe
1 Prise Salz
3 EL Olivenöl
250 ml lauwarmes Wasser

Für den Belag:

2 mittelgroße Zwiebeln
150 g gewürfelter, durchwachsener Speck
250 g Speisequark (20 % Fett)
150 g saure Sahne
1 TL Zucker
½ gestr. TL Salz
gem. Pfeffer
ger. Muskatnuss

evtl. etwas grob geschnittene, glatte Petersilie

Außerdem:

1 Backblech (30 x 40 cm)
Mixer mit Knethaken

Zubereitungszeit: etwa 35 Minuten, ohne Teiggehzeit
Backzeit: etwa 20 Minuten

1. Für den Teig Mehl mit Hefe in einer Rührschüssel sorgfältig vermischen. Das Salz, Olivenöl und Wasser hinzufügen. Die Zutaten mit dem Mixer (Knethaken) zunächst kurz auf niedrigster, dann auf höchster Stufe in etwa 5 Minuten zu einem glatten Teig verarbeiten. Den Teig leicht mit Mehl bestäuben und zugedeckt so lange an einem warmen Ort gehen lassen, bis er sich sichtbar vergrößert hat (etwa 30 Minuten).

2. In der Zwischenzeit für den Belag die Zwiebeln abziehen, zuerst in dünne Scheiben schneiden, dann in Ringe teilen. Die Speckwürfel in einer großen Pfanne ohne Fett bei mittlerer Hitze kurz erhitzen. Zwiebelringe hinzugeben und etwa 1 Minute unter mehrmaligem Wenden erhitzen. Die Speck-Zwiebel-Masse auf einen Teller geben. Den Quark in einer Rührschüssel mit der sauren Sahne verrühren, mit Zucker, Salz, Pfeffer und Muskat würzen.

3. Das Backblech fetten. Den gegangenen Teig leicht mit Mehl bestäuben, aus der Schüssel nehmen und auf der bemehlten Arbeitsfläche nochmals kurz durchkneten. Den Teig auf das Backblech geben und mit bemehlten Händen gleichmäßig darauf verteilen. Die Quarkmasse daraufgeben und verstreichen. Zuletzt die Speck-Zwiebel-Masse darauf verteilen. Den Teig nochmals zugedeckt etwa 15 Minuten an einem warmen Ort gehen lassen.

4. In der Zwischenzeit den Backofen vorheizen.
Ober-/Unterhitze: etwa 200 °C
Heißluft: etwa 180 °C

5. Das Backblech auf mittlerer Einschubleiste in den vorgeheizten Backofen schieben. Den Flammkuchen **etwa 20 Minuten backen.**

6. Das Backblech auf einen Rost stellen. Den Flammkuchen in Rechtecke schneiden. Nach Belieben den Flammkuchen mit der Petersilie bestreuen und warm servieren.

Florentiner Türmchen I

Süßes zum Vernaschen

8–10 Portionen

Pro Portion: E: 7 g, F: 35 g, Kh: 36 g, kJ: 2026, kcal: 485, BE: 3,0

400–500 g Himbeeren
7–9 EL Puderzucker
375 g Mascarpone (ital. Frischkäse)
7–8 EL Maracujanektar (aus der Flasche)
48–60 Mini-Florentiner (entspricht etwa 4 Packungen je 100 g)

Puderzucker zum Bestäuben

Außerdem:

Mixer mit Rührstäben

Zubereitungszeit: etwa 30 Minuten

1. Himbeeren verlesen, vorsichtig abspülen und gut auf Küchenpapier abtropfen lassen. Die Hälfte der Himbeeren in einen hohen Rührbecher geben und pürieren. Die pürierte Masse durch ein feines Sieb streichen, um die Kerne zu entfernen. Himbeermark mit 3 Esslöffeln Puderzucker verrühren. Nach Belieben noch etwas Puderzucker unterrühren. Restliche Himbeeren zum Garnieren beiseitestellen.

2. Mascarpone in eine Schüssel geben und mit einem Mixer (Rührstäbe) kurz aufschlagen. Maracujanektar und 4 Esslöffel Puderzucker hinzugeben und kurz verrühren. Nach Belieben die Mascarponecreme mit Puderzucker abschmecken.

3. Jeweils 2 Mini-Florentiner mit etwas Mascarponecreme zusammensetzen. Pro Portion 3 Florentiner-Türmchen auf die Teller setzen. Himbeerpüree und restliche Himbeeren auf den Tellern verteilen und mit etwas Puderzucker bestäuben.

Tipps: Sollte das Himbeermark oder die Mascarponecreme für Ihren Geschmack zu süß schmecken, etwas frisch gepressten Zitronensaft zugeben und unterrühren. Statt frischer Himbeeren gehen auch TK-Himbeeren, diese nach Packungsanleitung nebeneinander auftauen lassen.

Fress-mich-dumm-Kuchen I

Perfekt zum Vorbereiten

20 Stücke

Pro Stück: E: 5 g, F: 27 g, Kh: 27 g, kJ: 1545, kcal: 369, BE: 2,0

Für den Knetteig:

250 g Weizenmehl
1 gestr. TL Dr. Oetker Backin
100 g Zucker
1 Prise Salz
3 Tropfen Bittermandel-Aroma
1 Ei (Größe M)
150 g Butter oder Margarine

Für die Creme:

1 Pck. Dr. Oetker Pudding-Pulver Vanille-Geschmack
50 g Zucker
500 ml Milch (1,5 % Fett)
125 g Butter
25 g Kokosfett

Für den Belag:

80 g Butter
250 g grob gehackte Walnusskerne
100 g Zucker
50 g Zartbitter-Kuvertüre

Außerdem:

1 Backblech (30 x 40 cm)
Mixer mit Knethaken

Zubereitungszeit: etwa 35 Minuten, ohne Abkühlzeit
Backzeit: 15–20 Minuten

1. Das Backblech fetten. Den Backofen vorheizen.
Ober-/Unterhitze: etwa 200 °C
Heißluft: etwa 180 °C

2. Für den Teig Mehl mit Backpulver in einer Rührschüssel mischen. Zucker, Salz, Aroma, Ei und Butter oder Margarine hinzufügen. Die Zutaten mit dem Mixer (Knethaken) zunächst kurz auf niedrigster, dann auf höchster Stufe gut durcharbeiten.

3. Eine Arbeitsfläche leicht bemehlen. Teig darauf kurz zu einer Rolle verkneten. Den Teig auf dem Backblech etwa ½ cm dick zu einer Platte (30 x 30 cm) ausrollen und mehrmals mit einer Gabel einstechen. Das Backblech auf mittlerer Einschubleiste in den vorgeheizten Backofen schieben. Den Boden **15–20 Minuten backen.**

4. Den Boden anschließend auf dem Backblech auf einem Rost erkalten lassen.

5. Für die Creme inzwischen aus Pudding-Pulver, Zucker und Milch nach Packungsanleitung, aber mit den hier angegebenen Zutatenmengen, einen Pudding zubereiten. Butter und Kokosfett hinzugeben und unter Rühren in dem heißen Pudding schmelzen. Die Creme gleichmäßig auf dem erkalteten Boden verstreichen.

6. Für den Belag die Butter in einer Pfanne zerlassen. Walnusskerne und Zucker darin rösten. Die Mischung noch warm auf der Creme verteilen. Kuvertüre in kleine Stücke hacken, in einem kleinen Topf im Wasserbad bei schwacher Hitze unter Rühren schmelzen und mit einem kleinen Löffel über den Kuchen sprenkeln.

Frikadellen mit Kartoffelpüree I

Sattmacher

4 Portionen

Pro Portion: E: 38 g, F: 44 g, Kh: 41 g, kJ: 3001, kcal: 716, BE: 3,5

Für das Püree:

1 kg mehligkochende Kartoffeln
1 gestr. TL Salz
etwa 250 ml Milch (1,5 % Fett)
50 g Butter

Für die Frikadellen:

1 Brötchen (Semmel) vom Vortag
2 Zwiebeln
600 g Gehacktes (halb Rind-, halb Schweinefleisch)
1 Ei (Größe M)
Salz
gem. Pfeffer
1 TL Paprikapulver edelsüß
2–3 EL Speiseöl oder etwa 20 g Margarine

Zubereitungszeit: etwa 40 Minuten

1. Für das Püree die Kartoffeln schälen, abspülen, abtropfen lassen und in Stücke schneiden.

2. Die Kartoffelstücke in einen großen Topf geben und so viel Wasser hinzugießen, dass die Kartoffeln knapp bedeckt sind.

3. Die Kartoffelstücke zugedeckt zum Kochen bringen. Das Salz hinzufügen und die Kartoffeln in 15–20 Minuten gar kochen.

4. Inzwischen für die Frikadellen das Brötchen in kaltem Wasser einweichen. Die Zwiebeln abziehen und in kleine Würfel schneiden.

5. Gehacktes in eine Schüssel geben. Das Brötchen gut ausdrücken und mit den Zwiebelwürfeln und dem Ei zum Gehackten geben. Das Ganze gut miteinander vermengen. Die Masse mit Salz, Pfeffer und Paprika würzen.

6. Aus der Gehacktesmasse mit angefeuchteten Händen 8 gleich große Frikadellen formen. Speiseöl oder Margarine in einer möglichst beschichteten Pfanne erhitzen. Die Frikadellen darin von jeder Seite etwa 7–8 Minuten bei mittlerer Hitze braten, dann herausnehmen.

7. Die garen Kartoffeln abgießen und sofort mit einem Stampfer (in dem Topf) zerdrücken.

8. Die Milch erhitzen und nach und nach mit einem Schneebesen oder Kochlöffel unter die Kartoffelmasse rühren (je nach Beschaffenheit der Kartoffeln kann die Milchmenge etwas variieren).

9. Das Püree mit einem Schneebesen rühren, bis eine lockere, einheitliche Masse entstanden ist. Die Butter unterrühren. Das Püree mit wenig Salz und Pfeffer abschmecken und mit den Frikadellen servieren.

Dazu passt: Möhrengemüse.

Tipps: Wer mag, knetet unter die Fleischmasse 1–2 Esslöffel fein geschnittene Kräuter (Petersilie oder Schnittlauch, frisch oder TK-Ware), Oliven, Mozzarella- oder Paprikawürfel. Die Frikadellen schmecken auch prima kalt. Für kleine Frikadellen, z. B. für die Küchenparty, aus der Gehacktesmasse 12 Stück formen. Statt des Brötchens 3 Esslöffel Semmelbrösel zum Gehackten geben.

Frittata

Schnell

2 Portionen

Pro Portion: E: 30 g, F: 38 g, Kh: 12 g, kJ: 2132, kcal: 509, BE: 1,0

1 Zwiebel
1 Paprikaschote
4 Scheiben Chorizo (spanische Paprikawurst, oder Cabanossi)
10 Cocktailtomaten
5–6 Eier (Größe M)
Salz
4 EL ger. Cheddar oder Gouda (etwa 60 g)
2 EL Speiseöl
1 Prise Chiliflocken oder Paprikapulver

Zubereitungszeit: etwa 25 Minuten

1. Die Zwiebel abziehen und in Würfel schneiden. Die Paprikaschote halbieren, entstielen, entkernen und die weißen Scheidewände entfernen. Schote abspülen, abtropfen lassen und fein würfeln.

2. Die Wurst in grobe Streifen oder Stücke schneiden. Die Tomaten abspülen, abtrocknen, halbieren und evtl. die Stängelansätze herausschneiden.

3. Die Eier gründlich verschlagen, mit Salz würzen und den geriebenen Käse unterrühren.

4. Das Speiseöl in einer großen, möglichst beschichteten Pfanne erhitzen. Zwiebel- und Paprikawürfel, Wurststreifen oder -stücke darin anbraten. Die Tomatenhälften hinzugeben und kurz mitbraten.

5. Die Eier-Käse-Mischung in die Pfanne geben, mit Chiliflocken oder Paprikapulver bestreuen. Das Ganze 2–3 Minuten braten. Dann die Pfanne von der Kochstelle nehmen und die Frittata zugedeckt 5–10 Minuten stocken lassen.

6. Die gestockte Frittata auf ein Schneidebrett oder einen großen Teller stürzen, in Stücke schneiden und servieren.

Tipps: Die Frittata schmeckt warm und auch kalt sehr lecker. Frittata zum Servieren evtl. mit Basilikumblättchen bestreuen.

Fruchtmilch | Für zwischendurch

1 Portion

Pro Portion: E: 11 g, F: 4 g, Kh: 29 g, kJ: 896, kcal: 215, BE: 2,5

1/2 Banane (etwa 50 g Fruchtfleisch)
150 g Himbeeren
250 ml kalte Milch (1,5 % Fett)

Außerdem:

Pürierstab

Zubereitungszeit: etwa 10 Minuten

1. Die Banane schälen und in Stücke schneiden. Die Himbeeren verlesen, evtl. kurz abspülen und trocken tupfen. Bananenstücke und Himbeeren in einen hohen Rührbecher geben und mit dem Pürierstab pürieren.

2. Nach und nach die gekühlte Milch hinzugießen. Die Zutaten mit dem Pürierstab nochmals kräftig durchschlagen.

3. Die Fruchtmilch in ein Trinkglas füllen und gut gekühlt servieren.

Gazpacho mit Salatgurke und Frühlingszwiebeln I

Für heiße Sommertage

2 Portionen

VEGAN

Pro Portion: E: 5 g, F: 1 g, Kh: 25 g, kJ: 603, kcal: 144, BE: 1,5

1	*Salatgurke (etwa 350 g)*
½ Bund	*Frühlingszwiebeln (etwa 130 g)*
1–2	*Knoblauchzehen*
500 ml	*Tomatensaft*
1 ½–2 EL	*Weißweinessig*
1 EL	*Zitronensaft*
	Salz
1 TL	*getrockneter Thymian*
	gem. Pfeffer
je 1	*gelbe und rote Paprikaschote (je etwa 200 g)*
2–3	*Eiswürfel*

Außerdem:

Pürierstab

Zubereitungszeit: etwa 20 Minuten, ohne Kühlzeit

1. Die Salatgurke abspülen, abtrocknen und nach Belieben schälen. Die Enden abschneiden, Gurke längs halbieren, mit einem Teelöffel entkernen und das Fruchtfleisch fein würfeln. Etwa die Hälfte der Gurkenwürfel als Suppeneinlage beiseitestellen.

2. Frühlingszwiebeln putzen, abspülen, abtropfen lassen und in feine Scheiben schneiden. Nach Belieben etwa 1 Esslöffel Frühlingszwiebelscheiben zum Garnieren beiseitestellen. Den Knoblauch abziehen.

3. Gurkenwürfel mit Frühlingszwiebelscheiben und Knoblauch in einen hohen Rührbecher geben. Tomatensaft, 1 ½ Esslöffel Essig, Zitronensaft, 1 Prise Salz und Thymian hinzufügen.

4. Die Zutaten mit dem Pürierstab fein pürieren, mit Pfeffer und evtl. etwas Salz abschmecken.

5. Die Tomatensuppe zugedeckt mindestens 1 Stunde in den Kühlschrank stellen.

6. Paprikaschoten halbieren, entstielen, entkernen und die weißen Scheidewände entfernen. Schoten abspülen, abtropfen lassen und in kleine Würfel schneiden.

7. Die Tomatensuppe gut umrühren, nochmals mit Salz, Pfeffer und evtl. etwas Essig abschmecken. Die Eiswürfel in die Suppe geben.

8. Paprika- und beiseitegelegte Gurkenwürfel unter die Suppe rühren oder getrennt dazureichen.

9. Die Gazpacho nach Belieben mit den beiseitegelegten Frühlingszwiebelscheiben bestreuen und sofort servieren.

Tipps: Für mehrere Portionen die Suppenzutaten einfach verdoppeln. Nicht vergessen: Die Kühlzeit dann um 1–2 Stunden verlängern, damit die Tomatensuppe auch ordentlich durchkühlen kann. Den Weißweinessig durch eine andere helle Essigsorte wie Apfelessig oder weißen Balsamico-Essig ersetzen.

Rezeptvariante: Für ein **indisches Gazpacho** die vorbereiteten Zutaten mit dem Tomatensaft zusätzlich mit noch ¼–½ Teelöffel gemahlenem Kreuzkümmel (Cumin) und 1–2 Prisen gemahlenem Zimt abschmecken.

Gazpacho verde

Leichte Sommersuppe

2 Portionen

Pro Portion: E: 10 g, F: 9 g, Kh: 47 g, kJ: 1302, kcal: 312, BE: 3,0

2–3 Scheiben	*Vollkorn-Toastbrot (etwa 50 g)*
175 ml	*kaltes Wasser*
1	*Bio-Salatgurke (etwa 400 g)*
1 Bund	*Frühlingszwiebeln (etwa 250 g)*
2	*grüne Paprikaschoten (je etwa 150 g)*
1–2	*Knoblauchzehen*
1 EL	*Olivenöl*
1 1/2–2 EL	*Weißweinessig*
etwa 1/2 gestr. TL	*Salz*
	gem. Pfeffer
1 Msp.	*gem. Kreuzkümmel (Cumin)*
4 Scheiben	*Vollkorn-Toastbrot*

Außerdem:

Pürierstab

Zubereitungszeit: etwa 25 Minuten, ohne Kühlzeit

1. Die Toastbrotscheiben in dem kalten Wasser in einer Rührschüssel einweichen.

2. In der Zwischenzeit Salatgurke abspülen, abtrocknen und die Enden abschneiden. Salatgurke in grobe Würfel schneiden. Frühlingszwiebeln putzen, abspülen und abtropfen lassen. 1 Frühlingszwiebel zum Garnieren beiseitelegen. Restliche Frühlingszwiebeln in etwa 3 cm lange Stücke schneiden.

3. Paprikaschoten halbieren, entstielen, entkernen und die weißen Scheidewände entfernen. Paprika abspülen, abtropfen lassen. Eine Paprikahälfte ebenfalls zum Garnieren beiseitelegen, restliche Hälften grob würfeln. Knoblauch abziehen und würfeln.

4. Gurkenwürfel, Frühlingszwiebelscheiben, Paprika- und Knoblauchstücke zu dem eingeweichten Brot in der Schüssel geben.

5. Öl und etwa 1 1/2 Esslöffel vom Essig hinzugeben, mit Salz, Pfeffer und Kreuzkümmel würzen. Die Zutaten mit einem Pürierstab fein pürieren.

6. Gazpacho nochmals mit den Gewürzen abschmecken und zugedeckt mindestens 2 Stunden in den Kühlschrank stellen.

7. Vor dem Servieren beiseitegelegte Frühlingszwiebel in dünne Scheiben schneiden und die Paprikahälfte fein würfeln.

8. Gazpacho gut umrühren, nochmals mit Salz, Pfeffer, Kreuzkümmel und evtl. etwas Essig abschmecken.

9. Klein geschnittene Frühlingszwiebel und Paprika unter die Suppe rühren oder getrennt dazureichen. Toastbrot toasten und dazuservieren.

Tipps: Die Gazpacho-Suppe schmeckt gut durchgekühlt kalt am besten. Wenn die Zeit knapp ist, zum Servieren zusätzlich 3–4 Eiswürfel mit in die Suppe geben. Als Suppeneinlage eignet sich auch 1 geputzte, in dünne Scheiben geschnittene Staudenselleriestange oder entsteinte und in Ringe geschnittene Oliven.

Gelbe Linsensuppe mit Joghurt I

Exotisch – ganz simpel

2 Portionen

Pro Portion: E: 17 g, F: 6 g, Kh: 42 g, kJ: 1248, kcal: 298, BE: 3,5

1/2	*kleine Zwiebel*
1	*Knoblauchzehe*
1 TL	*Speiseöl (z. B. Sonnenblumenöl)*
2 Prisen	*gem. Kreuzkümmel (Cumin)*
2 Prisen	*gem. Koriander*
2 Prisen	*Cayennepfeffer*
100 g	*getrocknete, gelbe oder rote Linsen*
400 ml	*Gemüsebrühe*
140 g	*abgetropfter Gemüsemais (aus der Dose)*
15 g	*Rosinen*
	Salz, gem. Pfeffer
1/2 TL	*Zitronen- oder Limettensaft*
2–4 Stängel	*glatte Petersilie*
75 g	*Joghurt (3,5 % Fett)*

Zubereitungszeit: etwa 45 Minuten

1. Zwiebel und Knoblauch abziehen, in feine Würfel schneiden. Öl in einem Topf erhitzen. Die Zwiebelwürfel darin bei mittlerer Hitze kurz andünsten. Dann den Knoblauch dazugeben und kurz mitdünsten. Kreuzkümmel, Koriander und Cayennepfeffer dazugeben und alles gut verrühren.

2. Die Linsen und Gemüsebrühe zugeben, verrühren und zum Kochen bringen. Linsen zugedeckt nach Packungsanleitung in etwa 10 Minuten bei schwacher Hitze gar kochen, dabei gelegentlich umrühren.

3. Mais und Rosinen dazugeben. Alles gut verrühren. Die Suppe mit Salz, Pfeffer und Zitronen- oder Limettensaft abschmecken.

4. Petersilie abspülen und trocken tupfen. Die Blättchen von den Stängeln zupfen und fein schneiden. Die Suppe vor dem Servieren mit der gehackten Petersilie bestreuen. Den Joghurt glatt rühren und in einem Extraschälchen dazureichen.

Dazu passt: Baguette oder Ciabatta.

Tipps: Gelbe oder rote Linsen haben nur eine kurze Garzeit, sie zerfallen sonst. Deshalb die Packungsanleitung beachten. Sie können durch getrocknete, braune Tellerlinsen ersetzt werden. Dann die Linsen (nach Packungsanleitung) 30–35 Minuten in der Brühe garen.

Gemüse in Alufolie | Vegetarisch

4 Portionen

Pro Portion: E: 10 g, F: 20 g, Kh: 24 g, kJ: 1348, kcal: 322, BE: 1,0

200 g Zucchini
je 1 rote und gelbe Paprikaschote (je etwa 200 g)
400 g Kartoffeln
250 g Cocktailtomaten
1 Bund Frühlingszwiebeln
1 Knoblauchzehe
Salz, gem. Pfeffer
4 EL Olivenöl
150 g Schafskäse
1 TL frische Rosmarinnadeln oder ½ TL gerebelter Rosmarin

Außerdem:

4 Bögen Alufolie
4 Bögen Backpapier
1 Backblech

Zubereitungszeit: etwa 30 Minuten
Garzeit: etwa 40 Minuten

1. Zucchini abspülen, abtrocknen und die Enden abschneiden. Zucchini in Scheiben schneiden. Paprikaschoten halbieren, entstielen, entkernen und die weißen Scheidewände entfernen. Die Schoten abspülen, abtropfen lassen und in Stücke schneiden.

2. Den Backofen vorheizen.
Ober-/Unterhitze: etwa 200 °C
Heißluft: etwa 180 °C

3. Die Kartoffeln schälen, abspülen, abtropfen lassen und achteln. Die Tomaten abspülen, trocken tupfen, halbieren und die Stängelansätze herausschneiden. Die Frühlingszwiebeln putzen, abspülen, abtropfen lassen und in Stücke schneiden.

4. Jeweils einen Bogen Backpapier auf einen Bogen Alufolie legen. Das vorbereitete Gemüse mit den Kartoffelspalten darauf verteilen. Den Knoblauch abziehen und durch eine Knoblauchpresse drücken. Die Kartoffel-Gemüse-Mischung mit Knoblauch, Salz und Pfeffer würzen. Das Olivenöl daraufträufeln.

5. Schafskäse zerbröseln und mit Rosmarin auf der Kartoffel-Gemüse-Mischung verteilen.

6. Zuerst das Backpapier, dann die Alufolie fest verschließen, sodass kleine Päckchen entstehen. Die Päckchen auf ein Backblech legen und in den vorgeheizten Backofen schieben. Das Gemüse mit den Kartoffeln **etwa 40 Minuten garen.**

Gemüse-Kartoffel-Spieße I

Preiswert – für die Grillparty

12 Portionen (24 Spieße)

Pro Portion: E: 16 g, F: 11 g, Kh: 42 g, kJ: 1411, kcal: 336, BE: 3,0

Für die Spieße:

etwa 2 ½ kg kleine Kartoffeln (72 Stück)
1 TL Salz
3 dünne Zucchini (etwa 450 g)
12 Frühlingszwiebeln
24 Cocktailtomaten
etwa 125 ml Olivenöl

Für den Frühlingszwiebelquark:

750 g Magerquark
200 g Frischkäse mit Kräutern
100 ml Mineralwasser
6 Knoblauchzehen
Salz
gem. Pfeffer
1 rote Paprikaschote
1 Bund Frühlingszwiebeln

2 TL gerebelter Rosmarin
2 TL gerebelter Thymian

Außerdem:

24 Spieße (z. B. Bambusspieße, etwa 20 cm lang, über Nacht in Wasser eingelegt, oder Metallspieße)

Zubereitungszeit: etwa 60 Minuten
Garzeit: 10–15 Minuten
Grillzeit: etwa 10 Minuten

1. Für die Spieße die Kartoffeln gründlich waschen, evtl. abbürsten und knapp mit Wasser bedeckt zum Kochen bringen. Salz hinzugeben und die Kartoffeln zugedeckt 10–15 Minuten kochen lassen. Die Kartoffeln abgießen und abdämpfen.

2. Zucchini abspülen, abtrocknen und die Enden abschneiden. Die Zucchini in etwa 1 cm dünne Scheiben schneiden.

3. Die Frühlingszwiebeln putzen, abspülen, abtropfen lassen und das Grün bis auf etwa 15 cm abschneiden. Die Frühlingszwiebeln in je 4 Stücke schneiden.

4. Die Tomaten abspülen, abtropfen lassen, halbieren und evtl. die Stängelansätze herausschneiden.

5. Jeweils 3 Kartoffeln abwechselnd mit 2 Frühlingszwiebelstücken, 2 Tomaten und 2–3 Zucchinischeiben auf die Spieße stecken. Die Spieße dünn mit dem Öl einstreichen.

6. Für den Frühlingszwiebelquark Quark mit Frischkäse und Mineralwasser in eine große Schüssel geben und glatt rühren. Knoblauch abziehen und durch eine Knoblauchpresse zu dem Quark pressen. Den Quark mit Salz und Pfeffer abschmecken.

7. Die Paprikaschote halbieren, entstielen, entkernen und die weißen Scheidewände entfernen. Die Schote abspülen, abtropfen lassen und fein würfeln. Die Frühlingszwiebeln putzen, abspülen, gut abtropfen lassen und in feine Scheiben schneiden. Paprikawürfel und Frühlingszwiebelscheiben zum Quark geben und unterrühren.

8. Die Gemüse-Kartoffel-Spieße mit etwas Salz würzen, auf den gefetteten Grillrost des heißen Grills legen und etwa 10 Minuten grillen, dabei die Spieße 1–2-mal wenden.

9. Kurz vor Ende der Grillzeit das restliche Öl mit Rosmarin, Thymian und etwas Salz verrühren, die Spieße damit bestreichen und noch kurz weitergrillen.

Tipps: Die Spieße evtl. zum Grillen in leicht gefetteten Grillschalen auf den Grillrost stellen. Die Spieße können natürlich auch im Backofen unter dem vorgeheizten Grill (etwa 240 °C) gegrillt werden.

Tipps zum Vorbereiten: Die Spieße können Sie bis einschließlich Punkt 4 einige Stunden vor dem Grillen vorbereiten und zugedeckt in den Kühlschrank stellen. Auch der Quarkdip kann ein paar Stunden vor dem Servieren zubereitet werden. Den Frühlingszwiebelquark dann ebenfalls zugedeckt in den Kühlschrank stellen.

Gemüsekuchen I

Vegetarisch

4–6 Portionen

Pro Portion: E: 30 g, F: 51 g, Kh: 34 g, kJ: 3018, kcal: 722, BE: 2,5

Für den Knetteig:

180 g Vollkorn-Weizenmehl
Salz
200 g Magerquark
200 g Butter (zimmerwarm)

Für den Belag:

3 Tomaten (etwa 200 g)
300 g Magerquark
3 Eier (Größe M)
1 Zwiebel
gem. Pfeffer
1 Zucchini
je 1 rote, gelbe und grüne Paprikaschote
40 g abgetropfte Kapern
150 g ger. Käse

Außerdem:

1 Backblech (30 x 40 cm)
Mixer mit Knethaken
Frischhaltefolie

Zubereitungszeit: etwa 45 Minuten, ohne Kühlzeit
Backzeit: etwa 35 Minuten

1. Für den Teig Mehl in eine Rührschüssel geben. 1 gestrichenen Teelöffel Salz, Quark und Butter hinzufügen.

2. Die Zutaten mit einem Mixer (Knethaken) zunächst kurz auf niedrigster, danach auf höchster Stufe gut durcharbeiten.

3. Die Arbeitsfläche leicht bemehlen und den Teig darauf zu einem glatten Teig verkneten. Den Teig in Frischhaltefolie gewickelt mindestens 60 Minuten in den Kühlschrank legen.

4. Für den Belag die Tomaten abspülen, trocken tupfen, halbieren und die Stängelansätze herausschneiden. Tomaten in dünne Scheiben schneiden.

5. Den Quark mit den Eiern gut verrühren. Zwiebel abziehen, klein würfeln und unterrühren. Das Ganze mit Salz und Pfeffer würzen.

6. Das Backblech fetten. Den Backofen vorheizen.
Ober-/Unterhitze: etwa 180 °C
Heißluft: etwa 160 °C

7. Teig nochmals kurz durchkneten, auf dem Backblech ausrollen, dabei den Teig am Rand etwas hochdrücken.

8. Die Tomatenscheiben auf dem Teig verteilen und mit der Quark-Eier-Masse bestreichen.

9. Die Zucchini abspülen, abtrocknen und die Enden abschneiden. Zucchini in Scheiben schneiden.

10. Die Paprikaschoten abspülen und trocken tupfen. Von den Paprikaschoten jeweils den Stängelansatz herausschneiden. Schoten in Ringe schneiden, dabei die Kerne und weißen Scheidewände entfernen.

11. Das vorbereitete Gemüse gleichmäßig auf der Quark-Eier-Masse verteilen, mit Kapern bestreuen, mit Salz und Pfeffer würzen und mit Käse bestreuen.

12. Das Backblech auf mittlerer Einschubleiste in den vorgeheizten Backofen schieben. Den Gemüsekuchen **etwa 35 Minuten backen.**

Gemüsepfanne mit Kochschinken | Exotisch

2–3 Portionen

Pro Portion: E: 32 g, F: 21 g, Kh: 42 g, kJ: 2051, kcal: 490, BE: 3,0

1 Bund Frühlingszwiebeln
2 Möhren
200 g Porree (Lauch)
150 g Sojasprossen
250 g Kochschinken in Scheiben
50 g Glasnudeln
4 EL Speiseöl
140 g abgetropfte Bambusstreifen (aus der Dose)
190 g abgetropfte Maiskölbchen (aus dem Glas)
100 ml Gemüsebrühe
2 EL Sojasauce
1 EL Weißweinessig
1/2 TL Fünf-Gewürze-Pulver
1/2 TL Sambal Oelek

Zubereitungszeit: etwa 40 Minuten

1. Frühlingszwiebeln putzen, abspülen und abtropfen lassen. Die Frühlingszwiebeln in etwa 1 cm breite Stücke schneiden. Möhren putzen, schälen, abspülen, abtropfen lassen und in dünne Scheiben schneiden.

2. Den Porree putzen, die Stangen längs halbieren, gründlich waschen, abtropfen lassen und in Stücke schneiden. Sojasprossen verlesen, in ein Sieb geben, mit kaltem Wasser abspülen und abtropfen lassen. Schinken in Stücke schneiden.

3. Glasnudeln nach Packungsanleitung zubereiten. Dann die Nudeln in einem Sieb abtropfen lassen und warm stellen.

4. Speiseöl in einem großen Wok erhitzen. Möhrenscheiben darin andünsten. Porree-, Frühlingszwiebelstücke, Bambusstreifen, Maiskölbchen und Sojasprossen hinzufügen und unter Rühren 3–4 Minuten andünsten.

5. Schinkenstücke hinzufügen. Brühe, Sojasauce und Essig hinzugießen und aufkochen lassen. Glasnudeln unterrühren. Die Gemüsepfanne mit Fünf-Gewürze-Pulver und Sambal Oelek abschmecken und servieren.

Tipps: Ist der Wok zu klein oder nur eine Pfanne vorhanden, dann die Zutaten einfach nacheinander andünsten, zum Schluss vermischen und gut abschmecken.

Gemüse-Quark-Auflauf

Mediterran – perfekt zum Vorbereiten

4 Portionen

Pro Portion: E: 19 g, F: 20 g, Kh: 17 g, kJ: 1350, kcal: 323, BE: 0,5

1 Gemüsezwiebel
2 Knoblauchzehen
600 g Zucchini
je 1 rote, grüne und gelbe Paprikaschote
2 Tomaten
5 EL Olivenöl
Salz
gem. Pfeffer
50 g TK-Kräuter der Provence
250 g Magerquark
3 Eier (Größe M)

2 EL gehackte Petersilie

Außerdem:

1 große Auflaufform

Zubereitungszeit: etwa 35 Minuten
Garzeit: 10–15 Minuten

1. Zwiebel und Knoblauchzehen abziehen und klein würfeln. Zucchini abspülen, abtrocknen und die Enden abschneiden. Zucchini evtl. längs halbieren und in Scheiben schneiden.

2. Paprikaschoten vierteln, entstielen, entkernen und die weißen Scheidewände entfernen. Paprika abspülen, abtropfen lassen und in Stücke schneiden. Tomaten abspülen, abtrocknen, halbieren und die Stängelansätze herausschneiden. Die Tomaten in Stücke schneiden.

3. Jeweils die Hälfte des Olivenöls in 2 großen Pfannen erhitzen. In einer Pfanne die Zwiebelwürfel und Paprikastücke unter Rühren bei mittlerer Hitze etwa 10 Minuten braten. In der zweiten Pfanne zuerst die Zucchinischeiben mit dem Knoblauch unter gelegentlichem Rühren braten. Zum Schluss noch die Tomatenstücke kurz mitbraten.

4. Den Backofen vorheizen.
Ober-/Unterhitze: etwa 180 °C
Heißluft: etwa 160 °C

5. Die Auflaufform fetten. Die Gemüsezutaten darin mischen, mit Salz, Pfeffer und Kräutern der Provence würzen.

6. Den Quark mit den Eiern verschlagen, mit Salz und Pfeffer würzen. Die Quarkmasse auf dem Gemüse verteilen.

7. Die Form auf dem Rost auf mittlerer Einschubleiste in den vorgeheizten Backofen schieben. Den Auflauf **10–15 Minuten garen,** bis die Quark-Eier-Masse gestockt ist.

8. Vor dem Servieren den Gemüse-Quark-Auflauf mit gehackter Petersilie bestreuen.

Gemüseschnitzel | Vegetarisch

1 Portion

Pro Portion: E: 12 g, F: 21 g, Kh: 51 g, kJ: 1851, kcal: 442, BE: 4,0

200 g Gemüse (z. B. Knollensellerie, Zucchini, Steckrübe, Süßkartoffel, Rote Bete)
500 ml Salzwasser
Salz, gem. Pfeffer
2 EL Weizenmehl
4 EL Semmelbrösel
1 Ei (Größe M)
1 1/2 EL Speiseöl (z. B. Rapsöl)
15 g Butter

Zubereitungszeit: etwa 30 Minuten

1. Gemüse putzen, schälen, abspülen und abtropfen lassen. Das Gemüse in etwa 1/2 cm dicke Scheiben schneiden. Gemüsescheiben in kochendem Salzwasser 3–5 Minuten garen. Gemüse gut abtropfen lassen, dann mit Salz und Pfeffer würzen.

2. Mehl, Semmelbrösel und Ei in je einen tiefen Teller geben. Ei mit einer Gabel verschlagen. Die Gemüsescheiben nacheinander in Mehl, Ei und Semmelbröseln wenden. Die Semmelbrösel leicht andrücken.

3. Das Öl in einer großen, möglichst beschichteten Pfanne erhitzen. Die Gemüsescheiben darin von jeder Seite in etwa 2 Minuten goldgelb braten. Kurz vor Ende der Bratzeit die Butter mit in die Pfanne geben und darin zerlassen.

Dazu passt: **Champignon-Reis-Salat** (für 2 Portionen). Hierfür 50 g Naturreis mit 150 ml Gemüsebrühe in einem geschlossenen Topf zum Kochen bringen und bei schwacher Hitze nach Packungsanleitung etwa 30 Minuten garen. Anschließend Reis abtropfen und abkühlen lassen. 1 Frühlingszwiebel putzen, abspülen, gut abtropfen lassen und in feine Scheiben schneiden. 50 g Joghurt mit 25 g Joghurt-Salatcreme verrühren, mit Salz, Pfeffer, 1 Messerspitze Zucker und etwas Cayennepfeffer abschmecken. Mit den Frühlingszwiebelscheiben unter den Reis heben. Die Masse zugedeckt etwa 30 Minuten in den Kühlschrank stellen. 50 g Champignons putzen, mit Küchenpapier abreiben und halbieren oder in Scheiben schneiden. 1 Esslöffel Speiseöl in einer kleinen Pfanne erhitzen und die Champignonhälften oder -scheiben unter Rühren darin etwa 2 Minuten braten. Mit Salz und Pfeffer würzen, dann abkühlen lassen. Etwa 100 g Möhren putzen, schälen, abspülen und abtropfen lassen. Möhren in feine Stifte schneiden. 1/2 gelbe Paprikaschote entstielen, entkernen und die weißen Scheidewände entfernen. Schote abspülen, abtrocknen und fein würfeln. Pilze, Möhren und Paprika mit der kalt gestellten Reismasse vermengen und nach Belieben mit 1 Esslöffel Schnittlauchröllchen bestreut servieren.

Tipps: Die Gemüseschnitzel als vegetarisches Hauptgericht, z. B. mit einem **Kräuterquark** (für 1 Portion) servieren. Für den Kräuterquark 1 kleine Zwiebel abziehen und fein würfeln. 100 g Magerquark mit 1 Esslöffel Milch, 2 Esslöffeln Crème fraîche und den gewürfelten Zwiebeln verrühren. Den Quark mit Salz und Pfeffer würzen. 2 Esslöffel gemischte, frisch gehackte Kräuter, z. B. Schnittlauch, glatte Petersilie, Kerbel, Dill, unterrühren (ersatzweise TK-Kräuter) und zu den Gemüseschnitzeln servieren.

Noch ein Tipp: Knollensellerie, Zucchini und Steckrübe müssen nicht unbedingt in kochendem Salzwasser vorgegart werden. Hier reicht es, wenn die panierten Gemüsescheiben gleich in der Pfanne gebraten werden. Wichtig: Dann die Gemüsescheiben 3–4 Minuten pro Seite braten.

Rezeptabwandlungen: Sie können Gemüseschnitzel auch mit unterschiedlichen Panaden zubereiten. Dafür nur 3 Esslöffel Semmelbrösel mit 1 Esslöffel frisch geriebenem Parmesan oder 10 g fein gehackten Sonnenblumenkernen mischen. Ersetzen Sie die Semmelbrösel durch 50 g zerkleinerte Cornflakes, dann erhalten Sie eine knusprige Panade. Ebenfalls eine besonders knusprige Panade der Gemüseschnitzel erhält man mit Pankobröseln. Dafür die Semmelbrösel durch Pankobrösel ersetzen. Diese stammen aus dem asiatischen Raum und werden aus Weißbrot ohne Kruste hergestellt. Erhältlich sind sie in Asialäden oder im Internet.

Gemüse-Tofu-Pfanne I

Die Marinade macht den Unterschied

1 Portion

VEGAN

Pro Portion: E: 39 g, F: 33 g, Kh: 25 g, kJ: 2313, kcal: 553, BE: 1,5

Für den marinierten Tofu:

30 g Ingwer
3–4 EL Sojasauce
200 g Tofu (natur oder geräuchert)

1 kleine Zucchini
1 rote oder gelbe Paprikaschote
1 Frühlingszwiebel (etwa 40 g)
1 Knoblauchzehe
2 EL Sojaöl
Salz, gem. Pfeffer

Zubereitungszeit: etwa 30 Minuten, ohne Marinierzeit

1. Für den marinierten Tofu den Ingwer schälen und in feine Würfel schneiden. 3 Esslöffel Sojasauce mit der Hälfte der Ingwerwürfel in einem tiefen Teller gut verrühren. Tofu in mundgerechte Stücke schneiden, in die Ingwersauce legen und darin 30 Minuten marinieren. Den Tofu dabei ab und zu wenden.

2. Zucchini abspülen, abtrocknen und die Enden abschneiden. Zucchini längs halbieren, dann in dünne Scheiben schneiden. Paprikaschoten halbieren, entstielen, entkernen und die weißen Scheidewände entfernen. Schoten abspülen, abtropfen lassen und in mundgerechte Stücke schneiden.

3. Frühlingszwiebel putzen, abspülen, abtropfen lassen und in Scheiben schneiden. Knoblauch abziehen und fein hacken.

4. Das Öl in einer großen Pfanne erhitzen. Zucchinischeiben, Paprikastücke und Frühlingszwiebelscheiben mit dem Knoblauch darin unter gelegentlichem Wenden in etwa 5 Minuten bissfest garen.

5. Die Tofuwürfel aus der Marinade nehmen und zu dem Gemüse in die Pfanne geben. Alles etwa 5 Minuten weitergaren, dabei ab und zu umrühren. Die Gemüsepfanne mit Salz, Pfeffer, restlichem Ingwer und Sojasauce abschmecken.

Tipps: Statt Tofu schmeckt auch Seitan. Für eine würzige Schärfe: Das Gericht zum Schluss noch mit 2–3 Spritzern Tabasco statt der Sojasauce abschmecken. Oder lieber mit französischem Touch? Wer es französisch-kräuterig mag, ersetzt den Ingwer durch frischen Thymian.

Gemüsetopf mit Brätbällchen I

Ganz simpel

4 Portionen

Pro Portion: E: 15 g, F: 30 g, Kh: 23 g, kJ: 1740, kcal: 416, BE: 1,0

1 1/2 l Fleischbrühe
2 feine, frische Bratwürste (etwa 300 g)
6 Frühlingszwiebeln
2 dicke Möhren (etwa 300 g)
2 große Kartoffeln (etwa 400 g)
2 Kohlrabi
4 EL Speiseöl (z. B. Olivenöl)
Salz
gem. Pfeffer

Zubereitungszeit: etwa 25 Minuten
Garzeit: etwa 15 Minuten

1. Fleischbrühe in einem Topf zum Kochen bringen. Den Topf dann von der Kochstelle nehmen.

2. Die Bratwurstmasse aus der Haut drücken. Daraus kleine Klößchen formen und in die heiße Brühe geben oder direkt aus der Bratwurst kleine Klöße in die heiße Brühe drücken. Die Klößchen in der Brühe gar ziehen lassen.

3. In der Zwischenzeit die Frühlingszwiebeln putzen, abspülen und abtropfen lassen. Das dunkle Grün abschneiden und beiseitelegen. Die restlichen Stücke in etwa 1 cm dicke Scheiben schneiden.

4. Möhren putzen. Kartoffeln, Möhren und Kohlrabi schälen, abspülen, abtropfen lassen und in etwa 1 cm große Würfel schneiden.

5. Das Speiseöl in einem Topf erhitzen. Das Gemüse unter Rühren darin andünsten. Die Fleischbrühe mit den Klößchen hinzugießen. Das Ganze zum Kochen bringen. Die Suppe zugedeckt etwa 15 Minuten bei mittlerer Hitze kochen.

6. Die Suppe evtl. mit Salz und Pfeffer würzen. Das beiseitegelegte Grün der Frühlingszwiebeln in feine Ringe schneiden. Den Eintopf mit den Frühlingszwiebelringen bestreuen und servieren.

Glasnudel-Möhren-Salat I

Ein Hauch Asien

2 Portionen

VEGAN

Pro Portion: E: 6 g, F: 10 g, Kh: 71 g, kJ: 1673, kcal: 399, BE: 6,0

125 g Glasnudeln
3 Möhren (etwa 300 g)
1 1/2 EL Speiseöl (z. B. Soja-, Erdnuss- oder Rapsöl)
1–2 Knoblauchzehen
140 g abgetropfter Gemüsemais (aus der Dose)
3–4 EL Sojasauce
gem. Pfeffer
etwa 1/4 TL gem. Ingwer

Zubereitungszeit: etwa 25 Minuten, ohne Durchziehzeit

1. Glasnudeln nach Packungsanleitung zubereiten. Anschließend in ein Sieb geben, mit kaltem Wasser abspülen und gut abtropfen lassen. Die Glasnudeln nach Belieben mit einer Küchenschere mehrmals in Stücke schneiden.

2. Die Möhren putzen, schälen, abspülen und abtropfen lassen. Möhren in dünne Stifte (etwa 5 cm lang) schneiden. Das Öl in einer großen Pfanne oder einem Wok erhitzen. Die Möhrenstifte darin bei mittlerer bis starker Hitze in 2–3 Minuten anbraten, dabei gelegentlich umrühren.

3. Knoblauch abziehen und durch eine Knoblauchpresse zu den Möhren in die Pfanne drücken. Knoblauch etwa 2 Minuten mit anbraten, dabei ab und zu umrühren.

4. Den Gemüsemais in eine Schüssel geben. Das Möhrengemüse mit den Glasnudeln hinzufügen, die Zutaten gut vermischen. Den Glasnudel-Möhren-Salat mit 3 Esslöffeln Sojasauce sowie Pfeffer und Ingwer abschmecken. Den Salat zugedeckt etwa 1 Stunde in den Kühlschrank stellen und durchziehen lassen.

5. Den Salat vor dem Servieren nochmals mit der Sojasauce und den Gewürzen abschmecken.

Tipp: Den Glasnudelsalat kann man auch lauwarm essen. Dann die Glasnudeln mit heißem Wasser abspülen. Die Glasnudeln mit dem warmen Möhrengemüse vermischen und abschmecken.

Gnocchi mit Tomatensauce

Schneller Sattmacher

2 Portionen

Pro Portion: E: 16 g, F: 13 g, Kh: 126 g, kJ: 2880, kcal: 686, BE: 9,5

Für die Tomatensauce:

1 Zwiebel
4 Fleischtomaten
2 EL Olivenöl
25 g TK-Italienische Kräuter
200 ml Gemüsebrühe
6–8 EL Tomatenketchup
Salz
gem. Pfeffer

Für die Gnocchi:

2 l Wasser
2 gestr. TL Salz
500 g frische Gnocchi (aus dem Kühlregal)

Zubereitungszeit: etwa 25 Minuten

1. Für die Tomatensauce Zwiebel abziehen und in kleine Würfel schneiden. Fleischtomaten abspülen, abtropfen lassen, halbieren und die Stängelansätze herausschneiden. Tomaten in Würfel schneiden.

2. Olivenöl in einer Pfanne erhitzen und die Zwiebelwürfel darin glasig dünsten. Tomatenwürfel und TK-Kräuter hinzufügen und kurz mitdünsten. Gemüsebrühe hinzugießen und Tomatenketchup unterrühren. Tomatensauce unter gelegentlichem Rühren aufkochen, dann 3–4 Minuten bei mittlerer Hitze einkochen lassen. Tomatensauce mit Salz und Pfeffer würzen, anschließend warm stellen.

3. In der Zwischenzeit für die Gnocchi Wasser mit Salz in einem geschlossenen Topf zum Kochen bringen. Gnocchi zugeben und im geöffneten Topf bei mittlerer Hitze nach Packungsanleitung zubereiten. Anschließend die Gnocchi in ein Sieb geben, mit heißem Wasser abspülen und abtropfen lassen.

4. Gnocchi mit der Tomatensauce servieren.

Tipp: Noch schneller geht es, wenn Sie fertige Tomatensauce (z.B. aus dem Tetra Pak®) verwenden. Diese gibt es in verschiedenen Geschmacksrichtungen zu kaufen (z.B. mit Kräutern, Basilikum, Champignons).

Noch ein Tipp: Sie können die Gnocchi auch in der Pfanne mit etwas zerlassener Butter oder Olivenöl knusprig braten, dabei die Gnocchi ab und zu wenden.

Rezeptvariante: **Gnocchi im Spinatbett** (für 2 Portionen). Für das Spinatbett 500 g frischen Spinat verlesen, gründlich waschen, abtropfen lassen. 1 kleine Zwiebel und 1 Knoblauchzehe abziehen, fein würfeln. 20 g Butter in einem Topf zerlassen. Zwiebel- und Knoblauchwürfel darin glasig dünsten. Spinat hinzugeben und 3–4 Minuten dünsten, bis er zusammenfällt. Spinat mit Salz, Pfeffer und Muskatnuss abschmecken. Spinat in einer Auflaufform (gefettet) verteilen. Backofen vorheizen (Ober-/Unterhitze: etwa 200 °C, Heißluft: etwa 180 °C). Gnocchi nach Packungsanleitung zubereiten, dann abtropfen lassen. Gnocchi auf dem Spinat verteilen. Für den Guss 100 g Doppelrahm-Frischkäse mit Kräutern mit 60–70 g Schlagsahne verrühren. Guss über den Gnocchi verteilen. Die Form auf dem Rost in den vorgeheizten Backofen schieben. Gnocchi etwa 15 Minuten garen.

Graupen-Wirsing-Topf mit Kräuterdip I

Fürs Monatsende

2 Portionen

Pro Portion: E: 11 g, F: 14 g, Kh: 39 g, kJ: 1402, kcal: 335, BE: 3,0

1 kleine Zwiebel
400 g Wirsing
20 g Butter oder Margarine
600 ml Gemüsebrühe
75 g Perlgraupen
400 g Tomaten
Salz
gem. Pfeffer

Für den Kräuterdip:

1 EL Crème fraîche
1 Knoblauchzehe
1 EL dunkler Balsamico-Essig
1 EL TK-Petersilie
evtl. Cayennepfeffer

Zubereitungszeit: etwa 40 Minuten

1. Die Zwiebel abziehen und fein hacken. Von dem Wirsing die äußeren Blätter entfernen. Den Wirsing je nach Größe halbieren, vierteln oder achteln. Wirsingstücke abspülen und abtropfen lassen. Den Strunk herausschneiden. Wirsing in feine Streifen schneiden.

2. Die Butter oder Margarine in einem Topf zerlassen. Zwiebelwürfel darin bei mittlerer Hitze unter gelegentlichem Rühren in etwa 2 Minuten andünsten. Wirsingstreifen dazugeben und ebenfalls unter gelegentlichem Rühren in etwa 3 Minuten andünsten.

3. Gemüsebrühe hinzugießen, Graupen hinzufügen und unterrühren. Die Zutaten aufkochen lassen und zugedeckt bei schwacher Hitze zunächst 15 Minuten köcheln lassen.

4. In der Zwischenzeit die Tomaten kreuzweise einschneiden und mit kochendem Wasser übergießen. Nach 1–2 Minuten herausnehmen und mit kaltem Wasser abschrecken. Tomaten enthäuten, vierteln, entkernen und die Stängelansätze herausschneiden. Tomatenviertel in kleine Würfel schneiden.

5. Nach den 15 Minuten Garzeit die Tomatenwürfel unter den Graupen-Wirsing-Topf rühren. Die Zutaten einmal kurz aufkochen lassen, dann in 5–10 Minuten fertig garen.

6. Für den Kräuterdip in der Zwischenzeit Crème fraîche in eine kleine Schüssel geben. Knoblauch abziehen, durch eine Knoblauchpresse dazudrücken oder sehr fein hacken und dazugeben. Essig und Petersilie unterrühren. Den Dip mit Salz, Pfeffer oder etwas Cayennepfeffer abschmecken.

7. Den Graupen-Wirsing-Topf in 2 tiefen Tellern verteilen, jeweils 1 gehäuften Esslöffel Kräuterdip dazureichen oder unter den Eintopf rühren.

Tipps: Der Graupen-Wirsing-Topf schmeckt noch mal so gut, wenn er am nächsten Tag aufgewärmt auf den Tisch kommt. Deshalb am besten gleich die doppelte Menge zubereiten. Wichtig: Zum Abkühlen den Topf immer etwas geöffnet lassen, sonst wird der Eintopf sauer! Den erkalteten Eintopf dann zugedeckt in den Kühlschrank stellen.

Griechische Reisnudeln mit Paprika und Tomate | Ganz simpel

2 Portionen

VEGAN

Pro Portion: E: 6 g, F: 6 g, Kh: 91 g, kJ: 1909, kcal: 456, BE: 7,5

1 Zwiebel
1 Knoblauchzehe
1 grüne Paprikaschote (etwa 200 g)
1 EL Olivenöl
200 g griechische Reisnudeln (Kritharaki)
200 ml Gemüsebrühe
400 g geschälte Tomaten mit Saft (aus der Dose)
1 gestr. TL gerebelter Oregano
Salz, gem. Pfeffer
Cayennepfeffer

Zubereitungszeit: etwa 30 Minuten

1. Zwiebel und Knoblauch abziehen. Beides in kleine Würfel schneiden.

2. Paprikaschote halbieren, entstielen, entkernen und die weißen Scheidewände entfernen. Schoten abspülen, abtropfen lassen und in kleine Würfel schneiden.

3. Öl in einem Topf erhitzen. Die Zwiebel-, Knoblauch- und Paprikawürfel darin bei mittlerer Hitze in 2–3 Minuten unter gelegentlichem Rühren andünsten. Reisnudeln hinzufügen und kurz mit andünsten. Den Topf von der Kochstelle nehmen. Die Gemüsebrühe hinzugießen.

4. Die Tomaten in einem Sieb über dem Topf abtropfen lassen, sodass der Tomatensaft in den Topf tropft. Die Tomaten mit einem Löffelrücken durch das Sieb in den Topf streichen, damit die Kerne im Sieb bleiben.

5. Den Topf wieder auf die Kochstelle stellen. Die Zutaten einmal aufkochen lassen und anschließend zugedeckt bei schwacher Hitze etwa 12 Minuten köcheln lassen. Dabei ab und zu umrühren.

6. Die Reisnudeln mit dem Gemüse mit Oregano, Salz, Pfeffer und etwas Cayennepfeffer würzen.

Tipps: 5–8 abgetropfte Oliven klein schneiden und über die Reisnudeln streuen oder unterrühren. Maximal die Hälfte der Gemüsebrühe kann man durch trockenen Weißwein ersetzen. Statt der griechischen Reisnudeln schmeckt auch Langkornreis. Dafür die Packungsanleitung beachten, da sich die Flüssigkeitsmenge verändern kann. Statt Oregano passt auch 1 Esslöffel gehackte Petersilie (frisch oder TK).

Gyros im Pita-Brot

Beliebter Sattmacher

3 Stück (1–2 Stück pro Portion)

Pro Stück: E: 29 g, F: 8 g, Kh: 43 g, kJ: 1508, kcal: 360, BE: 3,5

200 g dünne Schweineschnitzel
1–2 EL Olivenöl
1 EL Gyros-Gewürzmischung
1 Zwiebel
2 kleine Tomaten (etwa 125 g)
125 g Weißkohl

Für die Knoblauchsauce:
125 g Magerquark
125 g Joghurt (1,5 % Fett)
1–2 Knoblauchzehen
Salz, gem. Pfeffer

3 Pita-Brottaschen

Zubereitungszeit: etwa 20 Minuten, ohne Marinierzeit

1. Die Schweineschnitzel mit Küchenpapier trocken tupfen. Das Fleisch in dünne Streifen schneiden.

2. Das Olivenöl mit der Gyros-Gewürzmischung verrühren. Die Fleischstreifen darin etwa 20 Minuten marinieren lassen, dabei die Fleischstreifen zwischendurch 2–3-mal wenden.

3. In der Zwischenzeit die Zwiebel abziehen und in dünne Ringe schneiden. Tomaten abspülen, abtrocknen, halbieren und die Stängelansätze herausschneiden. Tomaten in dünne Scheiben schneiden.

4. Vom Weißkohl die äußeren Blätter entfernen. Den Kohl abspülen, abtropfen lassen und in feine Streifen schneiden. Die Kohlstreifen mit Zwiebelringen und Tomatenscheiben mischen.

5. Eine große Pfanne erhitzen. Das marinierte Gyrosfleisch mit dem Würzöl in die Pfanne geben und darin unter gelegentlichem Wenden bei mittlerer bis starker Hitze in 8–10 Minuten braun anbraten.

6. Für die Knoblauchsauce in der Zwischenzeit den Quark mit dem Joghurt in einer Schüssel glatt rühren. Knoblauchzehen abziehen und durch eine Knoblauchpresse drücken oder sehr fein hacken. Den Knoblauch unter den Joghurtquark rühren. Die Knoblauchsauce mit Salz und Pfeffer abschmecken.

7. Die Pita-Brottaschen im Toaster nach Packungsanleitung toasten und dann die Brottaschen mit dem Gyros, dem vorbereiteten Gemüse und der Knoblauchsauce füllen.

Tipps: Statt Weißkohl Eisbergsalat nehmen. Für manche Menschen ist roher Weißkohl nicht so bekömmlich. Dann einfach die Kohlstreifen mit gut ¼ Teelöffel Salz ordentlich verkneten und etwa 1 Stunde durchziehen lassen. Die entstandene Flüssigkeit abgießen und den Kohl weiterverarbeiten.

Rezeptvariante: Für **vegetarische Pita-Brottaschen** (3 Stück, im Foto hinten) das Schweinefleisch komplett weglassen. Dafür zusätzlich je ½ grüne und ½ gelbe Paprikaschote (je etwa 100 g) evtl. entstielen, entkernen und die weißen Scheidewände entfernen. Schotenhälften abspülen, abtropfen lassen und in dünne Streifen schneiden. In einer großen Pfanne 1 Esslöffel Olivenöl erhitzen. Paprikastreifen und die Hälfte der Zwiebelringe mit etwa ¼ Esslöffel Gyros-Gewürzmischung darin unter gelegentlichem Rühren bei mittlerer bis großer Hitze in 3–4 Minuten bissfest garen. Die Zutaten kurz abkühlen lassen und mit dem vorbereiteten Gemüse (restliche Zwiebelringe, Tomatenscheiben und Weißkohlstreifen) vermischen. Die getoasteten Pita-Brottaschen mit dem Gemüse und der Knoblauchsauce füllen.

Hackfleischeier | Schnell

2 Portionen

Pro Portion: E: 40 g, F: 34 g, Kh: 10 g, kJ: 2105, kcal: 503, BE: 0,5

1 TL Speiseöl (z. B. Olivenöl)
250 g Gehacktes (halb Rind-, halb Schweinefleisch)
125 g Zwiebeln
1 Knoblauchzehe
1 grüne Paprikaschote
2 Tomaten
Salz, gem. Pfeffer
Cayennepfeffer
1 TL Paprikapulver edelsüß
4 Eier (Größe M)

Zubereitungszeit: etwa 30 Minuten

1. Speiseöl in einer großen Pfanne erhitzen. Das Gehackte darin unter ständigem Rühren etwa 5 Minuten anbraten. Dabei die Fleischklümpchen mit einer Gabel etwas zerkleinern.

2. Zwiebeln abziehen und in kleine Würfel schneiden. Knoblauch abziehen und durch eine Knoblauchpresse drücken oder fein würfeln. Zwiebel und Knoblauch zur Hackfleischmasse geben, kurz mit anbraten.

3. Paprikaschote halbieren, entstielen, entkernen und die weißen Scheidewände entfernen. Schote abspülen, abtropfen lassen und in kleine Würfel schneiden. Paprikawürfel zur Hackfleischmasse in die Pfanne geben und zugedeckt etwa 6 Minuten bei schwacher Hitze mitbraten.

4. Tomaten abspülen, abtrocknen, halbieren und die Stängelansätze herausschneiden. Tomaten in Würfel schneiden und unter die Hackfleischmasse rühren. Die Mischung mit Salz, Pfeffer, Cayennepfeffer und Paprika kräftig würzen.

5. Eier aufschlagen, gleichmäßig auf die Hackfleisch-Gemüse-Masse setzen und zugedeckt so lange garen, bis die Spiegeleier gar sind, mit Salz bestreuen.

6. Die Hackfleischeier evtl. nochmals mit Salz, Pfeffer und Paprika abschmecken und servieren.

Hackfleischpizza I

Für die Party

8–10 Portionen

Pro Portion: E: 52 g, F: 45 g, Kh: 27 g, kJ: 3002, kcal: 716, BE: 1,5

2 Brötchen (Semmel) vom Vortag
3 Zwiebeln
2 Knoblauchzehen
300 g Schafskäse
1 große Zucchini (etwa 300 g)
2 mittelgroße Möhren (etwa 200 g)
1 1/2 kg Gehacktes (halb Rind-, halb Schweinefleisch)
2 Eier (Größe M)
Salz
gem. Pfeffer
1 EL gerebelter Oregano
500 ml Zigeunersauce
400 g abgetropfte Champignonscheiben (aus dem Glas)
3 Fleischtomaten
2 rote Paprikaschoten
250 g abgetropfter Mozzarella
1 EL gerebelter Oregano
100 g ger. Pizzakäse

Außerdem:

1 Fettpfanne

Zubereitungszeit: etwa 50 Minuten
Garzeit: 45–55 Minuten

1. Den Backofen vorheizen.
Ober-/Unterhitze: etwa 200 °C
Heißluft: etwa 180 °C

2. Brötchen in kaltem Wasser einweichen. Zwiebeln und Knoblauch abziehen, halbieren und fein würfeln. Den Schafskäse in Würfel schneiden oder zerbröseln. Die Zucchini abspülen, abtrocknen und die Enden abschneiden. Möhren putzen, schälen, abspülen und abtropfen lassen. Zucchini und Möhren grob raspeln.

3. Hackfleisch in eine große Schüssel geben. Die Brötchen gut ausdrücken. Zwiebel-, Knoblauch- und

Schafskäsewürfel sowie Eier und die Zucchini- und Möhrenraspel zufügen und mit dem Hackfleisch gut vermengen. Die Hackfleischmasse mit Salz, Pfeffer und Oregano würzen.

4. Die Fettpfanne fetten und die Hackmasse darin verstreichen. Zigeunersauce darauf verstreichen und mit Champignonscheiben belegen. Die Fettpfanne auf mittlerer Einschubleiste in den vorgeheizten Backofen schieben. Die Pizza **etwa 25 Minuten garen.**

5. Inzwischen Tomaten abspülen, abtrocknen, halbieren und die Stängelansätze herausschneiden. Tomaten in Scheiben schneiden. Von den Paprikaschoten die Stielansätze keilförmig herausschneiden. Kerne und weiße Scheidewände herauskratzen. Schoten abspülen, abtropfen lassen und in Ringe schneiden. Mozzarella in Scheiben schneiden.

6. Tomatenscheiben und Paprikaringe auf der Pizza verteilen, mit Salz, Pfeffer und Oregano bestreuen. Mozzarella-Scheiben in die Paprikaringe legen, Pizzakäse in die Zwischenräume streuen. Die Fettpfanne wieder in den Backofen schieben. Die Pizza **bei gleicher Backofeneinstellung weitere 20–30 Minuten garen.**

Hähnchen-Brokkoli-Ragout mit Basmatireis | Fettarm

4 Portionen

Pro Portion: E: 31 g, F: 5 g, Kh: 42 g, kJ: 1456, kcal: 346, BE: 3,0

400 ml Wasser
200 g Basmatireis
2 gestr. TL Salz

Für das Ragout:

400 g Hähnchenbrustfilet
600 g Brokkoli
2 Zwiebeln
2 TL Speiseöl (z. B. Rapsöl)
Salz, gem. Pfeffer
1 TL Zitronensaft
100 ml heißes Wasser
50 g saure Sahne
2 TL Currypulver

Zubereitungszeit: etwa 30 Minuten

1. Wasser in einem Topf zum Kochen bringen. Reis und Salz hinzufügen, wieder zum Kochen bringen. Reis nach Packungsanleitung bei schwacher Hitze in etwa 20 Minuten ausquellen lassen.

2. In der Zwischenzeit Hähnchenbrustfilet unter fließendem kalten Wasser abspülen, trocken tupfen und in etwa 1 ½ cm dicke Streifen schneiden.

3. Brokkoli putzen und in kleine Röschen teilen. Brokkolistrunk schälen und in Stücke schneiden. Röschen und Strunkstücke abspülen und abtropfen lassen. Zwiebeln abziehen und fein würfeln.

4. Öl in einer Pfanne erhitzen. Hähnchenstreifen unter Rühren darin anbraten, mit Salz und Pfeffer würzen. Brokkoli und Zwiebelwürfel hinzufügen, kurz mit anbraten. Zitronensaft und Wasser unterrühren, die Zutaten zugedeckt etwa 5 Minuten garen.

5. Saure Sahne einrühren und das Ragout mit Salz, Pfeffer und Currypulver abschmecken. Hähnchenragout mit dem Reis servieren.

Tipp: Geben Sie dem Gericht eine besondere Geschmacksnote, indem Sie einige Blättchen Thai-Basilikum fein schneiden und unter das Hähnchenragout rühren.

Hähnchen-Paella

Für Freunde

8–10 Portionen

Pro Portion: E: 40 g, F: 17 g, Kh: 41 g, kJ: 2036, kcal: 487, BE: 3,0

8–10 Hähnchenschenkel (je 200–250 g) oder TK-Hähnchenschenkel
4 Zwiebeln
4 Knoblauchzehen
8 EL Speiseöl (z. B. Sonnenblumen- oder Olivenöl)
8 Tomaten (etwa 550 g)
4 rote Paprikaschoten
1 großer Blumenkohl (etwa 1 kg)
400 g italienischer Risottoreis (z. B. Arborio, Vialone oder Avorio)
Salz
gem. Pfeffer
6 g gem. Safran
etwa 1 l Hühnerbrühe

Zubereitungszeit: etwa 90 Minuten

1. Die frischen Hähnchenschenkel unter fließendem kalten Wasser abspülen, trocken tupfen, enthäuten und im Gelenk halbieren. TK-Hähnchenschenkel nach Packungsanleitung auftauen lassen und ebenso vorbereiten. Zwiebeln und Knoblauchzehen abziehen und fein würfeln.

2. Die Hälfte des Öls in einer großen Pfanne erhitzen. Die Hälfte der Hähnchenstücke darin bei mittlerer Hitze etwa 12 Minuten braten, dabei gelegentlich wenden. Die Hähnchenstücke herausnehmen und in einen großen, hohen Topf geben. Übriges Fleisch in dem restlichen Öl anbraten und ebenfalls in den Topf geben.

3. Inzwischen Tomaten kreuzweise einschneiden, mit kochendem Wasser übergießen. Nach 1–2 Minuten herausnehmen und mit kaltem Wasser abschrecken. Tomaten enthäuten, halbieren und die Stängelansätze herausschneiden. Tomaten in Stücke schneiden.

4. Die Paprikaschoten halbieren, entstielen, entkernen und die weißen Scheidewände entfernen. Schoten abspülen, trocken tupfen und in Stücke schneiden. Die Blätter vom Blumenkohl und schlechte Stellen entfernen, den Strunk abschneiden. Blumenkohl in Röschen teilen, abspülen und abtropfen lassen.

5. Die Zwiebel- und Knoblauchwürfel im restlichen Bratfett andünsten. Risottoreis einstreuen und unter Rühren so lange anbraten, bis er glasig ist. Zwiebel-Knoblauch-Reis mit Tomaten-, Paprikastücken und Blumenkohlröschen zum Fleisch in den Topf geben, mit Salz und Pfeffer würzen. Safran unterrühren.

6. Hühnerbrühe hinzugießen und zum Kochen bringen. Alles zugedeckt bei schwacher Hitze 30–40 Minuten kochen lassen, bis die Flüssigkeit verdampft und der Reis weich ist. Gelegentlich umrühren. Die Hähnchen-Paella mit Salz und Pfeffer abschmecken.

Heidelbeer-Muffins I

Süße Versuchung

12 Stück

Pro Stück: E: 4 g, F: 6 g, Kh: 33 g, kJ: 849, kcal: 203, BE: 3,0

250 g frische Heidelbeeren oder 200 g TK-Heidelbeeren

Für den All-in-Teig:

300 g Weizenmehl
3 gestr. TL Dr. Oetker Backin
150 g Zucker
1 Pck. Dr. Oetker Bourbon-Vanille-Zucker
1 Prise Salz
1 Ei (Größe M)
250 ml Milch (1,5 % Fett)
4 EL Speiseöl (etwa 50 ml, z. B. Sonnenblumen- oder Rapsöl)

Außerdem:

1 Muffinform für 12 Muffins
12 Papierbackförmchen
Mixer mit Rührstäben

Zubereitungszeit: etwa 30 Minuten
Backzeit: etwa 30 Minuten

1. Die Mulden der Muffinform mit den Papierbackförmchen auslegen.

2. Den Backofen vorheizen.
Ober-/Unterhitze: etwa 180 °C
Heißluft: etwa 160 °C

3. Frische Heidelbeeren verlesen, abspülen und mit Küchenpapier trocken tupfen.

4. Für den Teig Mehl mit Backpulver in einer Rührschüssel mischen. Restliche Zutaten (außer Heidelbeeren) hinzufügen und mit einem Mixer (Rührstäbe) erst kurz auf niedrigster, dann auf höchster Stufe in etwa 1 Minute zu einem Teig verarbeiten.

5. Heidelbeeren (TK-Heidelbeeren unaufgetaut) mit einem Löffel vorsichtig unterheben (nicht stark rühren, sonst färbt sich der Teig lila).

6. Den Teig mit einem Löffel in den Papierbackförmchen verteilen. Die Form auf dem Rost auf mittlerer Einschubleiste in den vorgeheizten Backofen schieben. Die Muffins **etwa 30 Minuten backen.**

7. Die Muffins etwa 5 Minuten in der Form stehen lassen, dann aus der Form lösen und auf einem Rost erkalten lassen.

Tipps: Wer keine Papierbackförmchen hat, kann die Mulden der Muffinform einfach gründlich fetten und mehlen. Statt Heidelbeeren Himbeeren oder Johannisbeeren (frisch oder TK) verwenden.

Heiße Schokolade | Schnell – ganz simpel

4–5 Portionen

Pro Portion: E: 9 g, F: 16 g, Kh: 21 g, kJ: 1096, kcal: 262, BE: 1,5

100 g Edel-Vollmilch oder Zartbitter-Schokolade
1 l Milch (3,5 % Fett)

Zubereitungszeit: etwa 15 Minuten

1. Die Schokolade in Stücke brechen. Schokoladenstücke mit der Milch in einen Topf geben und unter Rühren erwärmen, bis die Schokolade geschmolzen ist. Die Schokoladenmilch erhitzen, aber nicht kochen lassen.

Tipps: Je nach Süße der Schokolade die heiße Schokolade noch mit etwas Zucker und gemahlenem Zimt abschmecken. Nach Belieben die heiße Schokolade mit geschlagener Sahne und Raspelschokolade garniert servieren.

Hirse mit Wintergemüse I

Omas Idee, indisch verfeinert

2 Portionen

Pro Portion: E: 17 g, F: 13 g, Kh: 79 g, kJ: 2098, kcal: 502, BE: 6,5

1	*kleine, rote Zwiebel*
1	*Knoblauchzehe*
200 g	*Möhren*
2 Stangen	*Staudensellerie*
1 EL	*Speiseöl (z. B. Sonnenblumen- oder Rapsöl)*
200 g	*Hirse*
450 ml	*Gemüsebrühe*
1–1 ½ EL	*Zitronensaft*
	Salz, gem. Pfeffer
etwa ½ TL	*Garam Masala (indische Gewürzmischung)*
20 g	*ger. Parmesan*

Zubereitungszeit: etwa 30 Minuten

1. Zwiebel und Knoblauch abziehen. Beides fein würfeln. Möhren putzen, schälen, abspülen und abtropfen lassen. Möhren in Scheiben schneiden. Staudensellerie putzen, abspülen, abtropfen lassen und in Scheiben schneiden. Das Selleriegrün abspülen, trocken tupfen, fein hacken und zum Garnieren beiseitelegen.

2. Das Öl in einem kleinen Topf erhitzen. Zwiebel- und Knoblauchwürfel darin bei mittlerer Hitze unter gelegentlichem Rühren in etwa 2 Minuten andünsten. Möhren- und Selleriescheiben hinzufügen und ebenso in etwa 2 Minuten unter gelegentlichem Rühren andünsten.

3. Hirse und Gemüsebrühe hinzugeben. Die Zutaten umrühren und zum Kochen bringen. Hirse-Gemüse zugedeckt bei schwacher bis mittlerer Hitze etwa 10 Minuten köcheln lassen. Anschließend die Hitze reduzieren und das Hirse-Gemüse in weiteren etwa 10 Minuten gar ziehen lassen, dabei ab und zu umrühren.

4. Das Hirse-Gemüse mit Zitronensaft, Salz, Pfeffer und Garam Masala abschmecken. Das Hirse-Gemüse mit Parmesan und beiseitegelegtem Selleriegrün bestreuen und servieren.

Hirse-Gemüse-Pfanne I

Sattmacher

2–3 Portionen

VEGAN

Pro Portion: E: 10 g, F: 13 g, Kh: 38 g, kJ: 1291, kcal: 309, BE: 2,5

600 ml Gemüsebrühe
100 g Hirse
3 Möhren (etwa 250 g)
1 Stück Knollensellerie (etwa 250 g)
3 Tomaten (etwa 300 g)
2 Stangen Porree (Lauch, etwa 300 g)
2 EL vegane Margarine oder Speiseöl
evtl. 1 EL Hefeflocken (aus dem Reformhaus oder Naturkostladen)
2 EL klein geschnittene, gemischte Kräuter (z. B. Petersilie, Schnittlauch, Kresse)

Zubereitungszeit: etwa 50 Minuten

1. Die Gemüsebrühe in einem Topf zum Kochen bringen. Hirse in die kochende Brühe geben und zugedeckt etwa 15 Minuten bei schwacher Hitze ausquellen lassen, dabei die Packungsanleitung beachten.

2. In der Zwischenzeit die Möhren putzen, schälen, abspülen, abtropfen lassen und in dünne Scheiben schneiden. Sellerie putzen, schälen, abspülen, abtropfen lassen und in kleine Würfel schneiden.

3. Die Tomaten kreuzweise einschneiden und mit kochendem Wasser übergießen. Nach 1–2 Minuten herausnehmen und mit kaltem Wasser abschrecken. Tomaten häuten, halbieren und die Stängelansätze herausschneiden. Tomaten entkernen und in Spalten schneiden. Porree putzen, die Stangen längs halbieren, gründlich waschen, abtropfen lassen und in feine Streifen schneiden.

4. Margarine oder Speiseöl in einer großen Pfanne erhitzen. Möhrenscheiben, Selleriewürfel und Porreestreifen darin etwa 5 Minuten unter gelegentlichem Rühren andünsten. Dann das angedünstete Gemüse mit den Tomatenspalten zur Hirse geben, untermischen und in weiteren etwa 5 Minuten fertig garen. Hefeflocken und Kräuter unterrühren.

Tipp: Die Hirse-Gemüse-Pfanne zusätzlich mit etwas Kresse servieren.

Hirsemüsli | Zum Frühstück

1 Portion

Pro Portion: E: 10 g, F: 4 g, Kh: 48 g, kJ: 1180, kcal: 282, BE: 4,0

40 g Hirse
1/2 Pck. Dr. Oetker Bourbon-Vanille-Zucker
125 ml Wasser
100 g Himbeeren oder Erdbeeren
1/2 Banane (etwa 80 g)
100 g Sojajoghurt
1–2 TL Zitronensaft

Zubereitungszeit: etwa 10 Minuten
Garzeit: etwa 35 Minuten

1. Die Hirse mit Vanille-Zucker und Wasser in einem Topf zum Kochen bringen. Die Hirse zugedeckt etwa 35 Minuten bei schwacher Hitze quellen lassen, dabei die Packungsanleitung beachten. Dann die Hirse etwas abkühlen lassen.

2. Himbeeren verlesen, evtl. kurz abspülen und gut trocken tupfen. Oder Erdbeeren putzen, kurz abspülen, gut trocken tupfen, entstielen und halbieren.

3. Die Banane schälen und in Scheiben schneiden. Sojajoghurt, die vorbereiteten Beeren und Bananenscheiben unter die Hirsemasse heben und mit etwas Zitronensaft abschmecken.

Tipp: Das Müsli zusätzlich mit küchenfertigen Minze- oder Zitronenmelisseblättchen garnieren.

Hot-Chicken-Pizza I

Für die Party

8 Portionen

Pro Portion: E: 52 g, F: 24 g, Kh: 72 g, kJ: 3036, kcal: 724, BE: 6,0

1 kg	Hähnchenbrustfilet
3 EL	Speiseöl (z. B. Olivenöl)
	Salz
	gem. Pfeffer
2 Pck.	Pizzateig (aus dem Kühlregal, je 400 g) mit Tomatensauce (je 200 g)
500 ml	Hot Chili Sauce
570 g	abgetropfter Gemüsemais (aus Dosen)
135 g	abgetropfte Peperoni (aus dem Glas)
etwa 340 g	ger. Pizzakäse

Außerdem:

2	Backbleche
	Backpapier

Zubereitungszeit: etwa 30 Minuten
Backzeit: 10–12 Minuten je Backblech

1. Hähnchenbrustfilet unter fließendem kalten Wasser abspülen, trocken tupfen und in Würfel schneiden. Öl portionsweise in einer großen Pfanne erhitzen. Die Hähnchenwürfel darin portionsweise unter Wenden bei mittlerer bis großer Hitze kräftig anbraten, mit Salz und Pfeffer würzen und herausnehmen.

2. Die Backbleche fetten und mit Backpapier belegen. Den Backofen vorheizen.
Ober-/Unterhitze: etwa 220 °C
Heißluft: etwa 200 °C

3. Die Pizzateige auf den Backblechen ausrollen.

4. Die Tomatensaucen (aus der Packung) mit der Chili Sauce in einer Schüssel mischen. Je die Hälfte der Sauce auf je einen Teig streichen. Hähnchenfleisch, Mais und Peperoni darauf verteilen und mit dem Käse bestreuen. Die Backbleche nacheinander (bei Heißluft zusammen) in den vorgeheizten Backofen schieben. Die Pizza nach Packungsanleitung **10–12 Minuten je Backblech backen.**

Tipp: Ist nur 1 Backblech vorhanden, die 2. Pizza auf einem Bogen Backpapier vorbereiten. Die 1. gebackene Pizza mit dem Backpapier vom Blech ziehen und die 2. zum Backen auf das Backblech ziehen.

Ipanema | Alkoholfrei

1 Portion

Pro Portion: E: 0 g, F: 1 g, Kh: 31 g, kJ: 625, kcal: 150, BE: 2,5

1	*Bio-Limette (unbehandelt, ungewachst)*
2 cl	*Lime Juice*
2 TL	*brauner Zucker (Rohrzucker)*
etwas	*Crushed Ice oder grob zerstoßenes Eis*
etwa 150 ml	*Ginger Ale*
einige	*frische Minzeblättchen*
evtl. 1	*Trinkhalm*

Zubereitungszeit: etwa 5 Minuten

1. Die Limette heiß abwaschen, abtrocknen und in Achtel schneiden. Die Limettenachtel in ein Glas geben, Lime Juice hinzugeben.

2. Die Limettenstücke mit einem Stößel zerdrücken und den braunen Zucker daraufstreuen.

3. Eis hinzugeben. Das Glas mit gekühltem Ginger Ale auffüllen und umrühren.

4. Den Drink mit abgespülten und trocken getupften Minzeblättchen garnieren. Nach Belieben mit einem Trinkhalm servieren.

Italienische Frikadellen I

Der Klassiker, mal mit Rucola und Zucchini

2 Portionen

Pro Portion: E: 36 g, F: 34 g, Kh: 8 g, kJ: 2013, kcal: 481, BE: 0,5

1 kleine Zwiebel
1 Knoblauchzehe
1 ½ EL Speiseöl (z. B. Sonnenblumenöl)
50 g Rucola (Rauke)
1 Zucchini (etwa 200 g)
300 g Gehacktes (halb Rind-, halb Schweinefleisch)
1 ½ EL TK-Italienische Kräuter (ersatzweise ½–¾ TL getrocknete italienische Kräuter)
1 EL Semmelbrösel
1 Ei (Größe S)
Salz, gem. Pfeffer

Zubereitungszeit: etwa 25 Minuten

1. Zwiebel und Knoblauch abziehen und fein würfeln.

2. In einer großen Pfanne ½ Esslöffel Öl erhitzen. Die Zwiebel- und Knoblauchwürfel darin unter Rühren in etwa 2 Minuten glasig dünsten. Anschließend auf Küchenpapier abtropfen und etwas abkühlen lassen.

3. In der Zwischenzeit Rucola verlesen und dicke Stängel abschneiden. Rucola abspülen, gut abtropfen lassen oder trocken schleudern. Rucola fein hacken. Zucchini abspülen, abtrocknen und die Enden abschneiden. Die Zucchini grob raspeln.

4. Das Gehackte in eine Schüssel geben. Zwiebel-Knoblauch-Masse, Rucola, Zucchiniraspel, Kräuter, Semmelbrösel und das Ei hinzufügen. Die Zutaten gut vermengen, mit Salz und Pfeffer kräftig würzen.

5. Aus der Fleischmasse mit angefeuchteten Händen 6 Bällchen formen und etwas flach drücken.

6. Das restliche Öl in der Pfanne erhitzen. Die Frikadellen darin von beiden Seiten bei mittlerer bis starker Hitze in etwa 10 Minuten braun und gar braten. Die Frikadellen warm oder kalt servieren.

Dazu passt: Rucola-Tomaten-Salat. Hierfür etwa 75 g Rucola (Rauke) verlesen, abspülen, abtrocknen oder trocken schleudern und evtl. etwas kleiner zupfen. 1 große Tomate abspülen, abtrocknen, in Spalten schneiden und dabei den Stängelansatz herausschneiden. Die Tomatenspalten evtl. quer halbieren. Rucola mit Tomaten und einer Salatmarinade (aus etwa 1 Esslöffel Essig, 2–2 ½ Esslöffeln Speiseöl, Salz, Pfeffer, Zucker und nach Belieben etwas Senf) vorsichtig vermischen.

Jägermeister-Energy | (im Foto hinten)

Das Wahlgetränk für Nachtaktive – mit Alkohol

1 Glas

Pro Glas: E: 0 g, F: 0 g, Kh: 26 g, kJ: 712, kcal: 170, BE: 2,0

einige Eiswürfel
3 cl Jägermeister
2 cl Zitronensaft
etwa 200 ml Energy Drink

Nach Belieben:

1 Scheibe von
1 Bio-Zitrone (unbehandelt, ungewachst)

Zubereitungszeit: 2–3 Minuten

1. Ein Longdrinkglas zur Hälfte mit Eiswürfeln füllen. Jägermeister und Zitronensaft dazugeben und gut umrühren.

2. Den Energy Drink hinzugießen. Nach Belieben den Drink mit 1 Zitronenscheibe garnieren und servieren.

Jägermeister-O | (im Foto vorn)

Mit Alkohol – klassisch

1 Glas

Pro Glas: E: 1 g, F: 0 g, Kh: 15 g, kJ: 636, kcal: 152, BE: 1,5

einige Eiswürfel
4 cl Jägermeister
12 cl Orangensaft

Nach Belieben:

1 Scheibe von
1 Bio-Orange (unbehandelt, ungewachst)
1 Holzspießchen

Zubereitungszeit: etwa 3 Minuten

1. Ein Longdrinkglas zur Hälfte mit Eiswürfeln füllen. Jägermeister und Orangensaft darübergießen und umrühren.

2. Nach Belieben die Orangenscheibe auf das Holzspießchen stecken, den Drink damit garnieren und servieren.

Jägerschnitzel nach sächsischer Art mit Spaghetti I

Ganz simpel, preiswert – schnell

4–6 Portionen

Pro Portion: E: 33 g, F: 37 g, Kh: 67 g, kJ: 3059, kcal: 732, BE: 5,5

4 l Wasser
4 gestr. TL Salz
400 g Spaghetti
500 g Jagdwurst (am Stück)
40 g Weizenmehl
2 Eier (Größe M)
etwa 50 g Semmelbrösel
50 g Margarine oder
4–5 EL Speiseöl
30 g Butter
100 g ger. Emmentaler oder Gouda

Zubereitungszeit: etwa 30 Minuten

1. Wasser in einem großen Topf zugedeckt zum Kochen bringen. Salz und Spaghetti zugeben. Die Nudeln nach Packungsanleitung ohne Deckel bei mittlerer Hitze bissfest gar kochen, dabei gelegentlich umrühren. Anschließend die Nudeln in ein Sieb geben, abtropfen lassen und warm halten.

2. Inzwischen für die Jägerschnitzel die Pelle von der Wurst abziehen und die Wurst in 1–1 ½ cm dicke Scheiben schneiden. Das Mehl in einen flachen Teller geben. Die Eier in einem tiefen Teller mit einer Gabel verschlagen. Die Semmelbrösel ebenfalls in einen flachen Teller geben.

3. Die Wurstscheiben zunächst in Mehl, dann in dem verschlagenen Ei und zuletzt in Semmelbröseln wenden. Die Semmelbrösel gut andrücken, nicht anhaftende Semmelbrösel leicht abschütteln.

4. Margarine oder Speiseöl in einer großen Pfanne erhitzen. Die panierten Wurstscheiben darin bei mittlerer Hitze von jeder Seite goldbraun braten. Dann die Jägerschnitzel aus der Pfanne nehmen, warm stellen und die Butter in dem verbliebenen Bratfett zerlassen.

5. Spaghetti mit der zerlassenen Butter vermischen, mit Käse bestreuen und mit den Jägerschnitzeln servieren.

Kartoffel-Bohnen-Topf mit Seitan | Sattmacher

VEGAN

4 Portionen

Pro Portion: E: 20 g, F: 6 g, Kh: 36 g, kJ: 1222, kcal: 290, BE: 3,0

750 g	*festkochende Kartoffeln*
3	*Zwiebeln (etwa 150 g)*
1	*Knoblauchzehe*
2 EL	*Speiseöl (z. B. Rapsöl)*
1 1/2 EL	*Tomatenmark*
1 TL	*Paprikapulver rosenscharf*
1 TL	*Kümmelsamen*
etwa 300 ml	*Gemüsebrühe*
	Salz, gem. Pfeffer
250 g	*abgetropfter Seitan*
450 g	*TK-Brechbohnen*
2 EL	*fein geschnittene, glatte Petersilie*

Zubereitungszeit: etwa 45 Minuten

1. Kartoffeln schälen, abspülen und in mundgerechte Stücke schneiden. Zwiebeln und Knoblauch abziehen und fein würfeln.

2. Rapsöl in einer möglichst beschichteten, großen Pfanne mit hohem Rand erhitzen. Zwiebel- und Knoblauchwürfel darin goldbraun andünsten. Die Kartoffelstücke hinzufügen und unter gelegentlichem Rühren einige Minuten mit andünsten. Dann Tomatenmark, Paprikapulver und Kümmel unterrühren.

3. Gemüsebrühe hinzugießen, mit Salz und Pfeffer würzen, das Ganze aufkochen lassen. Kartoffeltopf zugedeckt bei mittlerer Hitze etwa 10 Minuten garen.

4. Inzwischen Seitan in etwa 2 cm große Würfel schneiden, mit den TK-Bohnen zum Kartoffeltopf geben und unterrühren. Evtl. zusätzlich etwa 50 ml Gemüsebrühe hinzugießen. Den Kartoffeltopf zugedeckt weitere etwa 10 Minuten köcheln lassen, dabei ab und zu umrühren.

5. Kartoffel-Bohnen-Topf nochmals mit den Gewürzen abschmecken und mit Petersilie bestreut servieren.

Rezeptvariante: Für einen etwas preiswerteren Kartoffel-Bohnen-Topf mit Zucchini statt mit Seitan 300 g Zucchini abspülen, abtrocknen und die Enden abschneiden. Die Zucchini in mundgerechte Stücke schneiden, mit den Bohnen zum Kartoffeltopf geben und mitköcheln lassen.

Kartoffeln in Béchamelsauce I

Fürs Monatsende

2 Portionen

Pro Portion: E: 8 g, F: 21 g, Kh: 35 g, kJ: 1552, kcal: 370, BE: 3,0

375–500 g Kartoffeln (festkochend oder vorwiegend festkochend)
1/2 gestr. TL Salz

Für die Sauce:

1 kleine Zwiebel
1–1 1/2 EL Butter oder Margarine
20 g gewürfelter, roher Schinken
10 g Weizenmehl
60–70 ml kalte Brühe (z. B. Gemüsebrühe)
125 ml Milch (3,5 % Fett) oder 125 g Schlagsahne
Salz
gem. Pfeffer
evtl. ger. Muskatnuss

Zubereitungszeit: etwa 25 Minuten
Garzeit: 20–30 Minuten

1. Die Kartoffeln schälen, abspülen und abtropfen lassen. Größere Kartoffeln ein- oder zweimal durchschneiden, in einen Topf geben und so viel Wasser hinzugießen, dass die Kartoffeln knapp bedeckt sind. Die Kartoffeln zugedeckt zum Kochen bringen. Salz hinzufügen und die Kartoffeln in 15–20 Minuten gar kochen lassen.

2. Für die Sauce die Zwiebel abziehen und fein würfeln. Butter oder Margarine in dem Topf bei mittlerer Hitze zerlassen. Die Zwiebelwürfel darin etwa 2 Minuten andünsten. Die Schinkenwürfel unterrühren.

3. Das Mehl hinzugeben und mit einem Schneebesen unterrühren. Das Mehl so lange unter Rühren erhitzen, bis es hellgelb ist.

4. Nach und nach die kalte Brühe und die Milch oder Sahne hinzugießen, mit einem Schneebesen durchschlagen. Darauf achten, dass keine Klümpchen entstehen. Die Sauce unter Rühren aufkochen lassen.

5. Die Sauce bei schwacher Hitze etwa 5 Minuten im offenen Topf leicht kochen lassen, dabei die Sauce gelegentlich umrühren. Die Sauce mit Salz, Pfeffer und evtl. Muskatnuss abschmecken.

6. Die garen Kartoffeln abgießen. Die Kartoffeln im offenen Topf unter leichtem Schütteln abdämpfen und mit der Sauce servieren.

Tipps: Die Sauce passt außerdem gut zu gegartem Gemüse, wie z. B. Spargel, Möhren oder Kohlrabi.
Mit Sahne schmeckt die Sauce oft noch besser, hat allerdings auch mehr Kalorien als mit Milch zubereitet.
Zusätzlich 1–2 Esslöffel fein geschnittene Kräuter unter die Sauce rühren. Für eine vegetarische Variante die Schinkenwürfel einfach weglassen.

Kartoffel-Paprika-Pfanne I

Deftig

2 Portionen

Pro Portion: E: 8 g, F: 11 g, Kh: 59 g, kJ: 1552, kcal: 369, BE: 5,0

800 g	***kleine, festkochende Kartoffeln***
	Salz
300 g	***abgetropfte Tomatenpaprika (aus dem Glas)***
2 EL	***Olivenöl***
	gem. Pfeffer
	Knoblauchpulver
1 gestr. TL	***getrocknete, italienische Kräuter***

Zubereitungszeit: etwa 35 Minuten

1. Die Kartoffeln schälen, abspülen, abtropfen lassen und in dünne Scheiben schneiden. Kartoffelscheiben knapp mit Wasser bedeckt, zugedeckt zum Kochen bringen. Salz hinzufügen. Die Kartoffeln etwa 5 Minuten köcheln lassen, dann abgießen und gut abtropfen lassen.

2. In der Zwischenzeit Tomatenpaprika in schmale Streifen schneiden.

3. Das Olivenöl in einer großen Pfanne erhitzen. Die Kartoffelscheiben darin bei mittlerer bis starker Hitze in etwa 6 Minuten anbraten, dabei 3–4-mal wenden.

4. Paprikastreifen hinzufügen und vorsichtig untermischen. Die Kartoffel-Paprika-Pfanne mit Salz, Pfeffer, Knoblauch sowie italienischen Kräutern würzen und weitere etwa 2 Minuten garen, dabei gelegentlich umrühren. Die Kartoffel-Paprika-Pfanne sofort servieren.

Dazu passen: Spiegeleier.

Tipps: Beim Anbraten zerfallen die vorgegarten Kartoffelscheiben leicht. Deshalb möglichst selten wenden. Noch schneller geht es mit vorgegarten Kartoffeln vom Vortag. Kartoffeln in Scheiben schneiden und gleich in der Pfanne anbraten.

Kartoffelplätzchen mit Tomaten-Käse-Füllung I

Vegetarisch

2 Portionen (ergibt 8 Plätzchen)

Pro Portion: E: 12 g, F: 27 g, Kh: 44 g, kJ: 1994, kcal: 476, BE: 3,5

Für die Kartoffelplätzchen:

600 g mehligkochende Kartoffeln
Salz
1/2 Zwiebel
gem. Pfeffer
ger. Muskatnuss

Für die Füllung:

1 Knoblauchzehe
60 g abgetropfte, getrocknete Tomaten (in Öl eingelegt)
1/2 Bund glatte Petersilie
30 g geraspelter Emmentaler

4 EL Olivenöl

Zubereitungszeit: etwa 45 Minuten, ohne Abkühlzeit

1. Für die Kartoffelplätzchen Kartoffeln schälen, abspülen, mit Salz in einem großen Topf mit Wasser bedeckt zum Kochen bringen. Kartoffeln zugedeckt etwa 10 Minuten kochen. Dann abgießen, etwas abkühlen lassen und auf der Haushaltsreibe grob raspeln.

2. Zwiebel abziehen und fein würfeln. Zwiebelwürfel mit den geraspelten Kartoffeln vermengen. Kartoffelmasse mit Salz, Pfeffer und Muskat würzen.

3. Für die Füllung Knoblauchzehe abziehen und durch eine Knoblauchpresse drücken oder ganz fein würfeln. Tomaten in kleine Würfel schneiden. Petersilie abspülen, trocken tupfen und die Blättchen von den Stängeln zupfen. Blättchen fein schneiden. Petersilie, Knoblauch und Tomatenwürfel mit dem Käse vermengen.

4. Aus dem Kartoffelteig eine Rolle formen und die Rolle in 16 gleich große Stücke teilen. Die einzelnen Stücke etwas flach drücken. 1 Teigplatte mit 2 Teelöffeln von der Füllung belegen, eine zweite Platte darauflegen und diese etwas andrücken. Die gefüllten Teigplatten zu runden Plätzchen formen.

5. Das Olivenöl in einer großen Pfanne erhitzen. Die Kartoffelplätzchen darin von jeder Seite 5–6 Minuten knusprig braun braten.

Dazu passen: Erbsen in Parmesansauce (für 2 Portionen, im Foto hinten). Hierfür 1/2 Zwiebel und 1 Knoblauchzehe abziehen, beides fein würfeln. Die Zwiebel- und Knoblauchwürfel in 1/2 Esslöffel zerlassener Butter glasig dünsten. Dann 300 g TK-Erbsen hinzugeben, kurz mitdünsten. 125 g Schlagsahne hinzugießen, aufkochen lassen, mit Salz und Pfeffer würzen. Erbsen zugedeckt bei schwacher Hitze etwa 10 Minuten garen, dabei ab und zu umrühren. Zum Schluss 50 g geriebenen Parmesan unterrühren.

Rezeptvariante: Kartoffelplätzchen mit Kräuterfüllung. Dazu statt der Tomaten je 1 Bund Petersilie und Schnittlauch abspülen, trocken tupfen. Die Blättchen von den Petersilienstängeln zupfen und Blättchen fein schneiden. Schnittlauch in feine Röllchen schneiden. Kräuter mit Knoblauch und Käse vermengen, die Kartoffelplätzchen wie im Rezept beschrieben füllen und braten.

Kartoffel-Ragout I

Nach griechischer Art

1 Portion

Pro Portion: E: 23 g, F: 11 g, Kh: 51 g, kJ: 1704, kcal: 408, BE: 3,5

1	*Zwiebel*
1	*kleine Knoblauchzehe*
250 g	*festkochende Kartoffeln*
1 TL	*Olivenöl*
1 kleiner Stängel	*Rosmarin (ersatzweise 1 TL gerebelter Rosmarin)*
1 kleines Stück	*Bio-Zitronenschale*
75 ml	*Gemüsebrühe*
1	*kleine, rote Paprikaschote (etwa 180 g)*
250 g	*Zucchini*
	Salz
	gem. Pfeffer
50–75 g	*Schafskäse (9 % Fett)*

Außerdem:

1	*kleine Auflaufform*

Zubereitungszeit: etwa 20 Minuten
Überbackzeit: 8–10 Minuten

1. Zwiebel und Knoblauch abziehen. Beides in kleine Würfel schneiden. Kartoffeln schälen, abspülen, abtropfen lassen und in etwa ½ cm dicke Scheiben schneiden.

2. Olivenöl in einem Topf erhitzen, die Zwiebel- und Knoblauchwürfel darin andünsten. Kartoffelscheiben hinzugeben und etwa 2 Minuten unter Wenden mit anbraten. Rosmarin abspülen, trocken tupfen und mit der vorbereiteten Zitronenschale zu den Kartoffeln geben. Brühe hinzugießen und zum Kochen bringen. Die Kartoffeln zugedeckt bei schwacher Hitze etwa 2 Minuten kochen lassen.

3. In der Zwischenzeit die Paprikaschote halbieren, entstielen, entkernen und die weißen Scheidewände entfernen. Schotenhälften abspülen, abtropfen lassen und in grobe Stücke schneiden. Zucchini abspülen, abtrocknen und die Enden abschneiden. Zucchini evtl. längs halbieren und in etwa ½ cm dicke Scheiben schneiden.

4. Paprika und Zucchini zu den Kartoffeln geben, wieder zum Kochen bringen und zugedeckt weitere etwa 6 Minuten unter gelegentlichem Rühren dünsten.

5. Den Backofen vorheizen.
Ober-/Unterhitze: etwa 220 °C
Heißluft: etwa 200 °C

6. Die Auflaufform fetten. Das gedünstete Gemüse mit den Kartoffeln und der Brühe in die Form geben. Zitronenschale und Rosmarinstängel nach Belieben entfernen. Gemüse und Kartoffeln mit Salz und Pfeffer würzen. Schafskäse fein zerbröseln und daraufstreuen.

7. Die Form auf dem Rost in den vorgeheizten Backofen schieben. Ragout **8–10 Minuten überbacken.**

Tipps: Bereichern Sie das Ragout einfach mit fertig gekauften Frikadellen (aus dem Kühlregal), die in der Form miterhitzt werden können. Eine zusätzliche goldbraune Kruste aus geriebenem Gouda macht das Gericht auch noch attraktiver.

Kartoffelrösti I

Ganz simpel – vegetarisch

18 Stück

Pro Stück: E: 7 g, F: 8 g, Kh: 9 g, kJ: 558, kcal: 133, BE: 0,5

18 runde TK-Kartoffelrösti
18 Scheiben Käse mit Knoblauch
18 Cocktailtomaten
4 mittelgroße Möhren (etwa 400 g)
Salz
einige Stängel Basilikum
½ Bund Schnittlauch
evtl. gem. Pfeffer

Außerdem:

2 Backbleche
Backpapier

Zubereitungszeit: etwa 30 Minuten
Backzeit: 16–18 Minuten je Backblech

1. Die Backbleche mit Backpapier belegen. Den Backofen vorheizen.
Ober-/Unterhitze: etwa 220 °C
Heißluft: etwa 200 °C

2. Kartoffelrösti aus der Packung nehmen und auf den Backblechen verteilen. Die Backbleche nacheinander (bei Heißluft zusammen) in den vorgeheizten Backofen schieben. Kartoffelrösti **etwa 8 Minuten je Backblech backen.**

3. In der Zwischenzeit Käsescheiben diagonal halbieren. Tomaten abspülen, abtrocknen, halbieren und die Stängelansätze nach Belieben herausschneiden. Die Möhren putzen, schälen, abspülen und abtropfen lassen. Möhren in dünne Scheiben schneiden. Salzwasser in einem Topf zum Kochen bringen. Die Möhrenscheiben darin etwa 3 Minuten garen, herausnehmen und in einem Sieb abtropfen lassen.

4. Die Kartoffelrösti auf den Backblechen wenden, mit Tomatenhälften, Möhrenscheiben und Käsedreiecken belegen. Die Backbleche wieder nacheinander (bei Heißluft zusammen) in den heißen Backofen schieben. Die Kartoffelrösti **bei gleicher Backofeneinstellung weitere 8–10 Minuten backen,** bis der Käse zerlaufen ist.

5. Basilikum und Schnittlauch abspülen und trocken tupfen. Die Blättchen von den Basilikumstängeln zupfen. Den Schnittlauch in feine Röllchen schneiden. Die Rösti nach Belieben mit Pfeffer bestreuen und mit den Kräutern garnieren.

Dazu passt: Grüner Salat, Feld- oder Möhrensalat.

Tipps: Für kleinere Mengen lassen sich die Kartoffelrösti prima einzeln aus der Verpackung nehmen und backen. Den Rest wieder einfrieren.

Kartoffelsalat, schneller

... aus übrig gebliebenen Pellkartoffeln

2 Portionen

Pro Portion: E: 15 g, F: 41 g, Kh: 32 g, kJ: 2390, kcal: 567, BE: 2,5

375 g gegarte Pellkartoffeln
2 abgetropfte Gewürzgurken (aus dem Glas)
200 g fertiger Fleischsalat (aus dem Kühlregal)
etwas Gurkenflüssigkeit (von den Gurken)
Salz, gem. Pfeffer
Zucker
2 hart gekochte Eier

Zubereitungszeit: etwa 15 Minuten, ohne Durchziehzeit

1. Kartoffeln pellen, in Würfel schneiden und in eine große Schüssel geben. Gurken in dünne Scheiben schneiden und zu den Kartoffelwürfeln geben.

2. Fleischsalat mit etwas Gurkenflüssigkeit verrühren und untermischen. Den Kartoffelsalat mit Salz, Pfeffer und 1 Prise Zucker abschmecken.

3. Die Eier pellen und in Achtel schneiden. Einige Eierachtel zum Garnieren beiseitelegen. Die restlichen Eierachtel vorsichtig unter den Salat heben. Den Salat zugedeckt im Kühlschrank etwas durchziehen lassen.

4. Den Salat evtl. nochmals mit Salz, Pfeffer, Zucker und etwas Gurkenflüssigkeit abschmecken. Dann den Kartoffelsalat mit den beiseitegelegten Eierachteln garnieren und genießen.

Dazu passen: Wiener Würstchen oder Bratwürstchen.

Kartoffel-Spinat-Gratin I

Vegetarisch – dauert etwas länger

4 Portionen

Pro Portion: E: 14 g, F: 8 g, Kh: 34 g, kJ: 1149, kcal: 274, BE: 3,0

450 g TK-Blattspinat
1 kg festkochende Kartoffeln
Salz, gem. Pfeffer
ger. Muskatnuss
125 ml Milch (3,5 % Fett)
125 ml Gemüsebrühe
125 g abgetropfter Mozzarella
2 EL Schnittlauchröllchen

Außerdem:

1 große Auflaufform

Zubereitungszeit: etwa 30 Minuten, ohne Auftauzeit
Garzeit: etwa 50 Minuten

1. Blattspinat nach Packungsanleitung auftauen lassen.

2. Den Backofen vorheizen.
Ober-/Unterhitze: etwa 200 °C
Heißluft: etwa 180 °C

3. Die Auflaufform fetten. Kartoffeln schälen, abspülen, abtropfen lassen, in feine Scheiben schneiden, dachziegelartig in die Auflaufform schichten. Spinat leicht ausdrücken, mit Salz, Pfeffer und Muskat würzen, dazwischen verteilen.

4. Milch mit Brühe erhitzen, mit Salz, Pfeffer und Muskat würzen. Kartoffeln und Spinat damit übergießen. Die Form auf dem Rost in den vorgeheizten Backofen schieben. Das Kartoffel-Spinat-Gratin **etwa 25 Minuten garen.**

5. Mozzarella klein würfeln mit den Schnittlauchröllchen auf dem Gratin verteilen. Gratin **weitere etwa 25 Minuten garen**.

Kartoffel-Tofu-Topf | Deftig

4 Portionen

VEGAN

Pro Portion: E: 30 g, F: 14 g, Kh: 37 g, kJ: 1679, kcal: 400, BE: 3,0

2 rote Zwiebeln
1 große, gelbe Paprikaschote
800 g festkochende Kartoffeln
600 g Tofu (aus dem Kühlregal)
2 EL Olivenöl
2 EL Tomatenmark
1 EL Paprikapulver edelsüß
1 TL Kümmelsamen
1,2 l Gemüsebrühe
Salz, gem. Pfeffer
1 Bio-Zitrone (unbehandelt, ungewachst)
2 Knoblauchzehen
1 Bund Petersilie

Zubereitungszeit: etwa 45 Minuten
Garzeit: etwa 20 Minuten

1. Zwiebeln abziehen und in kleine Würfel schneiden. Paprikaschote halbieren, entstielen, entkernen und die weißen Scheidewände entfernen. Schote abspülen, abtropfen lassen und würfeln. Die Kartoffeln schälen, abspülen, abtropfen lassen und in 2 cm große Würfel schneiden. Den Tofu in ebenfalls in etwa 2 cm große Würfel schneiden.

2. Olivenöl in einem Topf erhitzen. Zwiebel-, Paprika- und Kartoffelwürfel darin portionsweise andünsten. Tomatenmark, Paprika und Kümmel unterrühren. Die Gemüsebrühe hinzugießen, mit Salz und Pfeffer würzen. Das Ganze zugedeckt etwa 20 Minuten bei schwacher Hitze kochen lassen.

3. In der Zwischenzeit die Zitrone heiß abwaschen, abtrocknen und die Schale abreiben. Den Knoblauch abziehen und fein hacken. Petersilie abspülen und trocken tupfen. Die Blättchen von den Stängeln zupfen, Blättchen klein schneiden. Zitronenschale mit Knoblauch und Petersilie vermischen und zugedeckt beiseitestellen.

4. Nach etwa 20 Minuten Garzeit die Tofuwürfel zum Eintopf geben und miterhitzen. Den Eintopf mit Salz und Pfeffer abschmecken. Den Kartoffel-Tofu-Topf mit der beiseitegestellten Kräutermischung bestreuen oder die Kräutermischung dazureichen.

Tipp: Achten Sie beim Tofukauf darauf, festen Tofu zu wählen. Bei der Zubereitung mit Seidentofu zerfällt dieser. Geschmacklich ist er jedoch ebenso gut.

Kartoffel-Zwiebel-Spieße vom Grill | Fürs Monatsende

8 Stück

Pro Stück: E: 5 g, F: 9 g, Kh: 14 g, kJ: 665, kcal: 159, BE: 1,0

800 g kleine, festkochende Kartoffeln (etwa 24 Stück)
150 g durchwachsener Speck in dünnen Scheiben (Bacon)
4 Frühlingszwiebeln
6 EL Olivenöl
1 TL gerebelter Rosmarin
½ TL Salz
evtl. 1 TL Kümmelsamen

Außerdem:

8 Grillspieße (z. B. Bambusspieße etwa 25 cm, über Nacht in Wasser eingelegt, oder Metallspieße)
Rost

Zubereitungszeit: etwa 30 Minuten, ohne Abkühlzeit
Grillzeit: etwa 8 Minuten

1. Die Kartoffeln waschen, evtl. abbürsten. Kartoffeln mit Schale in einem Topf mit Wasser zum Kochen bringen und zugedeckt etwa 10 Minuten kochen, dann abgießen. Die Kartoffeln abkühlen lassen und halbieren.

2. Den Speck quer halbieren und aufrollen. Die Frühlingszwiebeln putzen, abspülen und abtropfen lassen. Das Frühlingszwiebelgrün bis auf etwa 15 cm abschneiden. Frühlingszwiebeln in je 4 Stücke schneiden und anschließend Kartoffelstücke, Speckröllchen und Frühlingszwiebeln abwechselnd auf die Spieße stecken.

3. Den Rost fetten. Vorbereitete Spieße mit Öl bestreichen und auf den Grillrost des heißen Grills legen. Unter Wenden die Spieße **etwa 8 Minuten grillen,** zwischendurch mit Öl bestreichen.

4. Kurz vor Ende der Grillzeit das restliche Öl mit Rosmarin, Salz und Kümmelsamen verrühren und die Spieße damit bestreichen.

Dazu passt: Zaziki oder Kräuterquark.

Tipp: Vegetarier lassen den Speck einfach weg oder nehmen Stücke von einer roten Paprikaschote.

Käsebrot aus dem Ofen I

Schnell – mit Alkohol

2 Portionen

Pro Portion: E: 25 g, F: 23 g, Kh: 42 g, kJ: 2038, kcal: 487, BE: 3,5

125 g Gruyère (Bergkäse oder mittelalter Gouda am Stück)
1 Ei (Größe M)
1 EL trockener Weißwein oder Gemüsebrühe
½ Knoblauchzehe
ger. Muskatnuss
gem. Pfeffer
4 Scheiben Bauernbrot
evtl. Paprikapulver edelsüß oder rosenscharf
evtl. abgespülte, trocken getupfte Schnittlauchhalme

Außerdem:

1 Rost oder Backblech
Backpapier

Zubereitungszeit: etwa 20 Minuten
Überbackzeit: etwa 7 Minuten

1. Den Backofen vorheizen.
Ober-/Unterhitze: etwa 220 °C
Heißluft: etwa 200 °C

2. Den Käse fein in eine Schüssel reiben. Ei, Wein oder Gemüsebrühe hinzufügen. Die Zutaten gut verrühren. Knoblauch abziehen, durch eine Knoblauchpresse dazudrücken oder fein hacken und hinzufügen. Die Käsemasse mit Muskatnuss und Pfeffer würzen.

3. Backofenrost oder Backblech mit Backpapier belegen. Die Bauernbrotscheiben dick mit der Käsemasse bestreichen und auf den Rost oder das Backblech legen. Den Rost oder das Blech auf mittlerer Einschubleiste in den vorgeheizten Backofen schieben. Die Brote **etwa 7 Minuten überbacken.**

4. Die Käsebrote nach Belieben mit etwas Paprika bestäuben, mit Schnittlauchhalmen garnieren und anschließend sofort genießen.

Käse-Muffins | Transportgeeignet

12 Stück

Pro Stück: E: 9 g, F: 13 g, Kh: 16 g, kJ: 927, kcal: 221, BE: 1,5

Für den All-in-Teig:

250 g Weizenmehl
3 gestr. TL Dr. Oetker Backin
½ TL Salz
3 Eier (Größe M)
125 ml Buttermilch
75 ml Olivenöl
1 TL Paprikapulver edelsüß
200 g ger. Emmentaler

Außerdem:

1 Muffinform für 12 Muffins
Mixer mit Rührstäben

Zubereitungszeit: etwa 15 Minuten, ohne Abkühlzeit
Backzeit: etwa 25 Minuten

1. Die Mulden der Muffinform fetten und mehlen. Den Backofen vorheizen.
Ober-/Unterhitze: etwa 200 °C
Heißluft: etwa 180 °C

2. Für den Teig das Mehl mit Backpulver in einer Rührschüssel mischen. Salz, Eier, Buttermilch und Öl hinzufügen. Die Zutaten mit dem Mixer (Rührstäbe) in etwa 1 Minute zu einem glatten Teig verarbeiten. Paprikapulver und Käse hinzufügen und sorgfältig unterrühren.

3. Den Teig mit einem Löffel in den Mulden der Muffinform verteilen. Die Form auf dem Rost auf mittlerer Einschubleiste in den vorgeheizten Backofen schieben. Die Muffins **etwa 25 Minuten backen.**

4. Die Form etwa 5 Minuten auf einem Rost abkühlen lassen. Dann die Muffins aus der Form lösen und auf einem mit Backpapier belegten Rost erkalten lassen oder lauwarm essen.

Dazu passen: Oliven.

Käse-Omeletts mit Sommergemüse I

Vegetarisch

2 Portionen

Pro Portion: E: 22 g, F: 35 g, Kh: 15 g, kJ: 1933, kcal: 462, BE: 1,0

Für das Sommergemüse:

200 g Möhren
100 g Zuckerschoten
2–3 Frühlingszwiebeln
1 EL Butter
2–3 EL Wasser
Salz
gem. Pfeffer

Für die Käse-Omeletts:

4 Eier (Größe M)
2 EL Wasser
20 g Butter
50 g ger. Gouda

Zubereitungszeit: etwa 40 Minuten

1. Für das Sommergemüse Möhren putzen, schälen, abspülen, abtropfen lassen und in Stifte schneiden. Von den Zuckerschoten die Enden abschneiden. Die Schoten abspülen und abtropfen lassen, je nach Größe halbieren. Die Frühlingszwiebeln putzen, abspülen, abtropfen lassen und in feine Scheiben schneiden.

2. Butter in einer Pfanne zerlassen. Möhrenstifte und Zuckerschoten darin etwa 5 Minuten andünsten, dabei gelegentlich umrühren. Frühlingszwiebelscheiben und Wasser hinzufügen. Gemüse weitere etwa 5 Minuten garen, mit Salz und Pfeffer abschmecken.

3. Für die Omeletts die Eier mit Salz und Wasser verschlagen. Die Hälfte der Butter in einer kleinen, beschichteten Pfanne zerlassen.

4. Die Hälfte von den verschlagenen Eiern in die Pfanne geben. Omelett zugedeckt etwa 5 Minuten bei mittlerer Hitze braten bzw. stocken lassen, bis die Unterseite goldbraun ist. Die Hälfte vom Käse daraufstreuen.

5. Omelett auf einen vorgewärmten Teller gleiten lassen. Die Hälfte vom Gemüse auf einer Omeletthälfte verteilen. Dann die andere Omeletthälfte daraufklappen und zugedeckt warm stellen.

6. Die restliche Butter in der Pfanne zerlassen, aus den restlichen verschlagenen Eiern das zweite Omelett zubereiten, mit dem restlichen Käse bestreuen und mit dem Gemüse füllen.

Tipps: Alternativ die Käse-Omeletts ungefüllt mit einem gemischten Blattsalat oder Tomatensalat servieren. Zum Warmhalten eignet sich der auf 60 °C–80 °C vorgeheizte Backofen. Wenn das Omelett lockerer sein soll, die Eier trennen: Eiweiß steif schlagen und unter die verschlagene Eigelbmasse heben.

Füllungsvarianten: Für eine Champignonfüllung 400 g Champignons putzen, mit Küchenpapier abreiben und in Scheiben schneiden. 1 Zwiebel abziehen und würfeln. 2 Esslöffel Sonnenblumenöl in einem Topf erhitzen. Zwiebelwürfel und Champignonscheiben zufügen, kurz anbraten, mit Salz und Pfeffer würzen und etwa 5 Minuten bei mittlerer Hitze braten, dabei gelegentlich umrühren. Wenn vorhanden, noch 1–2 Esslöffel Schmand oder Schlagsahne unterrühren. Oder die Omeletts mit 2 Tomaten und 125 g Mozzarella, jeweils in Scheiben geschnitten, füllen. Dazu jeweils auf eine Omeletthälfte die Hälfte der Käse- und Tomatenscheiben legen, mit Salz und Pfeffer bestreuen. Die Omeletts zusammenklappen und servieren.

Käse-Schinken-Hörnchen I

Für die Party

8 Stück

Pro Stück: E: 12 g, F: 12 g, Kh: 25 g, kJ: 1106, kcal: 264, BE: 2,0

Für den Quark-Öl-Teig:

250 g Weizenmehl
3 gestr. TL Dr. Oetker Backin
125 g Magerquark
50 ml Milch (1,5 % Fett)
50 ml Speiseöl (z. B. Sonnenblumenöl)
1 Eiweiß (Größe M)
1/2 gestr. TL Salz

Für die Füllung:

100 g Kochschinken in Scheiben
100 g ger. Gouda

Zum Bestreichen und Bestreuen:

1 Eigelb (Größe M)
1 EL Milch
grob gem. Pfeffer
Sesamsamen

Außerdem:

1 Backblech
Backpapier
Mixer mit Knethaken

Zubereitungszeit: etwa 30 Minuten
Backzeit: etwa 25 Minuten

1. Für den Teig das Mehl mit Backpulver in einer Rührschüssel mischen. Übrige Zutaten für den Teig hinzufügen und alles mit einem Mixer (Knethaken) erst kurz auf niedrigster, dann auf höchster Stufe zu einem glatten Teig verarbeiten (nicht zu lange kneten, Teig klebt sonst).

2. Die Arbeitsfläche leicht bemehlen. Den Quark-Öl-Teig darauf zu einer Kugel formen. Anschließend die Teigkugel auf der bemehlten Arbeitsfläche zu einem Kreis (Ø etwa 35 cm) ausrollen und in 8 „Tortenstücke" schneiden.

3. Das Backblech mit Backpapier belegen. Den Backofen vorheizen.
Ober-/Unterhitze: etwa 180 °C
Heißluft: etwa 160 °C

4. Schinken in kleine, feine Streifen scheiden und gleichmäßig auf den Teigstücken verteilen. Käse ebenfalls gleichmäßig daraufstreuen. Die Füllung leicht andrücken.

5. Die Teigstücke von der schmalen Seite aus zu Hörnchen aufrollen und auf das Backblech legen.

6. Das Eigelb mit Milch verrühren, die Hörnchen damit bestreichen und mit Pfeffer und Sesam bestreuen.

7. Das Backblech auf mittlerer Einschubleiste in den vorgeheizten Backofen schieben. Die Hörnchen **etwa 25 Minuten backen.**

Tipps: Grob gemahlener Pfeffer und Sesamsamen zum Bestreuen können ersatzlos weggelassen werden. Die Füllung lässt sich gut variieren. Für Vegetarier kann auf den Schinken verzichtet werden. Stattdessen können dann dünne Zucchini- und Paprikastreifen mit eingerollt werden. Schneller geht es z. B. mit fertigem Pizzateig aus dem Kühlregal.

Käsespätzle | Preiswerter Sattmacher

2 Portionen

Pro Portion: E: 33 g, F: 31 g, Kh: 95 g, kJ: 3325, kcal: 788, BE: 7,5

2 ½ l Wasser
2 ½ gestr. TL Salz
250 g getrocknete Spätzle
1 große Zwiebel
20 g Butter
100 g Käse (z. B. Emmentaler)
Salz
gem. Pfeffer
ger. Muskatnuss
1–2 Frühlingszwiebeln
2 EL Röstzwiebeln

Zubereitungszeit: etwa 30 Minuten

1. Das Wasser in einem großen Topf zugedeckt zum Kochen bringen. Dann Salz und Spätzle hinzufügen. Die Spätzle nach Packungsanleitung im geöffneten Topf bei mittlerer Hitze kochen, dabei gelegentlich umrühren. Anschließend die Spätzle in ein Sieb geben, mit heißem Wasser abspülen und abtropfen lassen.

2. Die Zwiebel abziehen, halbieren und in feine Würfel schneiden. Die Butter in einer Pfanne zerlassen. Die Zwiebelwürfel darin goldgelb braten.

3. Die Spätzle ebenfalls in die Pfanne geben, vorsichtig mit den Zwiebeln vermischen und kurz mitbraten. Etwas Wasser hinzugeben, Käse dazureiben und unterrühren. Käsespätzle mit Salz, Pfeffer und Muskat abschmecken.

4. Frühlingszwiebeln putzen, abspülen, abtropfen lassen und schräg in Scheiben schneiden. Käsespätzle auf Tellern anrichten, mit Röstzwiebeln und Frühlingszwiebelscheiben bestreuen.

Tipp: Lecker schmecken die Käsespätzle, wenn man zusammen mit den Zwiebeln Schinkenstreifen anbrät.

Käsetorte | Klassisch

12–14 Stücke

Pro Stück: E: 13 g, F: 16 g, Kh: 28 g, kJ: 1331, kcal: 318, BE: 2,5

200 g Butter (zimmerwarm)
250 g Zucker
1 Pck. Dr. Oetker Vanillin-Zucker
6 Eier (Größe M)
1 Bio-Zitrone (unbehandelt, ungewachst)
1 kg Magerquark
2 Pck. Dr. Oetker Pudding-Pulver Vanille-Geschmack
1 gestr. TL Dr. Oetker Backin

Außerdem:

1 Springform (Ø 26 cm)
1 EL Semmelbrösel zum Ausstreuen
Mixer mit Rührstäben

Zubereitungszeit: etwa 20 Minuten, ohne Abkühlzeit
Backzeit: etwa 60 Minuten

1. Die Springform fetten und mit Semmelbröseln ausstreuen.

2. Den Backofen vorheizen.
Ober-/Unterhitze: etwa 180 °C
Heißluft: etwa 160 °C

3. Die Butter mit Zucker und Vanillin-Zucker in einer großen Rührschüssel mit dem Mixer (Rührstäbe) aufschlagen, bis sich der Zucker aufgelöst hat und die Butter leicht weißlich wird. Nach und nach die Eier unterrühren (jedes Ei etwa ½ Minute).

4. Zitrone heiß abwaschen und abtrocknen. Schale abreiben und den Saft auspressen. Alles zusammen mit dem Quark zur Butter-Eier-Masse geben und verrühren. Pudding-Pulver mit Backpulver mischen, in die Masse geben und gut unterrühren.

5. Die Masse in die Form füllen und glatt streichen. Die Form im unteren Drittel auf dem Rost in den vorgeheizten Backofen schieben. Die Käsetorte **etwa 60 Minuten backen.**

6. Nach Beendigung der Backzeit den Backofen ausschalten und die Torte bei leicht geöffneter Ofentür darin stehen lassen – so reißt die Oberfläche kaum ein. Nach etwa 30 Minuten die Form aus dem Backofen nehmen und die Torte in der Form auf einem Rost erkalten lassen. Anschließend Springformrand lösen und entfernen.

Käse-Türmchen-Variationen

Für die Party

12 Portionen (36 Spießchen)

Pro Portion: E: 18 g, F: 32 g, Kh: 19 g, kJ: 1818, kcal: 434, BE: 1,5

Für 12 Leuchtturmspieße:

12 Mini-Käsebällchen (je 20 g)
24 kleine, runde Pumpernickelscheiben
12 TL Joghurt-Salatcreme
2 Kohlrabi
6 Cocktailtomaten

Für 24 Käsespießchen:

720 g Käse (am Stück, z. B. Gouda)
12 Scheiben Vollkornbrot (Schwarzbrot oder Pumpernickel, je etwa 20 g)
etwa 60 g Joghurt-Salatcreme
12 frische, kleine Obststücke (z. B. Weintrauben, Erdbeeren, Physalis)
12 entsteinte, abgetropfte Oliven

Außerdem:

36 kleine, dünne Spieße (z. B. Zahnstocher oder Party-Picker)

Zubereitungszeit: etwa 60 Minuten

1. Für die **Leuchtturmspieße** die Käsebällchen aus der Hülle schälen. Die Pumpernickelscheiben mit der Salatcreme bestreichen.

2. Kohlrabi putzen, schälen, abspülen, abtropfen lassen und in dünne Scheiben schneiden. Die Scheiben in Größe der Pumpernickel zuschneiden. Die Tomaten abspülen, abtrocknen, halbieren und die Stängelansätze herausschneiden.

3. Die Hälfte der Pumpernickelscheiben zuerst mit je 1 Kohlrabischeibe, dann mit jeweils 1 Mini-Käse belegen. Darauf dann wieder je 1 Scheibe Pumpernickel legen. Die Tomatenhälften mit der Rundung nach oben daraufsetzen.

4. Jeweils ein Spießchen in die Mitte des Turmes stecken und damit alles befestigen.

5. Für die **Käsespießchen** den Käse entrinden und in dickere Scheiben schneiden, diese in 48 mundgerechte Stücke schneiden.

6. Die Brotscheiben mit Salatcreme bestreichen und ebenfalls in 48 mundgerechte Stücke schneiden.

7. Die Obststücke abspülen und trocken tupfen. Die Physalis aus der Hülle zupfen.

8. Jeweils 2 Käsestücke zwischen 2 Brotstücke legen, mit 1 Obststück oder 1 Olive belegen und mit je einem Spieß zusammenstecken.

Servier-Tipp: Die Türmchen auf abgespülten, trocken getupften Salatblättern anrichten.

Tipp zum Vorbereiten: Die Spieße können auch schon etwa 3 Stunden vor dem Servieren zubereitet werden. Die Käse-Türmchen dann zugedeckt in den Kühlschrank stellen.

Tipp: Schnell gemacht sind kleine gespießte **Sandwichecken**. Dazu 12 Sandwichtoastscheiben dick mit Kräuter- oder Paprikafrischkäse bestreichen, je 2 Toastscheiben mit den bestrichenen Seiten zusammenlegen. Diese zunächst je 2-mal längs in Streifen, dann in kleine Dreiecke (etwa 72) schneiden. Je 2 Sandwichtoaste auf einen kleinen Spieß stecken.

Käsewürfel auf Kohlrabi-Ragout I

Lecker ausgebacken

2 Portionen

Pro Portion: E: 33 g, F: 51 g, Kh: 17 g, kJ: 2761, kcal: 660, BE: 1,0

etwa 400 g Kohlrabi
1 kleine Zwiebel
25 g Butter
1 Msp. gerebelter Majoran
Salz, gem. Pfeffer
50 ml Gemüsebrühe
200 g Gouda oder Edamer (am Stück)
1 Ei (Größe M)
2 EL Semmelbrösel
etwa 80 g Butterschmalz zum Ausbacken
½ EL frisch gehackte Petersilie (ersatzweise TK-Petersilie)

Zubereitungszeit: etwa 30 Minuten

1. Von dem Kohlrabi die Blätter entfernen, die zarten Blätter in feine Streifen schneiden und zum Garnieren beiseitelegen. Kohlrabi schälen, abspülen, abtropfen lassen und in etwa 1 cm große Würfel schneiden.

2. Zwiebel abziehen und fein würfeln. Die Butter in einem Topf zerlassen. Die Zwiebelwürfel darin glasig dünsten.

3. Kohlrabiwürfel mit Majoran, Salz und Pfeffer hinzufügen, unter Rühren kurz andünsten. Brühe zugießen, zum Kochen bringen und zugedeckt etwa 10 Minuten bei schwacher Hitze dünsten, gelegentlich umrühren.

4. Inzwischen den Käse in etwa 2 cm große Würfel schneiden. Ei und Semmelbrösel in je einen tiefen Teller geben. Das Ei mit einer Gabel verschlagen. Die Käsewürfel nacheinander zuerst in Ei, dann in Semmelbröseln wenden. Die Semmelbrösel leicht andrücken.

5. Die Hälfte des Butterschmalzes in einer großen, möglichst beschichteten Pfanne erhitzen. Einige Käsewürfel hineinlegen und von allen Seiten bei mittlerer Hitze goldgelb braten. Anschließend auf Küchenpapier abtropfen lassen. Restliche Käsewürfel im verbliebenen Butterschmalz ebenso braten.

6. Kohlrabi mit Petersilie und beiseitegelegten Kohlrabiblättchen vorsichtig vermengen. Die gebackenen Käsewürfel auf dem Kohlrabi-Ragout verteilen und servieren.

Dazu passt: **Römersalat mit Zucchini und gebratenen Mozzarella-Streifen** (für 2 Portionen, im Foto hinten). 250 g Zucchini abspülen, abtropfen lassen, die Enden abschneiden. Zucchini in Scheiben schneiden. Zucchinischeiben mit etwa ½ Teelöffel Salz bestreuen und etwa 10 Minuten ziehen lassen. Inzwischen 75 g Staudensellerie putzen, abspülen, abtropfen lassen und in Scheiben schneiden. 1 rote Paprikaschote halbieren, entstielen, entkernen und die weißen Scheidewände entfernen. Schote abspülen, abtropfen lassen und würfeln. Von ½ Kopf Römersalat die äußeren, welken Blätter entfernen. Salat abspülen, trocken tupfen oder schleudern und in breite Streifen schneiden. Zucchinischeiben mit Küchenpapier trocken tupfen. 1–2 Esslöffel Olivenöl in einer großen Pfanne erhitzen. Die Zucchinischeiben darin unter gelegentlichem Wenden braten. Paprikawürfel hinzugeben und kurz mitbraten. Zucchinischeiben, Paprikawürfel und Selleriescheiben in eine Schüssel geben, mit Pfeffer und etwas gemahlenem Kreuzkümmel (Cumin) würzen. Für die Sauce 2 Esslöffel Weinessig mit Salz und Pfeffer verrühren. 3–4 Esslöffel Olivenöl unterschlagen. Das vorbereitete Gemüse mit der Sauce vermengen. Für die gebratenen Mozzarella Streifen 125 g Mozzarella abtropfen lassen und in dicke Streifen schneiden. 1 Eiweiß (Größe M) mit 2 Prisen Salz verschlagen. 1 gehäufter Esslöffel Weizenmehl, 25 g helle, geschälte Sesamsamen und 25 g dunkle Sesamsamen jeweils getrennt auf einen Teller geben. Mozzarella-Streifen nacheinander erst in Mehl, dann in Eiweiß und hellem oder dunklem Sesam wenden. Sesam dabei leicht andrücken. 3 Esslöffel Speiseöl in einer großen Pfanne erhitzen. Die panierten Mozzarella-Streifen darin bei mittlerer Hitze von beiden Seiten jeweils etwa 2 Minuten braten. Mozzarella-Streifen aus der Pfanne nehmen, auf Küchenpapier abtropfen lassen. Römersalatstreifen mit den restlichen Salatzutaten vermengen, auf Tellern anrichten und die Mozzarella-Streifen darauf verteilen.

Kichererbseneintopf I

Dauert etwas länger
2 Portionen

Pro Portion: E: 17 g, F: 11 g, Kh: 57 g, kJ: 1724, kcal: 412, BE: 4,5

Zum Vorbereiten:
125 g getrocknete Kichererbsen
300 ml kaltes Wasser

375 ml Gemüsebrühe
1 Knoblauchzehe
1 kleine Zwiebel
1/2–1 rote Chilischote (ersatzweise 1 Msp. Sambal Oelek)
1 EL Speiseöl (z. B. Sonnenblumenöl)
1/2 TL Garam Masala (indische Gewürzmischung)
1 TL Currypulver
150 g Staudensellerie
1 Möhre
4 getrocknete Aprikosen
1 kleine Stange Porree (Lauch)
1 EL Rosinen
Saft von 1/2 Orange (ersatzweise 4 EL Orangensaft)
75 g Joghurt (3,5 % Fett)
Salz

Zubereitungszeit: etwa 20 Minuten, ohne nächtliche Einweichzeit
Garzeit: etwa 60 Minuten

1. Zum Vorbereiten die Kichererbsen am Vorabend in einen Topf geben, mit Wasser bedecken und über Nacht einweichen lassen.

2. Am nächsten Tag die Kichererbsen mit dem Einweichwasser und der Gemüsebrühe zum Kochen bringen und zugedeckt bei schwacher Hitze etwa 50 Minuten köcheln lassen, bis die Kichererbsen fast gar sind.

3. Inzwischen Knoblauch und Zwiebel abziehen, beides fein würfeln. Chilischote halbieren, entkernen, abspülen, abtropfen lassen und in feine Streifen schneiden.

4. Öl in einer kleinen Pfanne erhitzen, die Knoblauch- und Zwiebelwürfel darin unter Rühren kurz andünsten.

5. Chilistreifen, Garam Masala und Curry zufügen und unter gelegentlichem Rühren mitdünsten. Dann die Pfanne von der Kochstelle nehmen.

6. Staudensellerie putzen, abspülen und abtropfen lassen. Möhre putzen, schälen, abspülen und abtropfen lassen.

7. Staudensellerie und Möhre in dünne Scheiben schneiden und beides mit der Knoblauch-Zwiebel-Mischung zur Suppe geben. Das Ganze weitere etwa 10 Minuten kochen, bis die Kichererbsen und das Gemüse gar sind.

8. Die Aprikosen in Würfel schneiden. Porree putzen, die Stange längs halbieren, gründlich waschen und abtropfen lassen. Porree in feine Streifen schneiden, etwa die Hälfte der Porreestreifen in den Eintopf geben, den Rest zum Garnieren beiseitelegen.

9. Aprikosenwürfel, Rosinen, Orangensaft und Joghurt in die Suppe geben, verrühren und kurz erwärmen (nicht mehr kochen lassen).

10. Eintopf nach Belieben mit etwas Salz abschmecken. Vor dem Servieren mit den beiseitegelegten Porreestreifen garnieren.

Dazu passt: Fladenbrot.

Tipps: Statt mit den Porreestreifen den Eintopf mit Kresse garnieren. Dafür 1/2 Päckchen Gartenkresse abspülen, trocken tupfen, etwas Kresse abschneiden und den Eintopf damit bestreuen. Verwenden Sie, wenn es schnell gehen soll, 1 Dose Kichererbsen (Abtropfgewicht 265 g). Kichererbsen in ein Sieb geben, kalt abspülen und abtropfen lassen. Mit 500 ml Gemüsebrühe in einem Topf aufkochen. Dann weiter wie ab Punkt 3 beschrieben zubereiten

Kohlauflauf „Grün-Weiß“ I

Ganz simpel – Sattmacher
2 Portionen

Pro Portion: E: 36 g, F: 52 g, Kh: 20 g, kJ: 2954, kcal: 705, BE: 0,5

etwa 500 g Blumenkohl
etwa 500 g Brokkoli
1 gestr. TL Salz
1 kleine Zucchini (etwa 200 g)

Für die Sauce:
25 g Butter
100 g gewürfelter Schinken (aus dem Kühlregal)
20 g Weizenmehl
250 ml Gemüsebrühe
125 g Schlagsahne
80 g ger. Parmesan
Salz, gem. Pfeffer
ger. Muskatnuss
1 EL Sonnenblumenkerne

Außerdem:
1 Auflaufform

Zubereitungszeit: etwa 40 Minuten
Garzeit: etwa 35 Minuten

1. Den Backofen vorheizen.
Ober-/Unterhitze: etwa 180 °C
Heißluft: etwa 160 °C

2. Vom Blumenkohl und Brokkoli die Blätter entfernen und den Strunk abschneiden. Blumenkohl und Brokkoli in Röschen teilen, abspülen und abtropfen lassen. Die Strünke schälen und in Stücke schneiden.

3. Wasser mit Salz in einem großen Topf zum Kochen bringen. Blumenkohl, Brokkoli und Strunkstücke hineingeben, zugedeckt etwa 5 Minuten kochen lassen, herausnehmen und in einem Sieb abtropfen lassen.

4. Die Auflaufform fetten. Zucchini abspülen, abtrocknen und die Enden abschneiden. Zucchini in Scheiben schneiden. Die Zucchinischeiben mit den Blumenkohl- und Brokkoliröschen in die Auflaufform geben.

5. Für die Sauce die Butter in einer Pfanne zerlassen. Schinkenwürfel darin andünsten. Mehl hinzufügen und unter Rühren so lange darin erhitzen, bis es hellgelb ist. Nach und nach Brühe und Sahne hinzugießen und mit einem Schneebesen durchschlagen, dabei darauf achten, dass keine Klümpchen entstehen. Die Sauce zum Kochen bringen und bei schwacher Hitze etwa 5 Minuten ohne Deckel kochen, dabei gelegentlich umrühren. 1 Esslöffel Parmesan unterrühren, mit Salz, Pfeffer und Muskat würzen.

6. Das Gemüse mit der Sauce übergießen, mit restlichem Käse und Sonnenblumenkernen bestreuen. Die Form auf dem Rost auf mittlerer Einschubleiste in den vorgeheizten Backofen schieben. Den Auflauf **etwa 35 Minuten garen.**

Tipp: Der Auflauf lässt sich einfach für 4 Personen verdoppeln.

Kohl-Spätzle-Pfanne mit Fleischwurst | Deftig

4 Portionen

Pro Portion: E: 25 g, F: 41 g, Kh: 39 g, kJ: 2614, kcal: 625, BE. 3,0

1 Knoblauchzehe
1 Zwiebel
1 kleiner Spitzkohl (etwa 700 g)
400 g Fleischwurst
2 EL Speiseöl (z. B. Rapsöl)
Salz, gem. Pfeffer
evtl. Kümmelsamen
125 ml Fleischbrühe
100 g Schlagsahne
500 g Spätzle (aus dem Kühlregal)

Zubereitungszeit: etwa 20 Minuten
Garzeit: etwa 10 Minuten

1. Knoblauch und Zwiebel abziehen und würfeln. Den Spitzkohl vierteln und den Strunk herausschneiden. Kohl kurz abspülen und abtropfen lassen. Spitzkohl in Streifen schneiden.

2. Die Fleischwurst enthäuten und in grobe Streifen schneiden.

3. Das Speiseöl in einer großen Pfanne erhitzen. Knoblauch und Zwiebeln darin unter Rühren andünsten. Die Kohlstreifen hinzufügen und mit andünsten, dabei gelegentlich umrühren, mit Salz, Pfeffer und Kümmel würzen.

4. Brühe und Sahne hinzufügen, einmal aufkochen lassen. Den Kohl in etwa 5 Minuten zugedeckt bissfest garen.

5. Die Spätzle hinzugeben und unterrühren. Die Fleischwurst hinzufügen und etwa 5 Minuten miterhitzen. Die Kohl-Spätzle-Pfanne evtl. nochmals mit Salz, Pfeffer und Kümmel abschmecken.

Tipps: Es können auch 200 g getrocknete Spätzle verwendet werden. Diese nach Packungsanleitung zubereiten und abgetropft hinzufügen. Statt Spitzkohl kann auch ein kleiner Kopf Weißkohl oder Wirsing verwendet werden. Sehr gut schmeckt die Pfanne auch mit Streifen von Leberkäse statt der Fleischwurst. Dann zusätzlich noch 1 Teelöffel mittelscharfen Senf hinzufügen.

Kokosmilch-Gazpacho I

Kalt & köstlich

2 Portionen

Pro Portion: E: 13 g, F: 35 g, Kh: 31 g, kJ: 2077, kcal: 501, BE: 2,0

50 g rote Linsen
½ Gemüsezwiebel (etwa 125 g)
1–2 Knoblauchzehen
1 Salatgurke
2 gelbe Paprikaschoten
etwa 10 Stängel Thymian
400 ml Kokosmilch
1 ½–2 EL Weißweinessig
1 EL Zitronensaft
Salz
gem. Pfeffer
evtl. 2–3 Eiswürfel

Außerdem:

Pürierstab

Zubereitungszeit: etwa 30 Minuten, ohne Kühlzeit

1. Die Linsen nach Packungsanleitung in reichlich Wasser bissfest garen. Anschließend in ein Sieb abgießen und mit kaltem Wasser abschrecken. Linsen abtropfen und abkühlen lassen.

2. Inzwischen Gemüsezwiebel und Knoblauch abziehen, beides grob würfeln. Die Salatgurke abspülen, abtrocknen und nach Belieben schälen, Gurkenenden abschneiden. Gurke längs halbieren und mit einem Teelöffel entkernen. Eine Gurkenhälfte in große Stücke schneiden. Die andere Hälfte fein würfeln und als Suppeneinlage beiseitestellen.

3. Paprikaschoten halbieren, entstielen, entkernen und die weißen Scheidewände entfernen. Schoten abspülen und gut abtropfen lassen. 2 Paprikahälften in große Stücke schneiden. Die anderen beiden Hälften fein würfeln und ebenso als Suppeneinlage beiseitestellen.

4. Die Hälfte des Thymians abspülen, trocken tupfen und die Blättchen von den Stängeln zupfen. Restlichen Thymian zum Garnieren beiseitelegen.

5. Gemüsezwiebel-, Knoblauch-, Gurken- und Paprikastücke in eine Rührschüssel geben. Kokosmilch, 1 ½ Esslöffel Essig, Zitronensaft, 1 Prise Salz und abgezupften Thymian hinzufügen. Die Zutaten mit dem Pürierstab fein pürieren, mit Pfeffer und evtl. etwas Salz abschmecken. Die Kokosmilchsuppe zugedeckt mindestens 1 Stunde in den Kühlschrank stellen.

6. Vor dem Servieren den beiseitegelegten Thymian abspülen, trocken tupfen und die Blättchen abzupfen. Gazpacho gut umrühren, nochmals mit Salz, Pfeffer und evtl. etwas Essig abschmecken. Evtl. Eiswürfel in die Suppe geben. Die beiseitegelegten gegarten Linsen, Gurken- und Paprikawürfelchen unter die Suppe rühren oder getrennt dazureichen. Thymianblättchen in die Suppe rühren.

Dazu passen: Vollkornbrötchen oder -brot.

Tipps: Für Gäste die Suppenzutaten einfach verdoppeln oder verdreifachen. Dabei jedoch die Kühlzeit um 1–2 Stunden verlängern, damit die Suppe auch ordentlich durchkühlen kann. Für eine Party die Suppeneinlagen getrennt in kleinen Schälchen servieren, dann kann jeder Gast selbst seine Suppeneinlage auswählen. Lust auf Veränderung? Zur Kokosmilch Gazpacho passen auch andere Einlagen wie Tomaten (abgespült und klein gewürfelt), Möhren (geschält und in Würfel geschnitten), grüne oder schwarze Oliven (ohne Stein, in Ringe geschnitten), Frühlingszwiebeln (geputzt und in Scheiben geschnitten), Amaranth-Pops (aus dem Reformhaus oder Naturkostladen) usw.

Kokosmilch-Pilaw I

Ganz simpel – vegetarisch

2 Portionen

Pro Portion: E: 12 g, F: 34 g, Kh: 57 g, kJ: 2465, kcal: 592, BE: 4,5

1 kleine Zwiebel
150 g Staudensellerie
1 gelbe Paprikaschote
1 EL Cashewkerne
1 Bio-Zitrone (unbehandelt, ungewachst)
1 EL Butter
100 g Langkornreis
100 g TK-Erbsen
Salz
gem. Pfeffer
200 ml ungesüßte Kokosmilch
1 EL Kokosraspel
1 EL frisch geschnittene Petersilie

Zubereitungszeit: etwa 40 Minuten, ohne Abkühlzeit

1. Zwiebel abziehen und fein würfeln. Staudensellerie putzen, abspülen, abtropfen lassen und in Scheiben schneiden. Paprikaschote halbieren, entstielen, entkernen und die weißen Scheidewände entfernen. Die Schote abspülen, abtropfen lassen und in Streifen schneiden.

2. Cashewkerne grob hacken. Zitrone heiß abwaschen, abtrocknen und einen dünnen Streifen von der Schale abschneiden. Zitrone halbieren, den Saft auspressen und den Saft beiseitestellen.

3. Butter in einem Topf zerlassen. Zwiebelwürfel und Langkornreis zufügen und darin unter Rühren glasig dünsten. Sellerieschreiben, Paprikastreifen, Nüsse und TK-Erbsen zugeben, kurz mitdünsten. Das Gemüse mit Salz und Pfeffer würzen. Die Kokosmilch hinzugießen und die Zitronenschale zugeben.

4. Alles aufkochen lassen und den Reis zugedeckt bei schwacher Hitze in etwa 15 Minuten gar ziehen lassen, dabei die Packungsanleitung beachten.

5. Inzwischen die Kokosraspel in einer Pfanne ohne Fett goldbraun rösten, dann auf einem Teller abkühlen lassen.

6. Die Zitronenschale aus dem Pilaw entfernen. Den Pilaw mit dem beiseitegestellten Zitronensaft (etwa 3 Esslöffel) und der Petersilie vermengen. Den Pilaw mit Salz und Pfeffer kräftig abschmecken. Kokospilaw mit den gerösteten Kokosraspeln bestreuen.

Tipps: Statt TK-Erbsen können Sie auch 100 g frisch gepalte Erbsen verwenden. Beim Einkauf müssen Sie dafür etwa 300 g ungepalte Erbsen (mit Hülsen, auch Erbsenschoten genannt) einplanen. Für das Rezept die Erbsen palen, abspülen und abtropfen lassen. Die frischen Erbsen mit dem Gemüse zum Reis geben, kurz andünsten und weiter wie im Rezept beschrieben verarbeiten. Die Kokosmilch hält sich angebrochen im Kühlschrank etwa 4 Tage. Wer Kokosmilch nicht mag, kann den Pilaw auch mit Gemüsebrühe zubereiten. Den Reis und das Gemüse dann in 200 ml Brühe garen.

Rezeptvariante: Wer mag, bereitet aus der übrigen Kokosmilch in den nächsten Tagen ein **Möhren-Mais-Pilaw mit Paprika** (für 2 Portionen) zu. Hierfür 1 Möhre (etwa 125 g) putzen, schälen, abspülen und abtropfen lassen. Möhre der Länge nach halbieren und in Scheiben schneiden. 1 grüne Paprikaschote halbieren, entstielen, entkernen und die weißen Scheidewände entfernen. Schote abspülen, abtropfen lassen und in Streifen schneiden. 1 kleine Dose Gemüsemais (Abtropfgewicht 140 g) abtropfen lassen. Das Gemüse zum angedünsteten Reis in den Topf geben und alles weiter wie im Rezept beschrieben zubereiten.

Kürbisgemüse mit Polentaschnitten I

Vegetarisch

2 Portionen

Pro Portion: E: 11 g, F: 14 g, Kh: 67 g, kJ: 1843, kcal: 441, BE: 5,5

Zum Vorbereiten für die Polentaschnitten:

500 ml Wasser
1/4–1/2 TL Salz
1/2 EL Speiseöl (z. B. Olivenöl)
125 g Polenta (Maisgrieß)
2–3 Stängel Majoran
Salz

Für das Kürbisgemüse:

1 Zwiebel
1 Knoblauchzehe
1 grüne Paprikaschote
1 mittelgroßer Hokkaido-Kürbis
1 Stängel Majoran
2 EL Speiseöl (z. B. Olivenöl)
100 ml Gemüsebrühe
1–1 1/2 EL weißer Balsamico-Essig

Außerdem:

1 rechteckige Form (etwa 3–5 cm hoch, mindestens 400 ml Fassungsvermögen)
Frischhaltefolie

Zubereitungszeit: etwa 35 Minuten, ohne nächtliche Kühlzeit

1. Zum Vorbereiten für die Polentaschnitten am Vortag Polenta nach Packungsanleitung zubereiten. Dafür Wasser mit Salz in einem kleinen, hohen Topf zugedeckt zum Kochen bringen. 1/2 Esslöffel Öl mit der Polenta einrühren. Alles einmal aufkochen lassen, dann bei schwacher Hitze zugedeckt etwa 2 Minuten köcheln lassen. Den Topf vom Herd nehmen und die Polenta etwa 5 Minuten beiseitestellen.

2. In der Zwischenzeit den Majoran abspülen, trocken tupfen und die Blättchen von den Stängeln zupfen. Die rechteckige Form kalt ausspülen.

3. Majoranblättchen unter die gegarte Polenta rühren und alles evtl. mit Salz abschmecken. Polenta in die Form füllen, glatt streichen und mit Frischhaltefolie zudecken. Polenta über Nacht erkalten lassen.

4. Am nächsten Tag für das Kürbisgemüse Zwiebel und Knoblauch abziehen, beides fein würfeln. Paprikaschote halbieren, entstielen, entkernen und die weißen Scheidewände entfernen. Schotenhälften abspülen, abtropfen lassen und klein schneiden.

5. Kürbis vierteln, Kerne und inneres Fasernfleisch entfernen. Kürbisviertel abspülen, abtropfen lassen, erst in Spalten und dann in mundgerechte Stücke schneiden. Majoran abspülen und trocken tupfen. Von 2 Stängeln die Blättchen abzupfen und beiseitelegen.

6. Von dem Öl 1 Esslöffel in einem möglichst breiten Topf erhitzen. Zwiebel- und Knoblauchwürfel darin andünsten. Paprika- und Kürbisstücke zufügen und 1–2 Minuten mitdünsten, dabei ab und zu umrühren.

7. Gemüsebrühe zugießen, Salz und Majoranstängel zugeben. Alles aufkochen lassen und zugedeckt bei mittlerer Hitze etwa 10 Minuten garen, bis der Kürbis leicht weich ist, gelegentlich umrühren.

8. In der Zwischenzeit Frischhaltefolie von der Polenta entfernen. Polenta auf ein Brett stürzen, in längliche Stücke schneiden. Das restliche Öl in einer großen Pfanne erhitzen. Die Polentastücke darin von beiden Seiten in etwa 6 Minuten knusprig braten.

9. Die Majoranstängel aus dem Gemüse entfernen. Abgezupfte Majoranblättchen und 1 Esslöffel Essig unter das Kürbisgemüse rühren. Kürbisgemüse mit etwas Salz und Essig abschmecken. Polentaschnitten dazuservieren.

Tipps: Wer wenig Zeit hat, bereitet statt der Polentaschnitten schnelles **Polentapüree** zu. Dafür je 250 ml Wasser und Sojamilch mit 1 Teelöffel Salz aufkochen. 80 g Polenta einrühren und zugedeckt bei schwacher Hitze etwa 5 Minuten köcheln lassen, dabei ab und zu umrühren. Den Topf von der Kochstelle nehmen. Das Püree etwa 5 Minuten ziehen lassen und die abgezupften Majoranblättchen unterrühren. Fertig!

Lasagne I (im Foto hinten)

Ganz simpel – für Freunde

5–6 Portionen

Pro Portion: E: 27 g, F: 30 g, Kh: 43 g, kJ: 2366, kcal: 565, BE: 3,0

Für die Bologneser Sauce:

2 Zwiebeln
1 Knoblauchzehe
2 EL Olivenöl
300 g Thüringer Mett (gewürztes Schweinegehacktes)
800 g stückige Tomaten (aus der Dose)
125 ml Gemüse- oder Fleischbrühe
1 EL Tomatenmark
1 Lorbeerblatt
½ EL gehacktes Basilikum
Salz
Tabascosauce

Für die Béchamelsauce:

30 g Butter oder Margarine
25 g Weizenmehl
300 ml Milch (1,5 % Fett)
200 ml Gemüse- oder Fleischbrühe
175 g ger. Gouda
gem. Pfeffer
ger. Muskatnuss

12 Lasagneblätter (etwa 250 g, ohne Vorgaren)

Außerdem:

1 eckige Auflaufform (etwa 30 x 20 cm)

Zubereitungszeit: etwa 45 Minuten
Garzeit: 35–45 Minuten

1. Zwiebeln und Knoblauchzehe abziehen und fein würfeln.

2. Öl in einem Topf erhitzen. Mett darin unter Rühren anbraten, dabei die Klümpchen mit einer Gabel zerdrücken. Zwiebel- und Knoblauchwürfel hinzugeben und mitbraten.

3. Stückige Tomaten und Brühe, Tomatenmark, Lorbeerblatt und Basilikum zu dem Mett geben und etwa 5 Minuten köcheln lassen. Die Sauce mit Salz und Tabascosauce abschmecken. Das Lorbeerblatt aus der Sauce entfernen.

4. Den Backofen vorheizen.
Ober-/Unterhitze: etwa 200 °C
Heißluft: etwa 180 °C

5. Für die Béchamelsauce Butter oder Margarine in einem Topf zerlassen. Mehl unter Rühren so lange darin erhitzen, bis es hellgelb ist. Nach und nach Milch und Brühe hinzugießen und mit einem Schneebesen durchschlagen, dabei darauf achten, dass keine Klümpchen entstehen. Die Sauce einmal aufkochen. Ein Drittel von dem Käse unterrühren. Die Sauce mit Salz, Pfeffer und Muskatnuss kräftig würzen.

6. Die Auflaufform fetten. Auf den Boden der Form etwas Bologneser Sauce geben, darauf 1 Schicht Lasagneblätter legen, dann wieder Bologneser Sauce daraufgeben und mit etwa 3 Esslöffeln Béchamelsauce beträufeln. Nacheinander wieder Lasagneblätter, Bologneser Sauce und Béchamelsauce einschichten, sodass 4 Lasagneschichten entstehen.

7. Restliche Béchamelsauce auf die oberste Lasagneschicht streichen und mit dem restlichen Käse bestreuen. Form auf dem Rost auf mittlerer Einschubleiste den vorgeheizten Backofen schieben. Lasagne **35–45 Minuten garen.**

Rezeptvariante 1: Für eine **Spinat-Schafskäse-Lasagne** (für 5–6 Portionen, im Foto vorn) 3 Zwiebeln mit 3 Knoblauchzehen (beides gewürfelt) in 4 Esslöffeln Olivenöl andünsten. 600 g TK-Blattspinat mit 3 Esslöffeln Wasser zugeben, so lange dünsten, bis der Spinat aufgetaut ist. Spinat mit Salz, Pfeffer und Muskat würzen. Eine Béchamelsauce aus 50 g Butter, 50 g Weizenmehl, je 750 ml Milch und Gemüsebrühe herstellen und mit Salz, Pfeffer und Muskat abschmecken (s. Anleitung oben). 300 g Schafskäse zerbröseln und wie oben beschrieben alle Zutaten in eine gefettete Auflaufform einschichten. Dabei mit der Béchamelsauce beginnen, dann die Lasagneblätter, Spinat und Schafskäse einschichten, bis 4 Lasagne-

schichten entstanden sind. Mit restlicher Béchamelsauce abschließen. Mit 100 g geriebenem Gratin-Käse bestreuen. Die Form auf dem Rost in den vorgeheizten Backofen schieben. Bei der oben angegebenen Backofeneinstellung etwa 35 Minuten garen.

Rezeptvariante 2: Für eine **Gemüse-Käse-Lasagne** (für 5–6 Portionen, im Foto Mitte) 450 g TK-Erbsen antauen lassen. 3 Tomaten kreuzweise einschneiden, mit kochendem Wasser übergießen, nach 1–2 Minuten herausnehmen und mit kaltem Wasser abschrecken. Tomaten enthäuten, vierteln, entkernen, würfeln. Eine Béchamelsauce aus 60 g Butter, 50 g Weizenmehl, 300 ml heißer Gemüsebrühe, 500 ml Milch und 250 g Schlagsahne herstellen. 100 g geriebenen Gouda in der Sauce schmelzen lassen. Die Käse-Béchamelsauce mit 2–3 Teelöffeln Gemüsebrühenpulver und Gewürzen abschmecken. Ein Drittel der Sauce beiseitestellen. Erbsen, 280 g abgetropften Gemüsemais und Tomaten in die restliche Sauce geben, kurz erhitzen und abschmecken. Etwas von der Gemüse-Saucen-Mischung in eine gefettete Form geben, darauf eine Schicht Lasagneblätter. Weiter einschichten, bis 4 Lasagneschichten entstanden sind. Mit beiseitegestellter Sauce abschließen. Mit 100 g geriebenem Gouda bestreuen. Auf dem Rost in den vorgeheizten Backofen schieben. Bei oben angegebener Backofeneinstellung etwa 35 Minuten garen.

Latte Macchiato

Sanfter Wachmacher

1 Portion

Pro Portion: E: 9 g, F: 9 g, Kh: 12 g, kJ: 713, kcal: 170, BE: 1,0

250 ml Milch (3,5 % Fett)
50 ml Espresso
etwas Kakaopulver

Außerdem:

Milchaufschäumer

Zubereitungszeit: etwa 5 Minuten

1. Die Milch in einem kleinen Topf auf etwa 60 °C erhitzen und in ein Glas gießen. Die Milch mit einem Milchschäumer zu einem nicht zu festen Milchschaum aufschlagen. Die aufgeschäumte Milch 30–60 Sekunden stehen lassen, damit sich der Schaum etwas setzen kann (etwas Milchschaum abnehmen).

2. Den Espresso langsam über den Rücken eines Löffels am Rand des Glases einfüllen.

3. Den abgenommenen Milchschaum auf den Milchkaffee geben und mit Kakao bestäuben.

Leberkäsepäckchen vom Grill I

Für Freunde

4 Portionen

Pro Portion: E: 16 g, F: 39 g, Kh: 42 g, kJ: 2436, kcal: 582, BE: 3,5

8 Radieschen
4 Blätter grüner Salat (z. B. vom Eisberg- oder Kopfsalat)
2 dicke Scheiben Leberkäse (je etwa 150 g)
4 EL Senf
etwa 50 g Röstzwiebeln
4 Laugenbrötchen
etwas Butter (zimmerwarm)

Außerdem:
4 Bögen Alufolie
4 Bögen Backpapier

Zubereitungszeit: etwa 30 Minuten
Grillzeit: etwa 8 Minuten

1. Die Radieschen putzen, abspülen, abtropfen lassen und in dünne Scheiben schneiden. Die Salatblätter abspülen und trocken tupfen.

2. Leberkäsescheiben halbieren. Je 1 Bogen Backpapier auf 1 Bogen Alufolie legen. Je 1 Leberkäsestück auf 1 Bogen Backpapier legen. Leberkäse mit dem Senf bestreichen und mit den Röstzwiebeln bestreuen. Danach zuerst die Backpapiere und dann die Folien gut verschließen.

3. Leberkäsepäckchen auf den Grillrost des heißen Grills legen und etwa 8 Minuten grillen. Die Laugenbrötchen aufschneiden und auf dem Grillrost am Rand des Grills anrösten.

4. Die Brötchenhälften mit Butter bestreichen. Jede Brötchenunterhälfte mit 1 Salatblatt belegen. Den gegrillten Leberkäse aus den Päckchen wickeln und darauflegen. Die Radieschenscheiben darauf verteilen und mit den Brötchenoberhälften belegen.

Tipp: Süßer Senf passt natürlich am besten.

Limonaden-Duett I

Erfrischend

Pink Limonade (im Foto hinten)
4 Gläser

Pro Glas: E: 0 g, F: 0 g, Kh: 41 g, kJ: 687, kcal: 164, BE: 3,5

1 l stilles Mineralwasser
100–150 g Zucker
1 Prise Salz
10–20 ml Zitronensaft
50 ml Grenadine Sirup

Zubereitungszeit: etwa 15 Minuten, ohne Kühlzeit

1. Wasser, Zucker und Salz in einem Topf unter Rühren zum Kochen bringen.

2. Anschließend die Mischung abkühlen lassen und nach Belieben in einen Glaskrug füllen. Die Mischung etwa 2 Stunden zugedeckt in den Kühlschrank stellen.

3. Anschließend Zitronensaft und die Grenadine unterrühren.

Ingwerlimonade (im Foto vorn)
4 Gläser

Pro Glas: E: 0 g, F: 0 g, Kh: 32 g, kJ: 536, kcal: 128, BE: 2,5

25 g Ingwer
1 l stilles Mineralwasser
100–150 g Zucker
1 Prise Salz
50 ml Zitronensaft

Zubereitungszeit: etwa 15 Minuten, ohne Kühlzeit

1. Ingwer schälen und in Scheiben schneiden. Ingwerscheiben mit Wasser, Zucker und Salz in einem Topf unter Rühren zum Kochen bringen.

2. Anschließend die Mischung abkühlen lassen und nach Belieben durch ein Sieb in einen Glaskrug füllen. Die Mischung etwa 2 Stunden zugedeckt in den Kühlschrank stellen.

3. Anschließend den Zitronensaft zugeben und umrühren.

Linsencurry mit Spinat

Indisch inspiriert

4 Portionen

Pro Portion: E: 25 g, F: 15 g, Kh: 42 g, kJ: 1677, kcal: 401, BE: 3,5

1 Zwiebel
2 EL Speiseöl (z. B. Maiskeimöl)
300 g rote Linsen
1 EL Tomatenmark
1 l Gemüsebrühe
500 g Blattspinat
2 EL Maiskeimöl
Salz
gem. Pfeffer
1 TL gem. Kurkuma (Gelbwurz)
2 Prise gem. Koriander
1 Prise Chilipulver
1/2 TL gem. Kreuzkümmel (Cumin)
2 Msp. gem. Piment (Nelkenpfeffer)
2 geh. Msp Sambal Oelek
1–2 EL Weißweinessig

100 g saure Sahne

Zubereitungszeit: etwa 30 Minuten

1. Zwiebel abziehen und fein hacken. Das Öl in einem Topf erhitzen. Die Zwiebel darin in etwa 2 Minuten bei mittlerer Hitze andünsten. Die Linsen und das Tomatenmark hinzufügen, unter Rühren etwa 1 Minute mit andünsten. Die Gemüsebrühe hinzugießen. Die Zutaten einmal aufkochen lassen, dann bei mittlerer Hitze etwa 15 Minuten köcheln lassen, bis die Linsen weich sind und zerfallen.

2. Inzwischen den Spinat verlesen, dicke Stiele entfernen. Spinat gründlich waschen und abtropfen lassen.

3. Das Maiskeimöl in einer großen Pfanne erhitzen. Den Spinat hinzugeben und kurz zusammenfallen lassen. Spinat mit Salz und Pfeffer würzen. Kurkuma mit Koriander, Chilipulver, Kreuzkümmel, Piment, etwas Salz und Pfeffer in einer kleinen Schüssel verrühren.

4. Sambal Oelek, Essig und etwas von der Gewürzmischung unter das Linsencurry rühren. Das Linsencurry abschmecken und auf Tellern anrichten. Den Spinat daraufgeben und unterrühren. Die saure Sahne in kleinen Klecksen darauf verteilen und nach Belieben das Linsencurry mit Spinat mit der restlichen Gewürzmischung bestreuen.

Dazu passt: Fladenbrot.

Linseneintopf | Vegetarisch – gefriergeeignet

4 Portionen

Pro Portion: E: 20 g, F: 7 g, Kh: 51 g, kJ: 1449, kcal: 346, BE: 4,0

1 Bund	*Suppengrün (Sellerie, Möhren, Porree)*
2	*mittelgroße Zwiebeln*
600 g	*festkochende Kartoffeln*
2 EL	*Speiseöl (z. B. Sonnenblumenöl)*
2	*Lorbeerblätter*
1 ½ l	*Gemüsebrühe*
250 g	*getrocknete Tellerlinsen*
½ Bund	*glatte Petersilie*
etwas	*Weißweinessig*
	Salz
	gem. Pfeffer
etwas	*Zucker*

Zubereitungszeit: etwa 40 Minuten
Garzeit: 30–45 Minuten

1. Sellerie schälen und schlechte Stellen herausschneiden. Möhren putzen und schälen. Sellerie und Möhren abspülen, abtropfen lassen. Porree putzen, die Stange längs halbieren, gründlich waschen und abtropfen lassen.

2. Möhren in Scheiben, Sellerie in Würfel und Porree in kleine Stücke schneiden. Zwiebeln abziehen und in kleine Würfel schneiden.

3. Kartoffeln schälen, abspülen, abtropfen lassen und in Würfel schneiden.

4. Speiseöl in einem Topf erhitzen. Gemüsestücke und Kartoffelwürfel hinzugeben und unter gelegentlichem Rühren andünsten. Lorbeerblätter und Gemüsebrühe hinzufügen.

5. Die Linsen ebenfalls in den Topf geben. Die Zutaten zum Kochen bringen und zugedeckt 30–45 Minuten bei mittlerer Hitze köcheln lassen.

6. Petersilie abspülen, trocken tupfen, die Blätter von den Stängeln zupfen und klein schneiden. Den Eintopf mit Essig, Salz, Pfeffer und Zucker abschmecken. Die Lorbeerblätter herausnehmen. Den Eintopf mit Petersilie bestreut servieren.

Dazu passt: Vollkorn- oder Roggenbrot.

Rezeptabwandlung: Schneller geht es, wenn der Linseneintopf mit Linsen aus der Dose zubereitet wird. Dazu die vorbereiteten Kartoffeln in 1 l Gemüsebrühe etwa 15 Minuten bei mittlerer Hitze zugedeckt kochen. Dann 1 Dose Linsen mit Suppengrün (800 g) hinzufügen und alles noch weitere 5 Minuten kochen. Den Eintopf mit Salz, Pfeffer, Essig und Zucker abschmecken.

Rezeptvariante: Für einen **Linseneintopf mit Mettwürstchen** die Kartoffelmenge auf 375 g reduzieren und zusätzlich 4 Mettwürstchen (Rauchenden, je etwa 90 g) etwa 5 Minuten vor dem Garzeitende darin miterhitzen.

Linsen-Fisch-Auflauf I

Etwas Besonderes

4 Portionen

Pro Portion: E: 38 g, F: 16 g, Kh: 40 g, kJ: 1938, kcal: 463, BE: 3,0

500 g TK-Pangasius- oder Tilapiafilet
2 Stangen Porree (Lauch)
2 EL Speiseöl (z. B. Sonnenblumenöl)
1 Dose Linsen mit Suppengrün (Einwaage 800 g)
Salz
4 Scheiben Weizen-Toastbrot (je 25 g)
30 g Butter
100 g Schinkenwürfel (aus der Kühltheke)
1 Pck. Dr. Oetker Finesse Geriebene Zitronenschale
1 EL gemischte TK-Kräuter
gem. Pfeffer

Außerdem:

1 große Auflaufform

Zubereitungszeit: etwa 35 Minuten, ohne Auftauzeit
Garzeit: etwa 20 Minuten

1. Fischfilet nach Packungsanleitung auftauen lassen.

2. Porree putzen. Die Stangen längs halbieren. Porree gründlich waschen, abtropfen lassen und in sehr feine Streifen schneiden. Speiseöl in einem Topf erhitzen. Porree unter Rühren darin andünsten. Linsen mit der Flüssigkeit unterrühren und erhitzen. Linsen-Porree-Mischung mit Salz abschmecken.

3. Den Backofen vorheizen.
Ober-/Unterhitze: etwa 200 °C
Heißluft: etwa 180 °C

4. Toastbrot entrinden und zerbröseln. Butter in einer Pfanne zerlassen. Die Brotbrösel darin goldbraun rösten. Schinkenwürfel, Zitronenschale und Kräuter unterrühren.

5. Fischfilet unter fließendem kalten Wasser abspülen, trocken tupfen und in 4 gleich große Stücke teilen. Fisch mit Salz und Pfeffer bestreuen.

6. Auflaufform fetten. Die Linsen-Porree-Mischung in die Auflaufform geben. Die Filetstücke darauflegen und die Brot-Schinken-Mischung darauf verteilen. Die Form auf dem Rost auf mittlerer Einschubleiste in den vorgeheizten Backofen schieben. Den Auflauf **etwa 20 Minuten garen.**

Linsensalat mit Wiener Würstchen und Käsewürfeln I

Ganz simpel – für die Party

12 Portionen

Pro Portion: E: 27 g, F: 31 g, Kh: 21 g, kJ: 1969, kcal: 471, BE: 1,5

2 Zwiebeln
500 g Tellerlinsen
2 Lorbeerblätter
3 l Gemüsebrühe
6 Wiener Würstchen (600 g)
2 Bund Frühlingszwiebeln

Für die Marinade:

2 EL süßer Senf
100 ml Kräuteressig
150–200 ml heiße Gemüsebrühe
Salz
gem. Pfeffer
Zucker
100 ml Speiseöl (z. B. Olivenöl)

400 g Schnittkäse (z. B. Maasdamer oder Emmentaler)

Zubereitungszeit: etwa 60 Minuten, ohne Abkühl- und Durchziehzeit
Garzeit: etwa 45 Minuten

1. Die Zwiebeln abziehen, mit den Linsen, den Lorbeerblättern und der Gemüsebrühe in einem Topf zum Kochen bringen. Die Linsen nach Packungsanleitung in etwa 45 Minuten knapp gar kochen.

2. Die Linsen in einem Sieb abtropfen lassen. Die Lorbeerblätter und Zwiebeln entfernen. Die Linsen in eine große Schüssel geben.

3. Die Würstchen leicht schräg in dünne Scheiben schneiden. Frühlingszwiebeln putzen, abspülen, abtropfen lassen und in dünne Scheiben schneiden.

4. Die Wurst- und Frühlingszwiebelscheiben unter die Linsen mischen.

5. Für die Marinade Senf mit Essig und Gemüsebrühe verrühren, mit Salz, Pfeffer und Zucker würzen. Das Speiseöl unterschlagen. Die Marinade mit der Linsenmischung verrühren.

6. Den Linsensalat ganz erkalten lassen und dann zugedeckt im Kühlschrank etwa 1 Stunde durchziehen lassen.

7. Den Käse in kleine Würfel schneiden. Den Salat vor dem Servieren nochmals durchmischen, mit Essig und Gewürzen abschmecken. Die Käsewürfel unterheben.

Tipps zum Vorbereiten: Der Salat kann bis einschließlich Punkt 5 bereits am Vortag zubereitet werden und im Kühlschrank zugedeckt über Nacht durchziehen.

Rezeptvariante: **Linsen-Kartoffel-Salat** (12 Portionen). Dafür 1 ½ kg gegarte Pellkartoffeln pellen und in Scheiben schneiden. 5 Zwiebeln abziehen und würfeln. Etwa 10 Esslöffel Essig mit 2–3 Esslöffeln Senf, 400 ml Wasser, Salz und Pfeffer in einem Topf zum Kochen bringen. Zwiebelwürfel hinzugeben und kurz mitköcheln lassen. 200 ml Speiseöl unterrühren und mit den Kartoffelscheiben vermischen. Linsen mit Suppengrün aus 2 Dosen (je 530 g Abtropfgewicht) in einem Sieb abtropfen lassen. 400 g Fleischwurst in Streifen schneiden. 5 Frühlingszwiebeln putzen und in feine Scheiben schneiden. Linsen, Wurststreifen und Frühlingszwiebelscheiben zu den Kartoffeln geben, alles miteinander vermengen und etwa 60 Minuten durchziehen lassen.

Maisfladen (Tomere) I

Fürs Monatsende

4 Portionen

Pro Portion: E: 17 g, F: 23 g, Kh: 72 g, kJ: 2353, kcal: 562, BE: 6,0

1 große Zwiebel
1 TL Butter
400 g Maismehl
2 Eier (Größe M)
2 Eiweiß (Größe M)
200 ml Milch (1,5 % Fett)
150 g Joghurt (1,5 % Fett)
Salz
gem. Pfeffer
5–6 EL Speiseöl (z. B. Olivenöl)

Außerdem:

Küchenpapier

Zubereitungszeit: etwa 30 Minuten

1. Zwiebel abziehen und fein würfeln. Butter in einer Pfanne zerlassen und die Zwiebelwürfel darin glasig dünsten.

2. Inzwischen Maismehl mit Eiern, Eiweiß, Milch und Joghurt in einer Rührschüssel mit einem Schneebesen zu einem glatten Teig verrühren. Den Teig mit Salz und Pfeffer würzen. Zwiebelwürfel unterrühren.

3. Das Speiseöl esslöffelweise in einer Pfanne erhitzen. Nach und nach aus dem Teig bei mittelgroßer Hitze je Seite in 3–4 Minuten etwa 16 kleine Fladen (Ø je etwa 8 cm) ausbacken. Fladen auf Küchenpapier legen und evtl. warm stellen oder sofort genießen.

Dazu passt: Kräuterquark oder Joghurt mit frischer Minze.

Tipp: Die Maisfladen schmecken warm und kalt.

Maissuppe mit Hack und Tomaten I

Perfekt zum Vorbereiten

4 Portionen

Pro Portion: E: 14 g, F: 15 g, Kh: 17 g, kJ: 1097, kcal: 262, BE: 1,5

1	*Zwiebel*
1 EL	*Speiseöl*
200 g	*Schweinegehacktes*
15 g	*Weizenmehl*
370 g	*stückige Tomaten mit Kräutern (aus dem Tetra Pak®)*
600 ml	*Gemüse- oder Fleischbrühe*
15 g	*Tomatenmark*
	Salz
	gem. Pfeffer
	Paprikapulver edelsüß
	Cayennepfeffer
1 Prise	*Zucker*
4 Stängel	*Petersilie*
285 g	*abgespülter, abgetropfter Gemüsemais (aus der Dose)*

Zubereitungszeit: etwa 20 Minuten
Garzeit: etwa 15 Minuten

1. Zwiebel abziehen und in kleine Würfel schneiden. Speiseöl in einem Topf erhitzen. Zwiebelwürfel darin andünsten.

2. Gehacktes hinzugeben und etwa 10 Minuten unter Rühren bei mittlerer bis starker Hitze goldbraun anbraten. Dabei die Fleischklümpchen mit einer Gabel zerdrücken. Mehl darüberstäuben, unterrühren und etwa 1 Minute anrösten lassen.

3. Tomatenstücke mit Brühe und Tomatenmark hinzugeben. Mit Salz, Pfeffer, Paprika, Cayennepfeffer und Zucker würzen. Die Zutaten zum Kochen bringen und zugedeckt etwa 10 Minuten bei schwacher Hitze leicht kochen lassen.

4. Petersilie abspülen und trocken tupfen. Die Blättchen von den Stängeln zupfen. Die Blättchen grob zerschneiden.

5. Mais in die Suppe geben. Die Suppe wieder zum Kochen bringen und weitere etwa 5 Minuten leicht kochen lassen.

6. Die Maissuppe mit Salz und Cayennepfeffer abschmecken. Anschließend mit Petersilie bestreuen und servieren.

Makkaroni-Schinken-Auflauf I

Klassisch

2–3 Portionen

Pro Portion: E: 48 g, F: 30 g, Kh: 99 g, kJ: 3621, kcal: 866, BE: 8,0

300 g Makkaroni oder Makkaroni-Chips
3 l Wasser
3 gestr. TL Salz
200 g Kochschinken
60 g ger. Käse (z. B. Gouda)
2 Eier (Größe M)
250 ml Milch (3,5 % Fett)
Salz, gem. Pfeffer
ger. Muskatnuss
2 EL Semmelbrösel
20 g Butter

Außerdem:

1 große Auflaufform

Zubereitungszeit: etwa 20 Minuten
Garzeit: etwa 40 Minuten

1. Die Makkaroni in mundgerechte Stücke brechen. Wasser in einem großen Topf zugedeckt zum Kochen bringen. Dann Salz und Nudeln hinzugeben. Die Nudeln im geöffneten Topf bei mittlerer Hitze nach Packungsanleitung kochen lassen, dabei gelegentlich umrühren.

2. Den Backofen vorheizen.
Ober-/Unterhitze: etwa 200 °C
Heißluft: etwa 180 °C

3. Anschließend die Makkaroni in ein Sieb geben, mit heißem Wasser abspülen und abtropfen lassen.

4. Die Auflaufform fetten. Schinken würfeln. Makkaroni, Schinkenwürfel und Käse abwechselnd lagenweise in die Auflaufform schichten.

5. Eier mit Milch verschlagen, mit Salz, Pfeffer und Muskat würzen.

6. Den Auflauf mit der Eiermilch übergießen und mit Semmelbröseln bestreuen. Butter in Flöckchen daraufsetzen.

7. Die Form auf dem Rost auf mittlerer Einschubleiste in den vorgeheizten Backofen schieben. Den Auflauf **etwa 40 Minuten garen.**

Tipp: Anstelle des Kochschinkens 250 g in 2 Esslöffeln Öl halb gar gedünstete Pilze oder 400 g in Scheiben geschnittene Tomaten und 4 in Scheiben geschnittene, hart gekochte Eier einschichten.

Milchreis I

Ganz simpel
2 Portionen

Pro Portion: E: 8 g, F: 6 g, Kh: 37 g, kJ: 1050, kcal: 251, BE: 3,0

500 ml Milch (1,5 % Fett)
1 Prise Salz
10 g Zucker
etwas dünn abgeschälte Schale von
1 Bio-Zitrone (unbehandelt, ungewachst)
85 g Milchreis (Rundkornreis)

Zubereitungszeit: etwa 10 Minuten
Garzeit: etwa 35 Minuten

1. Milch mit Salz, Zucker und Zitronenschale in einem Topf zum Kochen bringen. Milchreis hineingeben, umrühren, zum Kochen bringen und bei schwacher Hitze etwa 35 Minuten mit halb aufgelegtem Deckel quellen lassen, dabei gelegentlich umrühren.

2. Die Zitronenschale entfernen. Den Milchreis heiß oder kalt servieren.

Tipp: Den Milchreis als süßes Hauptgericht mit gebräunter Butter und Zimt-Zucker, Rhabarber-Erdbeer-Kompott oder Obst servieren.

Rezeptanwandlung: Für **Milchreis mit Haselnusskernen oder Mandeln** 20 g gehobelte Haselnusskerne oder Mandeln in einer Pfanne ohne Fett rösten, über den Reis streuen und mit Ahornsirup oder Honig beträufeln.

Möhren-Kohlrabi-Auflauf I

Vegetarisch

4 Portionen

Pro Portion: E: 29 g, F: 31 g, Kh: 18 g, kJ: 1961, kcal: 469, BE: 1,5

500 g Möhren
500 g Kohlrabi
2 EL Butter (20 g)
2 EL Sojasauce
Salz
gem. Pfeffer
1 Stange Porree (Lauch)
1 Knoblauchzehe
1 EL Butter (10 g)
500 g Speisequark (20 % Fett)
3 Eier (Größe M)
100 ml Milch (3,5 % Fett)
3 EL gehackte Petersilie
½ gestr. TL Kräutersalz oder Salz
50 g ger. Gouda
2 EL Sesamsamen
2 EL Butter (20 g)

Zum Bestreuen:
etwas gehackte Petersilie

Außerdem:
1 große Auflaufform

Zubereitungszeit: etwa 60 Minuten
Garzeit: etwa 40 Minuten

1. Die Möhren putzen. Kohlrabi und Möhren schälen, abspülen, abtropfen lassen und in dünne Scheiben schneiden oder hobeln.

2. Butter in einer großen Pfanne zerlassen. Möhren- und Kohlrabischeiben darin zugedeckt unter gelegentlichem Rühren etwa 10 Minuten dünsten. Gemüse mit Sojasauce, Salz und Pfeffer würzen.

3. Den Backofen vorheizen.
Ober-/Unterhitze: etwa 180 °C
Heißluft: etwa 160 °C

4. In der Zwischenzeit den Porree putzen, die Stange längs halbieren, gründlich waschen, abtropfen lassen und in dünne Streifen schneiden. Knoblauch abziehen und in kleine Würfel schneiden.

5. Butter in einer Pfanne zerlassen. Porreestreifen und Knoblauchwürfel bei mittlerer Hitze darin unter gelegentlichem Rühren andünsten.

6. Quark mit Eiern und Milch in einer Schüssel gut verrühren. Petersilie und Salz unterrühren. Quarkmasse mit Pfeffer würzen. Die Porree-Knoblauch-Masse hinzugeben und gut unterrühren.

7. Die Auflaufform fetten. Die Hälfte der Möhren- und Kohlrabischeiben in der Auflaufform verteilen. Die Hälfte der Quarkmasse daraufgeben und verstreichen. Restliche Möhren- und Kohlrabischeiben darauflegen und restliche Quarkmasse darauf verstreichen. Die Zutaten mit Käse und Sesam bestreuen. Die Butter in Flöckchen daraufsetzen.

8. Die Form auf dem Rost in den vorgeheizten Backofen schieben. Den Auflauf **etwa 40 Minuten garen.**

9. Den Auflauf mit Petersilie bestreut servieren.

Mousse-au-Chocolat-Tarte I

Transportgeeignet

12–14 Stücke

Pro Stück: E: 6 g, F: 22 g, Kh: 18 g, kJ: 1207, kcal: 288, BE: 1,5

Für den Rührteig:

200 g Zartbitter-Schokolade
150 g Butter
5 Eiweiß (Größe M)
1 Prise Salz
5 Eigelb (Größe M)
100 g Zucker
1 Pck. Dr. Oetker Bourbon-Vanille-Zucker
100 g gem. Mandeln
1 Pck. Gala Schokoladen-Pudding-Pulver
1 Msp. Dr. Oetker Backin

Zum Bestäuben:

1 EL Kakaopulver

Außerdem:

1 Springform (Ø 26 cm)
Backpapier
Mixer mit Rührstäben

Zubereitungszeit: etwa 25 Minuten, ohne Abkühlzeit
Backzeit: etwa 35 Minuten

1. Den Boden einer Springform fetten und mit Backpapier belegen.

2. Den Backofen vorheizen.
Ober-/Unterhitze: etwa 180 °C
Heißluft: etwa 160 °C

3. Für den Teig Schokolade in Stücke brechen und mit der Butter in einem Topf bei schwacher Hitze unter Rühren schmelzen. Schoko-Butter-Masse beiseitestellen und abkühlen lassen.

4. Eiweiß mit Salz in einer Rührschüssel so steif schlagen, dass ein Messerschnitt sichtbar bleibt.

5. In einer anderen Rührschüssel Eigelb mit Zucker und Vanille-Zucker mit dem Mixer (Rührstäbe) weißschaumig rühren und die Schoko-Butter-Masse unterrühren. Eischnee unterheben. Mandeln mit Pudding-Pulver und Backpulver mischen und ebenfalls unterheben.

6. Den Teig in die Springform füllen und glatt streichen. Die Form im unteren Drittel auf dem Rost in den vorgeheizten Backofen schieben. Die Tarte **etwa 35 Minuten backen.**

7. Die Tarte etwa 1 Stunde in der Form auf einem Rost abkühlen lassen, dann den Springformrand lösen und entfernen. Die Tarte auf einen mit Backpapier belegten Rost setzen und völlig erkalten lassen. Vor dem Servieren die Tarte mit Kakaopulver bestäuben.

Tipps: Die Tarte 1 Tag in Alufolie verpackt kühl stellen, so zieht sie besonders gut durch. Sie schmeckt weniger herb, wenn die Hälfte der Zartbitter-Schokolade durch Vollmilch-Schokolade ersetzt wird. Die Tarte nach Belieben mit steif geschlagener Sahne servieren.

Nudelauflauf mit Erbsen, Tomaten und Mozzarella I

Vegetarischer Sattmacher

2 Portionen

Pro Portion: E: 32 g, F: 33 g, Kh: 86 g, kJ: 3238, kcal: 774, BE: 7,0

2 l	*Wasser*
2 gestr. TL	*Salz*
200 g	*Nudeln (z. B. Spirelli oder Makkaroni-Chips)*
125 g	*abgetropfter Mozzarella*
1/2 Bund	*Schnittlauch*
100 g	*Schlagsahne*
1 TL	*Gemüsebrühenpulver*
200 g	*stückige Tomaten (aus der Dose)*
150 g	*TK-Erbsen*
	Salz, gem. Pfeffer

Außerdem:

1 Auflaufform

Zubereitungszeit: etwa 30 Minuten
Garzeit: etwa 20 Minuten

1. Das Wasser in einem großen Topf zugedeckt zum Kochen bringen. Dann Salz und Nudeln zugeben. Die Nudeln im geöffneten Topf bei mittlerer Hitze nach Packungsanleitung knapp bissfest kochen, dabei gelegentlich umrühren. Anschließend die Nudeln in ein Sieb geben, mit kaltem Wasser abspülen und abtropfen lassen.

2. Mozzarella in kleine Würfel schneiden. Schnittlauch abspülen, trocken tupfen und in Röllchen schneiden.

3. Die Auflaufform fetten. Den Backofen vorheizen.
Ober-/Unterhitze: etwa 200 °C
Heißluft: etwa 180 °C

4. Die Sahne in einem Topf unter Rühren erwärmen. Gemüsebrühe unter Rühren darin auflösen. Die Nudeln in der Auflaufform verteilen. Stückige Tomaten mit der Sahne verrühren und auf den Nudeln verteilen.

5. Anschließend gefrorene Erbsen, zwei Drittel der Mozzarella-Würfel und die Schnittlauchröllchen daraufgeben, gut mit den Nudeln vermengen. Das Ganze mit Salz und Pfeffer würzen. Die restlichen Mozzarella-Würfel darauf verteilen.

6. Die Form auf dem Rost auf mittlerer Einschubleiste in den vorgeheizten Backofen schieben. Den Nudelauflauf **etwa 20 Minuten garen.**

Tipp: Soll es lieber etwas würziger sein? Dann ein paar Cent drauflegen und statt Mozzarella lieber 100 g Bergkäse nehmen.

Nudel-Omeletts mit Zucchini I

Fürs Monatsende

2 Portionen

Pro Portion: E: 35 g, F: 32 g, Kh: 79 g, kJ: 3124, kcal: 743, BE: 6,0

2 l Wasser
1–2 gestr. TL Salz
200 g Vollkornnudeln (z. B. Penne)
2 Zwiebeln
1 Zucchini (etwa 250 g)
1 EL Speiseöl (z. B. Sonnenblumenöl)
Salz, gem. Pfeffer
4 Eier (Größe M)
150 ml Milch (1,5 % Fett)
½ TL Kräuter der Provence
2 TL Butter
2 EL ger. Käse (z. B. Emmentaler)

Zubereitungszeit: etwa 40 Minuten

1. Das Wasser in einem Topf zugedeckt zum Kochen bringen. Dann Salz und Nudeln zugeben. Die Nudeln im geöffneten Topf bei mittlerer Hitze nach Packungsanleitung bissfest kochen, dabei gelegentlich umrühren. Anschließend die Nudeln in ein Sieb geben, mit kaltem Wasser abspülen und abtropfen lassen.

2. In der Zwischenzeit Zwiebeln abziehen, halbieren und würfeln. Zucchini abspülen, abtrocknen und die Enden abschneiden. Zucchini grob raspeln oder fein würfeln.

3. Speiseöl in einer möglichst beschichteten Pfanne erhitzen. Die Zwiebelwürfel darin andünsten. Zucchiniraspel oder -würfel hinzugeben und 3–5 Minuten mitdünsten. Gemüse mit Salz und Pfeffer würzen. Die Zwiebel-Zucchini-Mischung aus der Pfanne nehmen.

4. In einer Schüssel Eier mit Milch verschlagen, mit Salz, Pfeffer und Kräutern der Provence würzen. Die Eiermilch mit den Nudeln vermengen. Zum Schluss die Gemüse-Mischung unterrühren.

5. Die Hälfte der Butter in der Pfanne zerlassen. Die Hälfte der Nudel-Eier-Mischung hineingeben und evtl. gleichmäßig verteilen. Omelett zugedeckt in 8–10 Minuten bei mittlerer Hitze braten bzw. stocken lassen. Die Hälfte vom Käse daraufstreuen. Das Omelett aus der Pfanne auf einen vorgewärmten Teller geben und zugedeckt warm stellen.

6. Die restliche Butter in der Pfanne zerlassen. Aus der restlichen Nudel-Eier-Mischung das zweite Omelett zubereiten und anschließend mit dem restlichen Käse bestreuen.

Nudelpfanne mit Brokkoli und Knusperkernen I

Für Freunde – Sattmacher

4 Portionen

Pro Portion: E: 19 g, F: 15 g, Kh: 91 g, kJ: 2424, kcal: 580, BE: 7,5

5 l	*Wasser*
5 gestr. TL	*Salz*
500 g	*Nudeln (z. B. Penne)*
250 g	*Brokkoli*
	Salz
2	*Frühlingszwiebeln (etwa 50 g)*
1–1 ½ EL	*Butter*
1	*Knoblauchzehe*
50 g	*gehackte Haselnusskerne*
1–1 ½ TL	*Kräuter der Provence*
	gem. Pfeffer

Zubereitungszeit: etwa 30 Minuten
Garzeit: etwa 10 Minuten

1. Das Wasser in einem großen Topf zugedeckt zum Kochen bringen. Dann Salz und Nudeln zugeben. Die Nudeln im geöffneten Topf bei mittlerer Hitze nach Packungsanleitung bissfest kochen, dabei gelegentlich umrühren. Anschließend die Nudeln in ein Sieb geben, mit heißem Wasser abspülen und abtropfen lassen.

2. Inzwischen Brokkoli putzen, abspülen, abtropfen lassen und in ganz kleine Röschen teilen. Brokkolistrunk schälen und in dünne Scheiben schneiden.

3. Salzwasser in einem Topf zum Kochen bringen. Die Brokkoliröschen und Strunkstücke darin 3–5 Minuten garen, dann in ein Sieb abgießen und abtropfen lassen. Frühlingszwiebeln putzen, abspülen, abtropfen lassen und in dünne Scheiben schneiden.

4. Butter in einer großen Pfanne zerlassen. Knoblauch abziehen und zerdrücken. Nudeln, Brokkoli, Zwiebelscheiben, Knoblauch und Haselnusskerne in die Pfanne geben und unter Rühren 3–4 Minuten braten. Das Ganze mit Kräutern, Salz und Pfeffer abschmecken.

Nudel-Schinken-Auflauf I

Für den Lernabend

4 Portionen

Pro Portion: E: 37 g, F: 18 g, Kh: 75 g, kJ: 2572, kcal: 615, BE: 6,0

4 l Wasser
3–4 gestr. TL Salz
375 g Nudeln (z. B. Penne oder Spirelli)
250 ml Fleisch- oder Gemüsebrühe
300 g italienisches TK-Pfannengemüse
2 Fleischtomaten
200 g Kochschinken
125 ml Milch (1,5 % Fett)
3 Eier (Größe M)
Salz
gem. Pfeffer
100 g ger. Mozzarella oder Gratin-Käse

Außerdem:

1 große Auflaufform

Zubereitungszeit: etwa 30 Minuten
Garzeit: etwa 40 Minuten

1. Das Wasser in einem großen Topf zugedeckt zum Kochen bringen. Dann Salz und Nudeln hinzugeben. Die Nudeln im geöffneten Topf bei mittlerer Hitze nach Packungsanleitung knapp bissfest kochen, dabei zwischendurch 4–5-mal umrühren. Anschließend die Nudeln in ein Sieb geben, mit heißem Wasser abspülen und abtropfen lassen.

2. Inzwischen die Brühe in einem Topf zum Kochen bringen. Gefrorenes Pfannengemüse hinzugeben und etwa 2 Minuten darin garen. Pfannengemüse in der Brühe beiseitestellen.

3. Die Tomaten kreuzweise einschneiden und mit kochendem Wasser übergießen. Nach 1–2 Minuten herausnehmen und mit kaltem Wasser abschrecken. Tomaten enthäuten, halbieren und die Stängelansätze herausschneiden. Die Tomaten in Würfel schneiden. Schinken fein würfeln.

4. Die Auflaufform fetten. Den Backofen vorheizen.
Ober-/Unterhitze: etwa 180 °C
Heißluft: etwa 160 °C

5. Milch mit Eiern, Salz und Pfeffer verquirlen. Die Tomaten- und Schinkenwürfel sowie das Gemüse mit der Brühe zu der Eiermilch hinzufügen. Eiermasse abwechselnd mit den Nudeln in der Auflaufform einschichten. Den Käse daraufstreuen. Die Form auf dem Rost auf mittlerer Einschubleiste in den vorgeheizten Backofen schieben. Den Auflauf **etwa 40 Minuten garen.**

Tipps: Mit Vollkornnudeln zubereitet, liefert der Auflauf zusätzliche Ballaststoffe und Mineralien. Wer keine Zeit hat, die Tomaten selbst zu häuten, kann die gleiche Menge stückige Tomaten (aus der Dose) verwenden. Anstatt die Sauce selbst herzustellen, kann auch ein Trockenfertigprodukt verwendet werden. Die Sauce einfach nach Packungsanleitung zubereiten und über den Auflauf gießen.

Rezeptabwandlung: Für einen vegetarischen Nudelauflauf den Schinken weglassen. Dafür 285 g abgetropften Gemüsemais mit untermischen.

Nussecken, schnelle

Immer wieder gut – transportgeeignet
24 Stück

Pro Stück: E: 2 g, F: 12 g, Kh: 17 g, kJ: 788, kcal: 188, BE: 1,5

Für den All-in-Teig:
200 g Weizenmehl
1 gestr. TL Dr. Oetker Backin
50 g gem. Haselnusskerne
100 g Zucker
1 Prise Salz
1 Ei (Größe M)
150 g Butter oder Margarine (zimmerwarm)
½ Röhrchen Bittermandel-Aroma
4 EL kaltes Wasser

Für den Belag:
200 g Aprikosenkonfitüre
1 Pck. Dr. Oetker Vanillin-Zucker
2 EL Schlagsahne
200 g gehobelte Haselnusskerne

Außerdem:
1 Backblech (30 x 40 cm)
Mixer mit Rührstäben

Zubereitungszeit: etwa 25 Minuten
Backzeit: 20–25 Minuten

1. Das Backblech fetten und mehlen. Den Backofen vorheizen.
Ober-/Unterhitze: etwa 200 °C
Heißluft: etwa 180 °C

2. Für den Teig Mehl mit Backpulver in einer Rührschüssel mischen. Gemahlene Nusskerne, Zucker, Salz, Ei, Butter oder Margarine, Aroma und Wasser hinzufügen. Die Zutaten mit einem Mixer (Rührstäbe) kurz auf niedrigster, dann auf höchster Stufe in etwa 2 Minuten zu einem glatten Teig verarbeiten.

3. Den Teig auf dem Backblech verteilen und gleichmäßig verstreichen.

4. Das Backblech auf mittlerer Einschubleiste in den vorgeheizten Backofen schieben. Den Teig **etwa 10 Minuten vorbacken.**

5. In der Zwischenzeit Konfitüre in einem Topf aufkochen lassen und von der Kochstelle nehmen. Vanillin-Zucker, Sahne und gehobelte Nusskerne unterrühren.

6. Das Backblech auf einen Rost stellen. Die Nussmasse sofort auf dem vorgebackenen Teig verteilen und mit einer Teigkarte oder einem Esslöffel glatt verstreichen.

7. Das Backblech wieder in den heißen Backofen schieben. Das Gebäck in **12–15 Minuten fertig backen.**

8. Das Backblech auf einen Rost stellen und das Gebäck erkalten lassen. Dann das Gebäck in 12 Quadrate (etwa 10 x 10 cm) schneiden und die Quadrate diagonal halbieren.

Tipps: Die fertigen Nussecken mit 50 g aufgelöster Zartbitter-Schokolade besprenkeln (Foto). Die Ecken halten sich 2–3 Wochen in gut schließenden Dosen.

Rezeptvariante: Für **Mandelecken** die Haselnusskerne durch Mandeln ersetzen. 100 g Schokolade auflösen und jeweils die beiden spitzen Ecken der Mandelecken eintauchen. Die Schokolade abtropfen lassen, Mandelecken auf Backpapier legen und Schokolade fest werden lassen.

Obstsalat | Frisch und leicht – laktosefrei

4–6 Portionen

VEGAN

Pro Portion: E: 4 g, F: 6 g, Kh: 27 g, kJ: 775, kcal: 185, BE: 2,0

50 g gehobelte Mandeln
2 mittelgroße Orangen (etwa 300 g)
1–2 EL Zitronensaft
3 EL Orangensaft
1 gestr. EL Voll-Rohrzucker
1 kleine Mango (etwa 250 g)
3 Pflaumen (etwa 300 g)
2 mittelgroße Äpfel (etwa 300 g)
2 Kiwis (etwa 100 g)
250 g Erdbeeren

Zubereitungszeit: etwa 30 Minuten

1. Mandeln in einer kleinen Pfanne ohne Fett unter Rühren leicht anrösten, dann auf einen Teller geben.

2. Die Orangen so schälen, dass die weiße Haut mit entfernt wird. Die Orangenfilets über einer Schüssel aus den Häutchen herausschneiden, den Saft auffangen. Zitronensaft und Orangensaft mit dem Zucker verrühren.

3. Das Fruchtfleisch der Mango vom Stein schneiden und die Mango schälen. Pflaumen abspülen, abtrocknen und den Stein entfernen. Äpfel schälen, vierteln und entkernen. Kiwis schälen. Erdbeeren abspülen, gut abtropfen lassen und entstielen.

4. Das vorbereitete Obst in feine Spalten oder Stücke schneiden. Obst mit dem Saft-Zucker-Gemisch vermengen. Den Obstsalat in eine große Schüssel oder Portionsschälchen füllen und mit Mandeln bestreuen.

Tipps: Möglichst Früchte der Saison verwenden, da sie dann am besten schmecken und eine natürliche Süße haben, dann kann auch der Zucker weggelassen werden. Die Zutaten für den Obstsalat können beliebig variiert werden. So schmeckt auch eine Mischung aus Ananas, Nektarinen, Weintrauben und reifen Birnen (mit etwas Zitronensaft beträufelt, damit sie nicht braun werden). Bleibt doch etwas übrig vom Obstsalat, diesen Rest dann zugedeckt in den Kühlschrank stellen und am nächsten Tag mit Müsli, Quark oder Joghurt genießen.

Olivenkartoffeln

Deftig – spanisch inspiriert

2 Portionen

Pro Portion: E: 9 g, F: 15 g, Kh: 65 g, kJ: 1852, kcal: 441, BE: 5,5

1 kg festkochende Kartoffeln
2 EL Olivenöl
Salz
85 g abgetropfte, grüne Oliven mit Paprikafüllung (aus dem Glas)
1–2 EL TK-Petersilie
gem. Pfeffer

Zubereitungszeit: etwa 30 Minuten

1. Kartoffeln schälen, abspülen, abtropfen lassen und in etwa 1 1/2 cm große Würfel schneiden.

2. Das Olivenöl in einer großen Pfanne erhitzen. Die Kartoffelwürfel darin bei starker Hitze unter gelegentlichem Rühren in etwa 10 Minuten rundherum braun anbraten.

3. Die Kartoffelwürfel mit etwas Salz bestreuen, dann zugedeckt bei schwacher Hitze etwa 10 Minuten weitergaren, dabei 3–4-mal umrühren.

4. In der Zwischenzeit die Oliven in Scheiben schneiden. Die Olivenscheiben mit der Petersilie unter die Kartoffelwürfel mischen und miterwärmen.

5. Die Olivenkartoffeln mit Salz und Pfeffer würzen.

Dazu passt: Eine selbst gemachte **spanische Paprikasauce** (Mojo). Dafür 1 rote Paprikaschote (etwa 200 g) halbieren, entstielen, entkernen und die weißen Scheidewände entfernen. Schotenhälften abspülen, abtropfen lassen und in kleine Würfel schneiden. Paprikawürfel in einer Pfanne ohne Fett bei mittlerer bis starker Hitze in etwa 10 Minuten braun anbraten, dabei gelegentlich umrühren. Etwa 125 ml Wasser angießen, alles einmal aufkochen lassen und die Paprikawürfel zugedeckt bei schwacher Hitze in etwa 10 Minuten gar dünsten. Die Pfanne von der Kochstelle nehmen. 1–2 Knoblauchzehen abziehen, grob hacken und mit den Paprikawürfeln in einen hohen Rührbecher geben. 1 Esslöffel Essig und 1 Esslöffel Olivenöl hinzufügen. Die Zutaten zu einer glatten Sauce pürieren, mit Salz und Pfeffer abschmecken.

Tipp: Statt roher Kartoffeln gegarte Pellkartoffeln (vom Vortag) nehmen, dann entfällt die Garzeit der Kartoffelwürfel. Dafür Pellkartoffeln pellen, würfeln und in Öl rundherum braun anbraten. Dann wie in Punkt 4 beschrieben weiter nach Rezept vorgehen.

Österreichische Gröstelpfanne I

Dauert etwas länger

2 Portionen

Pro Portion: E: 25 g, F: 49 g, Kh: 32 g, kJ: 2793, kcal: 667, BE: 2,5

400 g	*festkochende Kartoffeln*
1	*Zwiebel*
2 Paar	*Wiener Würstchen (ersatzweise etwa 200 g Fleischwurst)*
2	*Gewürzgurken*
1 ½ EL	*Speiseöl (z. B. Sonnenblumenöl)*
1 ½ EL	*Butter*
	Salz
	gem. Pfeffer
½ TL	*getrockneter Majoran*
2	*Eier (Größe M)*
½ Bund	*Schnittlauch*

Zubereitungszeit: etwa 30 Minuten, ohne Abkühlzeit
Garzeit: 40–50 Minuten

1. Kartoffeln unter fließendem Wasser abbürsten und abtropfen lassen. Die Kartoffeln knapp mit Wasser bedeckt in einem Topf zum Kochen bringen und 20–25 Minuten zugedeckt kochen.

2. Die gegarten Kartoffeln abgießen, kurz mit kaltem Wasser abspülen, abtropfen lassen, noch heiß pellen und abkühlen lassen.

3. Kartoffeln in Würfel schneiden. Zwiebel abziehen und würfeln. Würstchen in Scheiben schneiden oder Fleischwurst aus der Haut lösen, längs halbieren und in Scheiben schneiden. Gewürzgurken in Würfel schneiden.

4. Öl und ½ Esslöffel Butter in einer großen Pfanne erhitzen. Die Kartoffelwürfel hinzufügen und unter gelegentlichem Wenden 12–15 Minuten bei schwacher bis mittlerer Hitze goldbraun braten.

5. Die Zwiebelwürfel, Würstchenscheiben und Gurkenwürfel zu den Kartoffeln geben und alles etwa 10 Minuten weiterbraten, dabei ab und zu wenden. Die Gröstelpfanne mit Salz, Pfeffer und Majoran abschmecken, bei schwacher Hitze warm halten.

6. Inzwischen die restliche Butter in einer weiteren Pfanne zerlassen. Die Eier vorsichtig aufschlagen und nebeneinander in das Fett gleiten lassen. Eiweiß mit etwas Salz bestreuen und die Eier etwa 5 Minuten bei mittlerer Hitze braten, bis das Eiweiß fest ist.

7. Die Spiegeleier aus der Pfanne nehmen und die Gröstelpfanne vor dem Servieren damit belegen. Den Schnittlauch abspülen, trocken tupfen und in Röllchen schneiden. Die Gröstelpfanne mit Schnittlauchröllchen bestreuen.

Dazu passt: Grüner Salat.

Tipps: Die Kartoffeln bereits am Vortag kochen und pellen. Wer besonders viel Appetit hat, nimmt pro Portion 2 Spiegeleier. Falls keine zweite Pfanne zur Hand ist, die fertigen Bratkartoffeln in einer Schüssel zugedeckt warm stellen.

Österreichische Topfencreme mit Beeren | Süße Versuchung

2 Portionen

Pro Portion: E: 25 g, F: 23 g, Kh: 61 g, kJ: 2460, kcal: 587, BE: 5,0

300 g gemischte TK-Beeren, (z. B. Brombeeren, Himbeeren, Johannisbeeren)
200 g Sahne-Pudding Vanille-Geschmack (aus dem Kühlregal)
250 g Speisequark (Topfen, 20 % Fett)
1 EL Puderzucker

Nach Belieben:
2–4 Melisseblättchen

Zubereitungszeit: etwa 10 Minuten, ohne Auftauzeit

1. Die Beeren nach Packungsanleitung nebeneinander auf einen Teller legen und auftauen lassen.

2. In einer Schüssel Sahne-Pudding mit Quark und Puderzucker glatt rühren.

3. Die Topfencreme abwechselnd mit den aufgetauten Beeren (bis auf 1 Esslöffel Beeren zum Garnieren) in 2 hohe Portionsgläser (Longdrinkgläser) schichten. Die oberste Quarkschicht mit den beiseitegelegten Beeren und nach Belieben mit Melisseblättchen garnieren.

Tipps: Als Dessert reicht die Menge auch für 4 Portionen. Je nach Zimmertemperatur kann das Auftauen der Beeren bis zu 3 Stunden dauern! Beeren deshalb frühzeitig aus dem Tiefkühler nehmen. Statt TK-Beeren im Frühjahr/Sommer die gleiche Menge frische Erdbeeren verwenden. Im Sommer und Spätsommer möglichst frische Beeren wie Brombeeren, Himbeeren und Johannisbeeren für das Rezept verwenden.

Pancakes | Ganz simpel – fürs Monatsende

2 Portionen (ergibt 8 Stück)

Pro Portion: E: 10 g, F: 15 g, Kh: 53 g, kJ: 1636, kcal: 390, BE: 4,5

Für den Teig:

100 g Weizenmehl
1 gestr. TL Dr. Oetker Backin
1 EL Zucker
1 Prise Salz
1 Ei (Größe M)
75 g Joghurt (3,5 % Fett)

2 EL Speiseöl (z. B. Sonnenblumenöl)
1–2 EL Ahornsirup

Außerdem:

Mixer mit Rührstäben

Zubereitungszeit: etwa 20 Minuten

1. Für den Teig Mehl mit Backpulver mischen und in eine Rührschüssel geben. Restliche Teigzutaten hinzufügen und mit dem Mixer (Rührstäbe) auf höchster Stufe in etwa 2 Minuten zu einem glatten Teig verarbeiten.

2. Aus dem Teig nacheinander 8 Pancakes backen. Dafür die Hälfte des Speiseöls in einer beschichteten Pfanne erhitzen. Zunächst 4 Pancakes backen, dafür pro Pancake 1 Esslöffel Teig hineingeben und etwas verstreichen. Pancakes bei mittlerer Hitze von beiden Seiten etwa 3 Minuten goldbraun backen. Pancakes herausnehmen, wieder Öl in die Pfanne geben und die restlichen Pancakes ebenso backen.

3. Ahornsirup auf einem Teller verteilen. Die Pancakes darauf anrichten.

Rezeptabwandlungen: Für den Pancake-Teig kann man statt 75 g Joghurt auch 150 g Buttermilch oder 100 ml ungesüßte Kokosmilch verwenden. Bei Butter- und Kokosmilch jeweils zusätzlich 1/2 Esslöffel Zucker in den Teig rühren. Eine andere Variante ist es, statt des Joghurts 75 g Erdnussbutter (Fertigprodukt) und 75 ml Milch zuzugeben und alles zu einem glatten Teig zu verarbeiten.

Tipps: Statt Ahornsirup nehmen Sie Zuckerrübensirup (Rübenkraut), diverse Konfitüren und Marmeladen oder Erdnussbutter und streichen diese über die gebackenen Pancakes. Pancakes schmecken warm oder lauwarm serviert am besten; evtl. die Pancakes im Backofen warm halten.

Paprika-Hack-Pfanne I

Ganz simpel – schnell

4 Portionen

Pro Portion: E: 28 g, F: 34 g, Kh: 8 g, kJ: 1883, kcal: 451, BE: 0,5

je 1 rote, gelbe und grüne Paprikaschote (je etwa 150 g)
250 g Tomaten
2 EL Speiseöl
500 g Rindergehacktes
Salz, gem. Pfeffer
1 TL Currypulver
2–3 EL Wasser
150 g Crème fraîche

Zubereitungszeit: etwa 25 Minuten
Garzeit: etwa 10 Minuten

1. Paprikaschoten halbieren, entstielen, entkernen und die weißen Scheidewände entfernen. Schoten abspülen, trocken tupfen und in sehr feine Streifen schneiden.

2. Die Tomaten kreuzweise einschneiden und mit kochendem Wasser übergießen. Nach 1–2 Minuten herausnehmen und mit kaltem Wasser abschrecken. Tomaten häuten, halbieren und die Stängelansätze herausschneiden. Tomaten achteln.

3. Speiseöl in einer Pfanne erhitzen. Das Gehackte darin unter Rühren kräftig anbraten. Dabei die Fleischklümpchen mit einer Gabel zerdrücken.

4. Die Paprikastreifen hinzugeben, mit Salz, Pfeffer und Curry würzen, Wasser hinzugeben. Die Zutaten zum Kochen bringen und etwa 5 Minuten garen.

5. Tomatenspalten hinzugeben und noch weitere etwa 5 Minuten mitgaren. Crème fraîche vor dem Servieren auf die Paprika-Hack-Pfanne geben.

Dazu passen: Reis und gemischter Blattsalat.

Paprika-Quark-Brot I

Vegetarisch – für den kleinen Hunger

1 Portion

Pro Portion: E: 17 g, F: 13 g, Kh: 47 g, kJ: 1585, kcal: 379, BE: 4,0

½ kleine, rote Paprikaschote
1 EL Schnittlauchröllchen
100 g Paprika- oder Chili-Quark
2 Scheiben Vollkornbrot
1 TL Sonnenblumenkerne

Zubereitungszeit: etwa 5 Minuten

1. Paprikahälfte entstielen, entkernen und die weißen Scheidewände entfernen. Paprika abspülen, abtropfen lassen und in feine Würfel schneiden. 1 Teelöffel Paprikawürfel zum Garnieren beiseitelegen.

2. Paprikawürfel und Schnittlauchröllchen mit dem Quark verrühren, auf den Brotscheiben verteilen. Die Brote mit den beiseitegelegten Paprikawürfeln und Sonnenblumenkernen bestreuen und genießen.

Tipp: Für selbst gemachten Paprika- oder Chiliquark 100 g Magerquark mit ½–1 Esslöffel Milch oder Wasser verrühren. Den Quark mit Paprikapulver oder Chili und etwas Salz und Pfeffer abschmecken.

Paprikaschoten mit Reis-Hack-Füllung I

Beliebter Sattmacher

2 Portionen

Pro Portion: E: 29 g, F: 30 g, Kh: 31 g, kJ: 2161, kcal: 516, BE: 2,0

Für die Füllung:

70 ml Wasser
25 g Langkornreis (parboiled)
Salz
1 Zwiebel
200 g Gehacktes (halb Rind-, halb Schweinefleisch)
1 Ei (Größe M)
gem. Pfeffer

2 große Paprikaschoten (etwa 500 g)

Für die Sauce:

1 Gemüsezwiebel
1 Knoblauchzehe
1 Stängel Thymian (oder ½ TL gerebelter Thymian)
2 EL Olivenöl
etwa 200 ml stückige Tomaten (aus der Dose)
70 ml Gemüsebrühe

Zubereitungszeit: etwa 25 Minuten
Garzeit: 60–65 Minuten

1. Für die Füllung Wasser mit Reis und Salz in einen Topf geben, zum Kochen bringen. Den Reis dann bei schwacher Hitze 15–20 Minuten zugedeckt quellen lassen. Dabei gelegentlich umrühren. Eventuell restliches Wasser im offenen Topf verdunsten lassen (der Reis muss noch körnig sein). Reis etwas abkühlen lassen.

2. In der Zwischenzeit die Paprikaschoten abspülen, abtrocknen, am Stielende einen Deckel abschneiden, Kerne und weiße Scheidewände entfernen. Danach die Zwiebel abziehen, halbieren und in kleine Würfel schneiden.

3. Das Gehackte in eine Schüssel geben mit gegartem Reis, Zwiebelwürfeln und Ei vermengen. Die Gehacktesmasse mit Salz und Pfeffer würzen. Die Masse dann in die vorbereiteten Paprikaschoten füllen und die Paprikadeckel wieder auflegen.

4. Für die Sauce Gemüsezwiebel abziehen, halbieren und klein würfeln. Die Knoblauchzehe abziehen, fein hacken. Thymianstängel abspülen und trocken tupfen. Olivenöl in einem Topf erhitzen, Zwiebel- und Knoblauchwürfel und Thymian darin andünsten.

5. Stückige Tomaten und die Brühe zugießen. Die Paprikaschoten nebeneinander in den Topf stellen. Die Paprikaschoten bei schwacher Hitze etwa 45 Minuten zugedeckt garen. Dann die Paprikaschoten aus dem Topf nehmen und warm stellen.

6. Den Thymianstängel aus der Sauce nehmen. Sauce pürieren, mit Salz und Pfeffer abschmecken und zu den gefüllten Paprikaschoten servieren.

Tipps: Gefüllte Paprikaschoten kann man problemlos für mehr Personen zubereiten. Dafür die Zutatenmengen anpassen. Die gefüllten Paprikaschoten eignen sich auch zum Einfrieren.

Partybrötchen I

Beliebt

10 Stück

Pro Stück: E: 15 g, F: 13 g, Kh: 20 g, kJ: 1099, kcal: 263, BE: 1,5

1	*Zwiebel*
je 1	*grüne und rote Paprikaschote*
500 g	*Gehacktes (halb Rind-, halb Schweinefleisch)*
150 g	*Kräuterschmelzkäse*
1 gestr. TL	*Salz*
1 Msp.	*gem. Pfeffer*
2–3 Spritzer	*Tabasco oder 1 gestr. TL Paprikapulver rosenscharf*
5	*Brötchen (Semmeln)*
1 EL	*Schnittlauchröllchen*

Außerdem:

1	*Backblech*
	Backpapier

Zubereitungszeit: etwa 30 Minuten
Backzeit: etwa 25 Minuten

1. Die Zwiebel abziehen, halbieren und in sehr kleine Würfel schneiden.

2. Die Paprikaschoten halbieren, entstielen, entkernen und die weißen Scheidewände entfernen. Die Schotenhälften abspülen, trocken tupfen und ebenfalls in feine Würfel schneiden.

3. Das Gehackte in eine Rührschüssel geben. Zwiebelwürfel, Paprikawürfel, Schmelzkäse, Salz, Pfeffer und Tabasco oder Paprikapulver hinzugeben. Die Zutaten gut miteinander zu einer Gehacktesmasse verkneten.

4. Das Backblech mit Backpapier belegen. Den Backofen vorheizen.
Ober-/Unterhitze: etwa 200 °C
Heißluft: etwa 180 °C

5. Brötchen waagerecht aufschneiden. Die Gehacktesmasse gleichmäßig auf den Brötchenhälften verteilen. Dabei darauf achten, dass die Masse bis an den Rand gestrichen wird. Die Masse etwas andrücken. Bestrichene Brötchenhälften auf das Backblech legen. Das Backblech auf mittlerer Einschubleiste in den vorgeheizten Backofen schieben und die Brötchen **etwa 25 Minuten backen**, bis der Brötchenrand goldbraun und die Hackmasse gar ist.

6. Das Backblech aus dem Backofen nehmen und auf einen Rost stellen. Die Brötchen auf einer Platte anrichten, mit Schnittlauchröllchen bestreuen und heiß, lauwarm oder kalt servieren.

Tipp: Vor dem Backen etwas geriebenen Käse auf die Brötchen streuen.

Rezeptvariante: Für **überbackene Mini-Partybrötchen** statt der „normalen" Brötchen 1 Packung Mini-Partybrötchen (aus dem Brotregal, zum Aufbacken) verwenden. Die Hackfleischmasse reicht für 16 Mini-Brötchenhälften. Wichtig: Die Brötchen dann nur etwa 20 Minuten backen.

Party-Brötchen-Ring mit Frischkäse I

Das frische Extra

12 Brötchen

Pro Stück: E: 6 g, F: 4 g, Kh: 32 g, kJ: 784, kcal: 187, BE: 2,5

Für den Hefeteig:

125 ml Milch (1,5 % Fett)
500 g Weizenmehl
42 g frische Hefe
½ gestr. TL Zucker
125 ml lauwarmes Wasser
150 g Doppelrahm-Frischkäse mit Kräutern
1–2 gestr. TL Salz

Außerdem:

1 Backblech
Backpapier
Mixer mit Knethaken

Zubereitungszeit: etwa 30 Minuten, ohne Teiggehzeit
Backzeit: 25–30 Minuten

1. Für den Teig Milch leicht erwärmen. Mehl in eine Schüssel geben und in die Mitte eine Vertiefung drücken. Hefe hineinbröckeln, Zucker und etwas Wasser hinzufügen. Alles mit einer Gabel vorsichtig verrühren und etwa 10 Minuten stehen lassen.

2. Milch, Frischkäse, Salz und das restliche Wasser hinzufügen. Die Zutaten mit dem Mixer (Knethaken) zunächst kurz auf niedrigster, dann auf höchster Stufe in etwa 5 Minuten zu einem glatten Teig verarbeiten. Den Teig zugedeckt so lange an einem warmen Ort gehen lassen, bis er sich sichtbar vergrößert hat (etwa 30 Minuten).

3. Das Backblech mit Backpapier belegen.

4. Den Hefeteig leicht mit Mehl bestäuben, aus der Schüssel nehmen, auf einer leicht bemehlten Arbeitsfläche nochmals gut durchkneten und zu einer Rolle formen. Teigrolle in 12 gleich große Portionen teilen und zu Brötchen formen. Brötchen mit etwas Abstand auf dem Backblech zu einem Kranz zusammenlegen und mit etwas Mehl bestäuben.

5. Brötchen nochmals zugedeckt so lange an einem warmen Ort gehen lassen, bis sie sich sichtbar vergrößert haben (20–30 Minuten).

6. Inzwischen den Backofen vorheizen.
Ober-/Unterhitze: etwa 200 °C
Heißluft: etwa 180 °C

7. Die Brötchen evtl. an der Oberfläche mit einem scharfen Messer leicht anritzen. Das Backblech auf mittlerer Einschubleiste in den vorgeheizten Backofen schieben und den Kranz **25–30 Minuten backen.**

8. Den Brötchenkranz vom Backpapier lösen und auf einem Rost erkalten lassen.

Tipps: Statt frischer Hefe kann auch ein Päckchen Trockenbackhefe verwendet werden. Dann alle Zutaten zusammen in eine Rührschüssel geben und wie in Punkt 2 beschrieben etwa 5 Minuten kneten. Dann weiter nach Rezept vorgehen. Bunter werden die Brötchen, wenn zusätzlich eine fein gewürfelte, rote Paprikaschote unter den Teig geknetet wird.

Partyring I

Gut gefüllt

1 Ring

Insgesamt: E: 75 g, F: 68 g, Kh: 295 g, kJ: 9025, kcal: 2154, BE: 24,0

Für die Füllung:

200 g abgetropfte Champignonscheiben (aus dem Glas)
1 Zwiebel
1 Knoblauchzehe
150 g Bacon (Frühstücksspeck)
25 g TK-Italienische Kräuter
70 g Tomatenmark
Salz
gem. Pfeffer
Zucker

Für den Hefeteig:

375 g Weizenmehl
1 Pck. Hefeteig Garant
225 ml Wasser
1 EL Olivenöl

Zum Bestreichen:

1 EL Olivenöl

Außerdem:

1 Backblech
Backpapier
Mixer mit Knethaken

Zubereitungszeit: etwa 45 Minuten, ohne Teigruhezeit
Backzeit: 30–35 Minuten

1. Für die Füllung die Champignonscheiben fein hacken. Zwiebel abziehen und würfeln. Knoblauch abziehen, halbieren und würfeln oder durch eine Knoblauchpresse drücken. Bacon in kleine Stücke schneiden und in einer großen Pfanne ohne Fett bei mittlerer Hitze ausbraten. Zwiebeln und Knoblauch hinzufügen und mit anbraten.

2. Champignons mit Kräutern und Tomatenmark zur Baconmasse geben und unterheben. Die Masse unter Rühren kurz erhitzen, mit Salz, Pfeffer und Zucker würzen. Anschließend die Masse abkühlen lassen.

3. Für den Teig inzwischen das Mehl in einer Rührschüssel mit Hefeteig Garant vermischen. Wasser und Öl hinzufügen. Die Zutaten mit einem Mixer (Knethaken) zunächst kurz auf niedrigster, dann auf höchster Stufe in etwa 2 Minuten zu einem glatten Teig verarbeiten.

4. Das Backblech mit Backpapier belegen. Die Arbeitsfläche leicht bemehlen. Den Hefeteig darauf zu einem Rechteck (etwa 30 x 50 cm) ausrollen.

5. Die Bacon-Champignon-Masse darauf verteilen, dabei rundherum einen etwa 2 cm breiten Rand frei lassen. Die Teigränder mit Wasser bestreichen.

6. Den Teig von der längeren Seite her aufrollen, auf das Backblech legen, zu einem Ring formen und anschließend etwa 15 Minuten ruhen lassen.

7. Den Backofen vorheizen.
Ober-/Unterhitze: etwa 200 °C
Heißluft: etwa 180 °C

8. Den Teigring rundherum in etwa 3 cm dicke Scheiben schneiden, dabei den Ring nicht ganz bis zur Innenkante durchschneiden.

9. Teigscheiben nach außen drehen und flach auf das Backpapier legen. Der Ring bleibt dabei erhalten! Den Teigring mit Öl bestreichen.

10. Das Backblech auf mittlerer Einschubleiste in den vorgeheizten Backofen schieben und den Teigring **30–35 Minuten backen.**

11. Den Partyring mit dem Backpapier vom Backblech ziehen und erkalten lassen.

Tipps: Für Pilz-Bacon-Schnecken den Hefeteig mit der Füllung von der Längsseite aufrollen, in 2–3 cm dicke Scheiben schneiden und auf 2 mit Backpapier belegte Backbleche legen. Die Pilz-Bacon-Schnecken mit Olivenöl bestreichen und 20–25 Minuten je Blech (bei Heißluft zusammen) backen.

Partywürfel I

Preiswert – gut vorzubereiten

16–20 Stücke

Pro Stück: E: 4 g, F: 8 g, Kh: 27 g, kJ: 831, kcal: 198, BE: 2,5

60 g gehobelte Mandeln

Für den Pudding:

2 Pck. Dr. Oetker Pudding-Pulver Vanille-Geschmack
7–8 EL Zucker (etwa 100 g)
750 ml Milch (1,5 % Fett)
250 g Schlagsahne

Für die rote Grütze:

1 Pck. Dr. Oetker Rote Grütze Himbeer-Geschmack (Dessertpulver, ohne Sago)
1 EL Zucker
500 ml Kirschnektar

225 g Zwieback

Außerdem:

1 Springform (Ø 26 cm)
Backpapier

Zubereitungszeit: etwa 40 Minuten, ohne Kühlzeit

1. Mandeln in einer Pfanne ohne Fett leicht bräunen und auf einen Teller geben. Den Boden der Springform mit Backpapier belegen, den Rand darumstellen und das Backpapier darin einspannen. Die Hälfte der Mandeln gleichmäßig darin verstreuen.

2. Für den Pudding aus Pudding-Pulver, Zucker, Milch und Sahne nach Packungsanleitung, aber mit den hier angegebenen Zutaten, einen Pudding zubereiten und ihn zugedeckt stehen lassen.

3. Für die rote Grütze das Dessertpulver mit Zucker und Kirschnektar nach Packungsanleitung, aber mit den hier angegebenen Zutaten, zubereiten. Die rote Grütze ebenfalls zugedeckt stehen lassen.

4. Die Hälfte des Zwiebacks auf die Mandeln in der Springform legen, dafür den Zwieback am Formrand mit einem Sägemesser in die passende Form schneiden. Die Hälfte des warmen Puddings darauf verstreichen. Die Hälfte der warmen roten Grütze esslöffelweise darauf verteilen und vorsichtig glatt streichen.

5. Restlichen Zwieback ebenfalls passend schneiden und auf der roten Grütze verteilen. Restlichen warmen Pudding daraufstreichen. Restliche warme rote Grütze ganz vorsichtig darauf verteilen und verstreichen. Den Partykuchen mit Frischhaltefolie oder einem großen Teller bedecken und über Nacht in den Kühlschrank stellen.

6. Vor dem Servieren den Kuchen aus der Form lösen und mit den restlichen Mandeln bestreuen. Den Kuchen mit einem abgespülten Sägemesser in Würfel schneiden.

Pellkartoffeln mit Radieschenquark | Aufgemotzter Klassiker

4 Portionen

Pro Portion: E: 30 g, F: 10 g, Kh: 45 g, kJ: 1685, kcal: 403, BE: 3,5

1 kg Kartoffeln
1 TL Salz

Für den Radieschenquark:
750 g Speisequark (20 % Fett)
etwa 100 ml Milch (1,5 % Fett)
Salz, gem. Pfeffer
3 Bund Radieschen
1 EL gehackter Dill
1 EL gehackte Basilikumblättchen
1–2 TL abgetropfte, grüne Pfefferkörner (in Lake)
einige Dillspitzen

Zubereitungszeit: etwa 20 Minuten
Garzeit: 20–25 Minuten

1. Kartoffeln gründlich waschen, knapp mit Wasser bedeckt zum Kochen bringen. Salz hinzugeben. Die Kartoffeln zugedeckt in 20–25 Minuten gar kochen und abgießen.

2. Inzwischen für den Radieschenquark Quark mit Milch verrühren, mit Salz und Pfeffer würzen.

3. Radieschen putzen, abspülen, trocken tupfen und in Scheiben schneiden. Einige Radieschenscheiben zum Garnieren beiseitelegen. Restliche Radieschenscheiben mit Dill, Basilikum und Pfefferkörnern unter die Quarkcreme rühren.

4. Den Radieschenquark mit Salz und Pfeffer abschmecken und anrichten. Mit den beiseitegelegten Radieschenscheiben und abgespülten, trocken getupften Dillspitzen garnieren.

5. Die Kartoffeln im offenen Topf unter häufigem Schütteln abdämpfen. Die Kartoffeln zerteilen und etwas aufdrücken oder die Kartoffeln pellen und zum Quark reichen.

Pellkartoffeln mit Wasabi-„Quark“ I

Klassiker im Japan-Style

2 Portionen

VEGAN

Pro Portion: E: 15 g, F: 6 g, Kh: 48 g, kJ: 1341, kcal: 320, BE: 4,0

Zum Vorbereiten:

500 g Sojajoghurt

600 g festkochende Kartoffeln
1/2 TL Salz
2 gestr. TL Wasabipaste
1 EL Zitronensaft
Salz, gem. Pfeffer
evtl. etwas vorbereitete Petersilie

Außerdem:

sauberes Küchentuch (z. B aus Leinen)

Zubereitungszeit: etwa 35 Minuten, ohne nächtliche Abtropfzeit
Garzeit: 20–25 Minuten

1. Zum Vorbereiten am Abend zuvor ein großes Sieb mit einem sauberen Küchentuch auslegen. Das Sieb in eine Schüssel hängen. Den Sojajoghurt in das Sieb geben und zugedeckt über Nacht im Kühlschrank abtropfen lassen.

2. Am nächsten Tag die Kartoffeln gründlich waschen, knapp mit Wasser bedeckt zum Kochen bringen. Salz hinzugeben. Die Kartoffeln zugedeckt in 20–25 Minuten gar kochen.

3. In der Zwischenzeit das Tuch an den Ecken zusammenhalten und den Joghurt zu einer Kugel formen, dabei läuft evtl. weitere überschüssige Flüssigkeit ab. Den abgetropften Soja-„Quark“ aus dem Handtuch nehmen und in eine Schüssel geben. Wasabipaste und Zitronensaft unterrühren, mit Salz und Pfeffer abschmecken.

4. Die garen Kartoffeln abgießen, mit kaltem Wasser abschrecken, abtropfen lassen und sofort pellen.

5. Die Pellkartoffeln mit dem Wasabi-„Quark“ auf Tellern anrichten, nach Belieben mit Salz und Pfeffer bestreuen, mit abgespülten, trocken getupften Petersilienblättchen garniert servieren.

Dazu passt: Ein einfacher grüner Salat schmeckt genauso gut wie dieser **Radieschen-Rohkost-Salat** (für 2 Personen als Beilage): 1 Esslöffel Apfelessig mit 1 Teelöffel Agavendicksaft, Salz und Pfeffer verrühren und 2 Esslöffel Olivenöl unterschlagen. 150 g geputzte Radieschen in sehr dünne Stifte schneiden, 150 g geputzte Salatgurke halbieren, entkernen und in Scheiben schneiden, beides mit der Salatsauce mischen.

Perlgraupenrisotto

Schnell

2 Portionen

Pro Portion: E: 14 g, F: 7 g, Kh: 85 g, kJ: 1967, kcal: 470, BE: 6,0

200 g Perlgraupen
1 Zwiebel
1 EL Speiseöl (z. B. Sonnenblumenöl)
400 ml Gemüsebrühe
1 Bund Frühlingszwiebeln
3 große Tomaten
Salz, gem. Pfeffer
evtl. etwas abgeriebene Schale und Saft von
1 Bio-Zitrone (unbehandelt, ungewachst)

Zubereitungszeit: etwa 30 Minuten

1. Perlgraupen nach Belieben in ein Sieb geben, mit kaltem Wasser abspülen und gut abtropfen lassen. Zwiebel abziehen und in kleine Würfel schneiden.

2. Das Öl in einem Topf erhitzen. Zwiebelwürfel darin unter Rühren andunsten. Die Perlgraupen hinzugeben und 1–2 Minuten unter gelegentlichem Rühren mitdünsten.

3. Nach und nach die Brühe hinzugießen. Die Zutaten zugedeckt etwa 20 Minuten bei schwacher Hitze köcheln lassen, bis die Perlgraupen bissfest sind, dabei die Packungsanleitung beachten.

4. In der Zwischenzeit die Frühlingszwiebeln putzen, abspülen, abtropfen lassen und schräg in feine Scheiben schneiden. Nach Belieben etwa 1 Esslöffel Frühlingszwiebelscheiben zum Garnieren beiseitelegen.

5. Die Tomaten kreuzweise einschneiden und mit kochendem Wasser übergießen. Nach 1–2 Minuten herausnehmen und mit kaltem Wasser abschrecken. Tomaten enthäuten, halbieren und die Stängelansätze herausschneiden. Anschließend entkernen und das Fruchtfleisch in mundgerechte Stücke schneiden.

6. Frühlingszwiebeln mit Tomaten etwa 5 Minuten vor Garzeitende zu den Perlgraupen in den Topf geben, unterrühren und alles zugedeckt fertig garen.

7. Das Risotto mit Salz, Pfeffer, evtl. etwas Zitronenschale und 1–2 Esslöffeln Zitronensaft abschmecken. Das Perlgraupenrisotto auf Tellern anrichten und nach Belieben mit den beiseitegelegten Frühlingszwiebeln garnieren.

Tipps: Wer das Risotto etwas weicher mag, gart die Perlgraupen etwa 5 Minuten länger. Perlgraupen harmonieren auch zu anderem frischen Gemüse wie Fenchel oder Paprika (jeweils klein gewürfelt) statt der Frühlingszwiebeln. Die Tomaten möglichst stets mitgaren, sie geben dem Risotto die nötige Flüssigkeit und verleihen eine angenehme Säure. Als Beilage reicht die Risottomenge für 3–4 Personen.

Pesto-Kartoffel-Salat I

Macht echt viel her

4 Portionen

Pro Portion: E: 6 g, F: 16 g, Kh: 33 g, kJ: 1327, kcal: 316, BE: 3,0

750 g	*kleine, festkochende Kartoffeln*
	Salz
75 g	*getrocknete Tomaten (in Öl eingelegt)*

Für das Dressing:

3–4 EL	*Öl (von den getrockneten Tomaten)*
	Saft von
1	*Zitrone*
2–3 EL	*Pesto (aus dem Glas)*
	gem. Pfeffer
etwas	*Zucker*

Zubereitungszeit: etwa 30 Minuten, ohne Abkühl- und Durchziehzeit

1. Die Kartoffeln waschen, evtl. abbürsten, dann mit Schale in einem Topf mit Wasser bedeckt zum Kochen bringen und salzen. Kartoffeln in etwa 15 Minuten gar kochen lassen. Dann Kartoffeln abgießen, abdämpfen (dafür den Topf ohne Deckel kurz auf die ausgestellte Kochplatte stellen und etwas schütteln). Kartoffeln abkühlen lassen.

2. Tomaten in einem Sieb abtropfen lassen, dabei das Öl auffangen und 3–4 Esslöffel abmessen. Getrocknete Tomaten in Streifen schneiden.

3. Für das Dressing aufgefangenes Öl, Zitronensaft und Pesto in einer großen Salatschüssel verschlagen. Dressing mit Salz, Pfeffer und Zucker abschmecken.

4. Die Kartoffeln mit Schale je nach Größe evtl. halbieren oder vierteln. Kartoffeln und Tomatenstreifen zum Dressing geben und untermischen.

5. Den Salat zugedeckt mindestens 1 Stunde durchziehen lassen, dann den Kartoffelsalat nach Belieben in hohen Gläsern anrichten.

Tipps: Wer mag, reichert den Salat mit Mini-Mozzarella-Kugeln an. Eine köstliche Party-Idee oder auch ein leckerer, einfacher Salat für ein Picknick. Schneller geht's, wenn man die Kartoffeln bereits am Vortag kocht.

Pesto-Nudel-Salat

Ganz simpel – schnell

2 Portionen

Pro Portion: E: 17 g, F: 4 g, Kh: 91 g, kJ: 2002, kcal: 478, BE: 7,5

2 1/2 l	*Wasser*
2 1/2 gestr. TL	*Salz*
250 g	*Nudeln (z. B. Farfalle)*
1–2 TL	*grünes Pesto*
etwa 10	*Cocktailtomaten*
	Salz
	gem. Pfeffer

Zubereitungszeit: etwa 20 Minuten, ohne Durchziehzeit

1. Wasser in einem Topf zugedeckt zum Kochen bringen. Dann Salz und Nudeln hinzugeben. Die Nudeln bei mittlerer Hitze nach Packungsanleitung gar kochen, dabei gelegentlich umrühren.

2. Anschließend die Nudeln in ein Sieb geben (dabei 2–3 Esslöffel vom Kochwasser auffangen), die Nudeln kurz abspülen (damit sie nicht kleben) und abtropfen lassen. Das Pesto mit dem aufgefangenen Nudelkochwasser verrühren und die noch heißen Nudeln damit vermischen, alles durchziehen lassen.

3. Tomaten abspülen und abtrocknen, evtl. halbieren. Vor dem Servieren den Salat mit Salz und Pfeffer würzen. Tomaten unterheben.

Tipp: Zusätzlich einige Schafskäsewürfel oder Oliven in den Salat geben.

Pfannkuchen I

Schneller Sattmacher

VEGAN

2 Stück

Pro Stück: E: 12 g, F: 13 g, Kh: 86 g, kJ: 2151, kcal: 514, BE: 7,0

Für den Teig:

150 g Weizenmehl (Type 1050)
½ TL Natron
150 ml naturtrüber Apfelsaft
150 ml Sojamilch
1 EL Zitronensaft
1 EL Zucker
1 Msp. gem. Zimt
1 Prise Salz

2 EL Speiseöl (z. B. Sonnenblumenöl) zum Braten
je 1 EL selbst gemachte Marmelade oder Konfitüre, Ahornsirup oder Dicksaft von Agave, Apfel oder Birne zum Bestreichen

Außerdem:

Mixer mit Rührstäben

Zubereitungszeit: etwa 20 Minuten, ohne Ruhezeit

1. Für den Teig Mehl mit Natron in einer Rührschüssel mischen. Apfelsaft und Sojamilch mit Zitronensaft, Zucker, Zimt und Salz hinzufügen.

2. Die Zutaten mit einem Mixer (Rührstäbe) zunächst kurz auf niedrigster, dann auf höchster Stufe in etwa 2 Minuten zu einem glatten Teig verarbeiten. Den Teig 20–30 Minuten ruhen lassen.

3. Von dem Öl 1 Esslöffel in einer großen Pfanne erhitzen. Den Teig gut durchrühren. Die Hälfte des Teiges mit einer Suppenkelle in die Pfanne geben und etwas verstreichen. Den Pfannkuchen bei mittlerer bis starker Hitze von beiden Seiten goldbraun backen.

4. Aus dem restlichen Teig in dem restlichen Öl einen weiteren Pfannkuchen backen.

5. Die fertigen Pfannkuchen mit Marmelade, Konfitüre, Ahornsirup oder Dicksaft bestreichen und servieren.

Dazu passt: Frisches Obst.

Tipps: Der Pfannkuchenteig lässt sich problemlos für mehrere Portionen verdoppeln. Wichtig: Den Teig vor jedem Backen etwas umrühren. Bereits gebackene Pfannkuchen können im vorgeheizten Backofen bei etwa 80 °C (Ober-/Unterhitze) bzw. etwa 60 °C (Heißluft) warm gehalten werden. Die einzelnen Pfannkuchen mit wenig Zucker bestreuen, damit sie nicht zusammenkleben.

Rezeptvariante: Noch Äpfel da? Für den Klassiker **Apfelpfannkuchen** (im Foto vorne) den Teig wie beschrieben zubereiten. Zusätzlich 1–2 säuerliche Äpfel (z. B. Boskop) schälen, vierteln, entkernen und in dünne Spalten schneiden. Etwas Öl in der Pfanne erhitzen, den Teig einfüllen und sogleich mit der Hälfte der Apfelspalten belegen. Den Pfannkuchen backen, nach der Hälfte der Backzeit vorsichtig wenden und weiterbacken. Die restlichen Apfelspalten und den restlichen Teig auf die gleiche Weise verarbeiten.

Pflaumen-Streusel-Kuchen I

Ganz simpel

12 Stücke

Pro Stück: E: 3 g, F: 14 g, Kh: 33 g, kJ: 1119, kcal: 267, BE: 0,5

Zum Vorbereiten:

125 g Butter

Für den Streuselteig:

200 g Weizenmehl
1 gestr. TL Dr. Oetker Backin
100 g Zucker
1 Pck. Dr. Oetker Vanillin-Zucker
1 Prise Salz

385 g gut abgetropfte Pflaumenhälften (aus dem Glas)

Für den Guss:

200 g Schmand (Sauerrahm)
1 Ei (Größe M)
1 Pck. Saucenpulver Vanille-Geschmack zum Kochen
50 g Zucker

Außerdem:

1 Springform (Ø 26 cm)
Mixer mit Rührstäben

Zubereitungszeit: etwa 15 Minuten, ohne Abkühlzeit
Backzeit: 45–50 Minuten

1. Butter zerlassen und abkühlen lassen.

2. Den Boden der Springform fetten. Den Backofen vorheizen.
Ober-/Unterhitze: etwa 180 °C
Heißluft: etwa 160 °C

3. Mehl mit Backpulver in einer Rührschüssel gut vermischen. Zucker, Vanillin-Zucker, Salz und zerlassene Butter hinzufügen. Die Zutaten mit einem Mixer (Rührstäbe) zunächst kurz auf niedrigster, dann auf höchster Stufe kurz zu feinen Streuseln verarbeiten.

4. Etwa drei Viertel der Streusel in der vorbereiteten Springform verteilen und zu einem Boden andrücken. Pflaumen darauf verteilen.

5. Für den Guss Schmand mit Ei, Saucenpulver und Zucker mit einem Schneebesen verrühren. Guss auf die Pflaumen gießen und mit den restlichen Streuseln bestreuen.

6. Die Form im unteren Drittel auf dem Rost in den vorgeheizten Backofen schieben und den Kuchen **45–50 Minuten backen.**

7. Die Form auf einen Rost stellen. Den Kuchen etwa 10 Minuten abkühlen lassen, dann den Springformrand lösen und entfernen. Den Kuchen mit dem Springformboden auf dem Rost erkalten lassen. Dann den Kuchen vom Springformboden lösen und auf eine Tortenplatte umsetzen.

Tipps: Zusätzlich kann noch 1 Teelöffel gemahlener Zimt oder etwas geriebene Zitronenschale in den Teig gegeben werden.

Rezeptvariante: Für einen **Apfel-Streusel-Kuchen** anstelle der Pflaumen 3–4 säuerliche Äpfel schälen, vierteln und das Kerngehäuse entfernen. Die Viertel nochmals längs durchschneiden.

Pizzabrötchen I

Für Freunde

20 Stück

Pro Stück: E: 9 g, F: 7 g, Kh: 9 g, kJ: 569, kcal: 136, BE: 0,5

400 g Kochschinken
1 rote Paprikaschote
1 mittelgroße Zwiebel
1 Knoblauchzehe
250 g ger. Gouda
150 g Crème fraîche
½ TL Salz
gem. Pfeffer
1–2 TL Pizza-Gewürzmischung
10 Mini-Ciabatta-Brötchen zum Aufbacken (300-g-Packung, aus dem Brotregal)

Außerdem:

1 Backblech (30 x 40 cm)
Backpapier

Zubereitungszeit: etwa 45 Minuten
Backzeit: 18–20 Minuten

1. Schinken in feine Würfel schneiden und in eine Schüssel geben. Paprikaschote halbieren, entstielen, entkernen und die weißen Scheidewände entfernen. Schotenhälften abspülen, trocken tupfen und fein würfeln. Zwiebel und Knoblauch abziehen, fein würfeln, mit den Paprikawürfeln in die Schüssel zu den Schinkenwürfeln geben. Gouda und Crème fraîche hinzugeben. Alle Zutaten gut miteinander verrühren. Die Masse mit Salz, Pfeffer und Pizzagewürz abschmecken.

2. Das Backblech mit Backpapier belegen. Den Backofen vorheizen.
Ober-/Unterhitze: etwa 180 °C
Heißluft: etwa 160 °C

3. Die Ciabatta-Brötchen waagerecht aufschneiden. Von der Masse für den Belag auf jede Brötchenhälfte 1–1 ½ Esslöffel geben. Den Belag mit einem Messer gleichmäßig bis zum Rand hin verstreichen. Dabei die Masse andrücken. Die bestrichenen Brötchenhälften mit etwas Abstand auf das Backblech legen.

4. Das Backblech auf mittlerer Einschubleiste in den vorgeheizten Backofen schieben. Die Pizzabrötchen **18–20 Minuten backen.**

5. Das Backblech auf einen Rost stellen. Die Pizzabrötchen heiß, lauwarm oder kalt servieren.

Rezeptvariante: Für **Pizza-Gemüse-Brötchen** 200 g vorbereitete Frühlingszwiebeln in feine Scheiben schneiden. 2 Möhren putzen, abspülen, abtropfen lassen und raspeln. 1 Knoblauchzehe abziehen und fein würfeln. 285 g abgetropften Gemüsemais (aus der Dose) mit den Frühlingszwiebelscheiben, Möhrenraspeln, Knoblauchwürfeln, 250 g geriebenem Gouda und 150 g Crème fraîche zu einer glatten Masse verrühren. Die Masse mit ½ Teelöffel Salz, 1 Prise Pfeffer und ½ Teelöffel Paprikapulver edelsüß würzen. Die Brötchenhälften wie im Rezept beschrieben bestreichen und backen.

Porree in Tomatensauce

Schnelle Beilage

4 Portionen

VEGAN

Pro Portion: E: 3 g, F: 4 g, Kh: 6 g, kJ: 317, kcal: 76, BE: 0,5

750 g Porree (Lauch)
1 ½ EL Olivenöl
1 EL Tomatenmark
250 g passierte Tomaten
1 TL gerebelter Thymian
Salz, gem. Pfeffer

Zubereitungszeit: etwa 20 Minuten

1. Porree putzen, die Stangen längs halbieren, gründlich waschen, abtropfen lassen und in 2–3 cm lange Stücke schneiden.

2. Olivenöl in einer großen Pfanne erhitzen. Tomatenmark darin dünsten. Porreestücke hinzugeben, von allen Seiten kräftig mitdünsten lassen. Tomaten hinzufügen, mit Thymian, Salz und Pfeffer würzen. Die Zutaten zum Kochen bringen, bei schwacher Hitze etwa 10 Minuten dünsten, bis der Porree gar ist, aber noch Biss hat.

3. Den Porree in Tomatensauce heiß oder lauwarm servieren.

Tipp: Wenn es nicht vegan sein muss, Porree in Tomatensauce mit etwas zerbröseltem Schafskäse bestreuen und mit frischem Thymian garnieren.

Dazu passt: Bulgur- oder Couscous-Salat (für 4 Portionen). Dafür 200 g Bulgur oder Couscous nach Packungsanleitung zubereiten und abkühlen lassen. Inzwischen 1–2 Stangen Staudensellerie putzen, abspülen, abtropfen lassen und in kleine Stücke schneiden. 2 Fleischtomaten abspülen, abtrocknen, halbieren und die Stängelansätze herausschneiden. Tomaten in kleine Würfel schneiden. Einige Stängel Petersilie abspülen, trocken tupfen und die Blättchen von den Stängeln zupfen. Blättchen fein schneiden. Für die Salatsauce 4 Esslöffel Zitronensaft mit Salz, Pfeffer, Voll-Rohrzucker und etwas gemahlenem Kreuzkümmel verrühren. 6 Esslöffel Olivenöl unterschlagen. Die vorbereiteten Zutaten mit der Sauce vermischen. Salat zugedeckt etwa 1 Stunde durchziehen lassen.

Porree-Käse-Suppe I

Ganz simpel – Partyklassiker

4–6 Portionen

Pro Portion: E: 37 g, F: 43 g, Kh: 7 g, kJ: 2351, kcal: 561, BE: 0,5

3 Stangen	*Porree (Lauch, etwa 700 g)*
3 EL	*Olivenöl*
750 g	*Gehacktes (halb Rind-, halb Schweinefleisch)*
	Salz
	gem. Pfeffer
1 l	*Fleischbrühe*
460 g	*abgetropfte Champignonscheiben (aus dem Glas)*
200 g	*Sahne- oder Kräuterschmelzkäse*

Zubereitungszeit: etwa 30 Minuten
Garzeit: etwa 15 Minuten

1. Porree putzen. Die Porreestangen längs halbieren, gründlich waschen und abtropfen lassen. Porree in kleine Stücke schneiden.

2. Olivenöl in dem großen Topf erhitzen. Gehacktes hinzufügen und unter gelegentlichem Rühren anbraten. Dabei die Fleischklümpchen mit einem Pfannenwender oder Kochlöffel zerdrücken, mit Salz und Pfeffer würzen.

3. Die Porreestücke hinzufügen und 1–2 Minuten andünsten. Die Brühe hinzugießen und zum Kochen bringen. Das Ganze zugedeckt etwa 15 Minuten bei mittlerer Hitze köcheln lassen.

4. Die Champignonscheiben hinzugeben. Den Käse dazugeben und unter Rühren bei schwacher Hitze schmelzen lassen, dabei die Suppe nicht mehr kochen lassen. Käse-Porree-Suppe mit Salz und Pfeffer abschmecken.

Tipps: Die Suppe kann gut vorbereitet und ohne Pilzscheiben und Schmelzkäse nach dem Abkühlen eingefroren werden. Sie eignet sich gut als Partysuppe, dazu die Zutaten verdoppeln oder verdreifachen. Statt frischer Fleischbrühe kann auch Instant-Fleisch- oder Gemüsebrühe verwendet werden. Beachten Sie dabei die Packungsanleitung. Wer sich kalorienbewusst ernähren möchte, nimmt kalorienreduzierten Schmelzkäse (mit 9 % Fett).

Rezeptabwandlung: Wer keine Pilze mag, erhöht stattdessen die Porree- und Gehacktesmenge auf je etwa 1 kg. Die anderen Zutaten und die Zubereitung bleiben gleich.

Putengeschnetzeltes mit Gemüse I

Sattmacher

4 Portionen

Pro Portion: E: 45 g, F: 18 g, Kh: 60 g, kJ: 2492, kcal: 596, BE: 5,0

250 g Vollkornreis
500 ml Gemüsebrühe
2–3 rote Paprikaschoten (etwa 500 g)
1 Bund Frühlingszwiebeln (etwa 200 g)
600 g Putenschnitzel oder Putenbrustfilet
Salz
gem. Pfeffer
2–3 EL Speiseöl (z. B. Raps- oder Sonnenblumenöl)
1 1/2 EL Tomatenmark
1/2–1 TL Paprikapulver rosenscharf
100 g Schlagsahne
150 ml Milch (1,5 % Fett)
1 TL Weizenmehl
2 EL Wasser

Zubereitungszeit: etwa 40 Minuten

1. Reis mit der Gemüsebrühe in einem Topf nach Packungsanleitung etwa 30 Minuten garen.

2. In der Zwischenzeit die Paprikaschoten halbieren, entstielen, entkernen und die weißen Scheidewände entfernen. Schoten abspülen, abtropfen lassen und in schmale Streifen schneiden. Die Frühlingszwiebeln putzen, abspülen, abtropfen lassen und in feine Scheiben schneiden, 1 Esslöffel davon zum Garnieren beiseitelegen.

3. Das Putenfleisch unter fließendem kalten Wasser abspülen, trocken tupfen und in schmale Streifen schneiden. Putenstreifen mit Salz und Pfeffer würzen.

4. In einer möglichst beschichteten Pfanne mit hohem Rand etwa die Hälfte vom Öl erhitzen. Die Hälfte der Putenstreifen darin bei mittlerer bis starker Hitze anbraten, aus der Pfanne nehmen. Die restlichen Putenstreifen in dem restlichen Öl ebenso anbraten und dann aus der Pfanne nehmen.

5. Tomatenmark und Paprikapulver in der Pfanne kurz verrühren. Sahne und Milch unter Rühren hinzugießen. Die Geflügelstreifen wieder in die Pfanne geben, unterrühren. Mehl mit Wasser anrühren und unter das Geschnetzelte rühren. Das Ganze 5–7 Minuten zugedeckt bei mittlerer Hitze garen, dabei ab und zu umrühren.

6. Paprikastreifen und Frühlingszwiebelscheiben zufügen, unterrühren und etwa 3 Minuten zugedeckt mitgaren, dabei gelegentlich umrühren. Putengeschnetzeltes nochmals mit den Gewürzen abschmecken.

7. Den Reis mit den beiseitegelegten Frühlingszwiebelscheiben garnieren und mit dem Geschnetzelten servieren.

Tipp: Statt Putenfleisch die gleiche Menge Hähnchenfleisch verwenden.

Putenröllchen mit Pilzsauce I

Schön aufgerollt

2 Portionen

Pro Portion: E: 45 g, F: 20 g, Kh: 4 g, kJ: 1549, kcal: 372, BE: 0,0

1–2 Frühlingszwiebeln
250 g Champignons
2 dünne Putenschnitzel (je etwa 150–175 g)
Salz, gem. Pfeffer
1/2 TL mittelscharfer Senf
2 EL Speiseöl (z. B. Sonnenblumen- oder Rapsöl)
250 ml Gemüsebrühe
50 g Crème fraîche

Außerdem:
4–8 Holzspießchen

Zubereitungszeit: etwa 35 Minuten

1. Frühlingszwiebeln putzen, abspülen, abtropfen lassen und in feine Scheiben schneiden. Champignons putzen, evtl. kurz abspülen und trocken tupfen. Pilze in dünne Scheiben schneiden.

2. Die Putenschnitzel unter fließendem kalten Wasser abspülen und trocken tupfen. Die Putenschnitzel von beiden Seiten mit Salz und Pfeffer bestreuen. Eine Seite dünn mit Senf bestreichen.

3. Auf jede mit Senf bestrichene Fleischseite etwa 2 Teelöffel Frühlingszwiebelscheiben vorsichtig verteilen. Anschließend das Fleisch von der schmalen Seite her aufrollen und mit Holzspießchen feststecken.

4. In einer großen Pfanne etwa 1 1/2 Esslöffel Speiseöl erhitzen. Die Putenröllchen darin bei mittlerer bis starker Hitze in etwa 12 Minuten von allen Seiten braun braten. Anschließend die Putenröllchen auf einem Teller beiseitelegen.

5. Restliches Öl in die Pfanne geben und erhitzen. Die Pilzscheiben darin unter gelegentlichem Rühren in 2–3 Minuten braun anbraten.

6. Die Putenröllchen mit dem evtl. ausgetretenen Fleischsaft zurück in die Pfanne zu den Pilzscheiben geben. Gemüsebrühe hinzugießen und alles einmal aufkochen lassen. Die Putenröllchen zugedeckt bei mittlerer Hitze etwa 10 Minuten köcheln lassen, bis sie gar sind. Dann die Putenröllchen herausnehmen.

7. Crème fraîche unter die Pilzflüssigkeit rühren und erneut aufkochen lassen. Die Pilzsauce mit etwas Salz und Pfeffer abschmecken. Die Putenröllchen ganz oder in Scheiben aufgeschnitten mit der Pilzsauce auf Tellern anrichten.

Dazu passen: Reis oder Spätzle.

Tipps: Was tun mit den Resten? Abgepackte Putenschnitzel sind meist preisgünstiger als lose Ware aus der Fleischtheke. Dann die restlichen Putenschnitzel flach verpackt (Folie zwischenlegen) roh einfrieren – maximale Lagerdauer 2–4 Monate. Wichtig: Geflügel immer ohne Verpackung zugedeckt im Kühlschrank so in einem Sieb auftauen lassen, dass das Fleisch nicht in der Auftauflüssigkeit liegt. Die Auftauflüssigkeit sofort weggießen (Salmonellengefahr!). Geflügel stets gut durchgaren. Angebrochene Crème fraîche hält sich im Kühlschrank etwa 5 Tage lang frisch. Crème fraîche verfeinert Saucen, Suppen oder Dips.

Putenstreifen „Scheherazade" I

Ganz simpel – schnell

1–2 Portionen

Insgesamt: E: 80 g, F: 60 g, Kh: 16 g, kJ: 3924, kcal: 938, BE: 1,0

2 Putenschnitzel (je etwa 150 g)
2 Bio-Zitronen (unbehandelt, ungewachst)
2 mittelgroße, rote Zwiebeln
8 Stängel Thymian
2 EL abgezogene, ganze Mandeln
4 EL Olivenöl
Salz, gem. Pfeffer

Zubereitungszeit: etwa 25 Minuten

1. Putenschnitzel unter fließendem kalten Wasser abspülen, trocken tupfen und in fingerdicke Streifen schneiden. Zitronen heiß abwaschen und abtrocknen. Von einer halben Zitrone die Schale fein abreiben. Die restliche Schale mit einem scharfen Messer so abschneiden, dass die weiße Haut mitentfernt wird. Die Zitronenfilets herausschneiden. Abgeriebene Zitronenschale und -filets beiseitestellen.

2. Die Zwiebeln abziehen, halbieren und in Spalten schneiden. Thymianstängel abspülen, trocken tupfen und einige Stängel zum Garnieren beiseitelegen. Von den restlichen Stängeln die Blättchen abzupfen.

3. Mandeln im Wok oder in einer Pfanne ohne Fett unter gelegentlichem Rühren leicht bräunen, herausnehmen und auf einen Teller geben.

4. Die zweite Zitrone mit Schale vierteln und die Viertel in Stücke schneiden. Öl im Wok oder der Pfanne erhitzen. Die Zitronenstücke darin bei mittlerer Hitze anbraten, bis sie gut gebräunt sind. Die Zitronenstücke mit dem Öl in ein Sieb geben, dabei das Öl auffangen.

5. Das Zitronenöl wieder in den Wok oder in die Pfanne geben, erhitzen und die Fleischstreifen darin unter Rühren bei mittlerer Hitze anbraten. Fleisch mit Salz und Pfeffer würzen. Die Zwiebelspalten zufügen und unter Rühren kurz mitdünsten. Gebräunte Mandeln mit 1 Messerspitze abgeriebener Zitronenschale und abgezupften Thymianblättchen hinzugeben und umrühren.

6. Die Zutaten mit Salz, Pfeffer und etwas Zitronenschale abschmecken, auf Tellern anrichten und mit beiseitegestellten Zitronenfilets und Thymianzweigen garnieren.

Dazu passt: Ofenwarmes Fladenbrot oder Reis.

Quarkauflauf mit Äpfeln I

Süßer Sattmacher

4 Portionen

Pro Portion: E: 22 g, F: 22 g, Kh: 57 g, kJ: 2178, kcal: 520, BE: 4,5

75 g Butter oder Margarine (zimmerwarm)
125 g Zucker
1 Pck. Dr. Oetker Vanillin-Zucker
3 Eier (Größe M)
1 Prise Salz
500 g Magerquark
1 Pck. Dr. Oetker Pudding-Pulver Vanille-Geschmack
500 g säuerliche Äpfel

Außerdem:

1 große Auflaufform oder 4 Portionsauflaufformen (je etwa 400 ml Inhalt)
Mixer mit Rührstäben

Zubereitungszeit: etwa 25 Minuten
Garzeit: 25–35 Minuten

1. Die Auflaufform oder Formen fetten. Den Backofen vorheizen.
Ober-/Unterhitze: etwa 200 °C
Heißluft: etwa 180 °C

2. Die Butter oder Margarine mit dem Mixer (Rührstäbe) auf höchster Stufe geschmeidig rühren. Nach und nach Zucker, Vanillin-Zucker, Eier, Salz und Quark unterrühren.

3. Pudding-Pulver nach und nach auf mittlerer Stufe unterrühren.

4. Äpfel schälen, vierteln und entkernen. Die Hälfte der Äpfel in kleine Würfel, die andere Hälfte in Spalten schneiden. Apfelwürfel unter die Quarkmasse heben.

5. Die Masse in die Auflaufform oder Portionsauflaufformen füllen und glatt streichen.

6. Die Apfelspalten auf dem Auflauf verteilen, evtl. etwas eindrücken. Die Form auf dem Rost auf mittlerer Einschubleiste in den vorgeheizten Backofen schieben. Den Quarkauflauf **25–35 Minuten garen** (in kleinen Formen braucht der Auflauf etwas weniger Zeit, in einer großen Form etwas länger).

Reisauflauf mit Wurst I

Ganz simpel

2 Portionen

Pro Portion: E: 22 g, F: 38 g, Kh: 53 g, kJ: 2260, kcal: 645, BE: 4,0

2 mittelgroße Zwiebeln
1 Knoblauchzehe
25 g Butter oder Margarine
125 g Naturreis
1 Msp. getrockneter Rosmarin
250 ml Gemüsebrühe
250 g Tomaten
Salz, gem. Pfeffer
125 g Fleisch- oder Jagdwurst in Scheiben
50 g ger. Gratin-Käse

Außerdem:

1 Auflaufform

Zubereitungszeit: etwa 50 Minuten
Garzeit: etwa 25 Minuten

1. Zwiebeln und Knoblauch abziehen, fein würfeln. Butter oder Margarine in einem Topf zerlassen. Die Zwiebel- und Knoblauchwürfel darin unter gelegentlichem Rühren glasig andünsten. Reis und Rosmarin dazugeben und kurz mitdünsten. Brühe hinzugießen und alles zugedeckt bei schwacher Hitze in etwa 35 Minuten ausquellen lassen.

2. In der Zwischenzeit Tomaten abspülen, abtropfen lassen, halbieren, Stängelansätze herausschneiden und die Tomaten achteln.

3. Den Backofen vorheizen.
Ober-/Unterhitze: etwa 200 °C
Heißluft: etwa 180 °C

4. Gegarten Rosmarinreis mit etwas Salz und Pfeffer abschmecken. Die Auflaufform fetten, mit der Hälfte der Tomatenachteln und Wurstscheiben auslegen. Rosmarinreis einfüllen, restliche Tomatenstücke und Wurstscheiben dazwischenstecken. Alles mit etwas Salz und Pfeffer würzen.

5. Den Reisauflauf mit Käse bestreuen. Die Form auf dem Rost auf mittlerer Einschubleiste in den vorgeheizten Backofen schieben. Den Auflauf **etwa 25 Minuten garen.**

Dazu passt: Grüner Salat mit Zitronen-Dressing.

Reispfanne nach Asia-Art

Pfannengerührt

4 Portionen

Pro Portion: E: 36 g, F: 21 g, Kh: 64 g, kJ: 2481, kcal: 593, BE: 5,0

250 g Langkornreis
400 g Putenschnitzel
1 kleines Stück Ingwer
1 Knoblauchzehe
1 rote Paprikaschote
3 Frühlingszwiebeln
5 EL Speiseöl (z. B. Sonnenblumenöl)
50 g Sonnenblumenkerne
Salz
50 ml Gemüsebrühe
2 EL Sojasauce
½ TL Sambal Oelek
150 g aufgetaute TK-Erbsen oder abgetropfte Erbsen (aus der Dose)
190 g abgetropfte Maiskölbchen (aus dem Glas)

Zubereitungszeit: etwa 50 Minuten

1. Den Reis nach Packungsanleitung zubereiten, evtl. abgießen.

2. Inzwischen Putenschnitzel kurz unter fließendem kalten Wasser abspülen, trocken tupfen und in dünne Streifen schneiden.

3. Ingwer schälen und Knoblauch abziehen, beide Zutaten sehr fein hacken und mit den Putenstreifen vermengen.

4. Paprikaschote vierteln, entstielen, entkernen und die weißen Scheidewände entfernen. Schote abspülen, abtropfen lassen und quer in Streifen schneiden.

5. Die Frühlingszwiebeln putzen, abspülen, abtropfen lassen und mit dem zarten Grün in etwa 1 cm breite Stücke schneiden.

6. Einen Esslöffel vom Speiseöl in einem Wok erhitzen. Die Sonnenblumenkerne darin unter Rühren goldbraun rösten, herausnehmen, mit Salz würzen und beiseitestellen.

7. Einen Esslöffel des restlichen Speiseöls in dem Wok erhitzen. Die Putenstreifen darin unter Rühren scharf anbraten, herausnehmen und warm stellen. Das restliche Speiseöl in dem Wok erhitzen. Den garen Reis darin kurz unter Rühren braten.

8. Gemüsebrühe mit Sojasauce und Sambal Oelek verrühren. Paprikastreifen, Frühlingszwiebelscheiben und die Erbsen zum Reis in den Wok geben und etwa 3 Minuten mitgaren.

9. Die Reismischung mit der Brühemischung ablöschen. Maiskölbchen und Fleischstreifen unterrühren und einmal kurz aufkochen. Die Reispfanne mit Sonnenblumenkernen bestreuen und sofort servieren.

Rohkost mit zweierlei Dips I

Knabbern auf die gesunde Art

2 Portionen

Pro Portion: E: 24 g, F: 32 g, Kh: 23 g, kJ: 2021, kcal: 481, BE: 1,5

1 Möhre
6 Cocktailtomaten
6 Radieschen
4 Stangen Staudensellerie
1 Kohlrabi
1 Fenchelknolle
100 g Salatgurke

Für die Dips:

250 g Quark (20 % Fett)
200 g Schmand (Sauerrahm)
1 EL Tomaten-Chili-Sauce
Salz, gem. Pfeffer
1/4 TL gem. Chili
2 EL TK-Italienische Kräuter

Zubereitungszeit: etwa 20 Minuten

1. Die Möhre putzen, schälen, abspülen und abtropfen lassen. Möhre in längere Stücke schneiden. Die Tomaten abspülen, abtrocknen, halbieren und evtl. die Stängelansätze herausschneiden. Die Radieschen putzen, abspülen, abtropfen lassen, halbieren oder in Scheiben schneiden.

2. Staudensellerie putzen, abspülen und abtropfen lassen. Sellerie in etwa 5 cm lange Stücke schneiden. Kohlrabi schälen, abspülen, abtropfen lassen und in dickere Stifte schneiden.

3. Fenchelknolle putzen, abspülen, abtropfen lassen und in Achtel schneiden. Salatgurke nach Belieben schälen oder abspülen, abtrocknen und in dünne Scheiben schneiden. Das vorbereitete Gemüse in Schälchen oder auf Tellern anrichten.

4. Für die Dips Quark mit Schmand in einer Schüssel glatt rühren. Den Quarkschmand in 2 gleich große Portionen teilen.

5. Unter eine Hälfte die Tomaten-Chili-Sauce rühren, mit Salz, Pfeffer und Chili pikant abschmecken. Unter die andere Hälfte die Kräuter mischen, mit Salz und Pfeffer abschmecken. Beide Dips zu dem Gemüse servieren.

Dazu passt: Vollkornbrot oder -baguette.

Rosenkohleintopf | Sattmacher

4 Portionen

Pro Portion: E: 22 g, F: 35 g, Kh: 27 g, kJ: 2172, kcal: 520, BE: 2,0

1 kg Rosenkohl
500 g Kartoffeln
40 g Butter
250 ml heiße Gemüsebrühe
125 g Milch (3,5 % Fett)
Salz, gem. Pfeffer
ger. Muskatnuss
4 Wiener Würstchen (etwa 200 g)
150 g Crème fraîche
50 g Frühstücksspeck (Bacon) oder Schinkenspeck in Scheiben
2 Zwiebeln

Zubereitungszeit: etwa 30 Minuten

1. Rosenkohl putzen, abspülen, abtropfen lassen und halbieren. Kartoffeln schälen, abspülen, abtropfen lassen und in Würfel schneiden.

2. Butter in einem Topf zerlassen. Rosenkohl darin unter Rühren andünsten, Kartoffelwürfel hinzugeben und kurz mit andünsten.

3. Heiße Brühe und Milch hinzugießen, mit Salz, Pfeffer und Muskat würzen. Den Eintopf etwa 20 Minuten kochen. Würstchen in Scheiben schneiden, mit Crème fraîche unter den Eintopf rühren. Die Suppe nochmals mit den Gewürzen abschmecken.

4. Speck in feine Streifen schneiden, in einer Pfanne auslassen. Die Zwiebeln abziehen, klein würfeln, zu den Speckstreifen geben und glasig dünsten.

5. Den Rosenkohleintopf anrichten und mit der Speck-Zwiebel-Mischung bestreuen.

Rösti, überbacken

Schnell

2 Portionen

Pro Portion: E: 15 g, F: 35 g, Kh: 50 g, kJ: 2407, kcal: 575, BE: 4,0

2 Tomaten
100 g kleine Champignons
1 Zwiebel
1/2 Bund Petersilie (ersatzweise TK-Petersilie)
2 EL Speiseöl (z. B. Sonnenblumenöl)
6 TK-Kartoffelrösti-Ecken (etwa 375 g)
Salz
gem. Pfeffer
2 Scheiben Gouda

Außerdem:

1 Backblech
Backpapier

Zubereitungszeit: etwa 35 Minuten
Überbackzeit: etwa 5 Minuten

1. Das Backblech mit Backpapier belegen. Den Backofen vorheizen.
Ober-/Unterhitze: etwa 180 °C
Heißluft: etwa 160 °C

2. Tomaten abspülen, abtropfen lassen, halbieren und die Stängelansätze herausschneiden. Tomaten in Scheiben schneiden. Champignons putzen, mit Küchenpapier abreiben und in Scheiben schneiden. Zwiebel abziehen und würfeln.

3. Petersilie abspülen und trocken tupfen. 2 Stängel zum Garnieren beiseitelegen. Von der restlichen Petersilie die Blättchen von den Stängeln zupfen und Blättchen fein schneiden.

4. In einer Pfanne 1 Esslöffel Öl erhitzen. Die Rösti darin von beiden Seiten nach Packungsanleitung jeweils etwa 4 Minuten bei mittlerer Hitze braten. Die gebratenen Rösti in Dreiergruppen auf das Backblech legen, mit Salz und Pfeffer bestreuen.

5. Je eine Dreiergruppe Rösti zuerst mit Tomatenscheiben, dann mit Käsescheiben belegen und nach Belieben nochmals mit etwas Pfeffer bestreuen. Das Backblech auf mittlerer Einschubleiste in den vorgeheizten Backofen schieben. Die Rösti **etwa 5 Minuten überbacken.**

6. In der Zwischenzeit das restliche Öl in der Pfanne erhitzen und die Zwiebelwürfel darin anbraten. Champignonscheiben hinzufügen, unter Rühren bei mittlerer Hitze mitbraten. Die Champignons mit Salz und Pfeffer würzen.

7. Die überbackenen Rösti mit den gebratenen Champignons anrichten. Rösti mit der Petersilie bestreuen und mit beiseitegelegten Petersilienstängeln garnieren.

Dazu passt: Grüner Salat, Feld- oder Möhrensalat.

Tipp: TK-Kartoffelrösti lassen sich prima einzeln aus der Verpackung nehmen und garen. Den Rest wieder einfrieren.

Rührei mit Blattspinat und Kartoffeln | Ganz simpel

2 Portionen

Pro Portion: E: 23 g, F: 26 g, Kh: 29 g, kJ: 1875, kcal: 448, BE: 2,0

375 g Kartoffeln (festkochend oder vorwiegend festkochend)
1/2 gestr. TL Salz

Für den Blattspinat:
500 g Blattspinat
1 Zwiebel

Für das Rührei:
4 Eier (Größe M)
4 EL Milch (3,5 % Fett)
Salz, gem. Pfeffer
20 g Margarine oder 2 EL Speiseöl

1 EL Olivenöl
1 EL Schnittlauchröllchen

Zubereitungszeit: etwa 30 Minuten
Garzeit: 20–25 Minuten

1. Die Kartoffeln schälen, abspülen und abtropfen lassen. Größere Kartoffeln ein- oder zweimal durchschneiden, in den Topf geben und so viel Wasser hinzugießen, dass die Kartoffeln knapp bedeckt sind. Die Kartoffeln zugedeckt zum Kochen bringen. Salz hinzufügen und die Kartoffeln in 20–25 Minuten gar kochen lassen.

2. Inzwischen den Spinat verlesen. Evtl. Wurzelenden und dicke Stängel entfernen. Den Spinat gründlich waschen und abtropfen lassen. Zwiebel abziehen und in kleine Würfel schneiden.

3. Für das Rührei die Eier mit Milch, Salz und Pfeffer mit einem Schneebesen kurz verschlagen. Margarine oder Speiseöl in einer Pfanne erhitzen. Die Eiermilch hineingießen. Sobald die Masse zu stocken beginnt, diese strichweise mit einem Pfannenwender oder Spatel vom Boden lösen und vom Pfannenrand zur Mitte schieben.

4. Die Eiermasse so lange weitererhitzen, bis keine Flüssigkeit mehr vorhanden ist (etwa 5 Minuten). Das Rührei sollte weich und großflockig, aber nicht trocken sein.

5. Gleichzeitig das Olivenöl in einem Topf erhitzen. Die Zwiebelwürfel darin bei mittlerer Hitze unter Rühren andünsten.

6. Den Spinat tropfnass hinzufügen, mit Salz und Pfeffer würzen. Spinat zugedeckt bei schwacher Hitze etwa 5 Minuten garen, bis er zusammengefallen ist, dabei gelegentlich umrühren. Den Spinat mit Salz und Pfeffer abschmecken.

7. Die garen Kartoffeln abgießen. Die Kartoffeln im offenen Topf unter leichtem Schütteln abdämpfen. Kartoffeln mit Spinat und Rührei servieren, dabei das Rührei mit Schnittlauchröllchen bestreuen.

Geht auch: Das Rührei einfach mit Vollkornbrot servieren. Den Spinat zu gekochten Eiern, Spiegeleiern oder gedünstetem Fisch reichen.

Tipps: Für 4 Portionen das Rezept einfach verdoppeln. Übrig gebliebene Salzkartoffeln eignen sich prima am nächsten Tag für Bratkartoffeln (siehe Rezept Seite 27). Statt frischem Spinat TK-Blattspinat verwenden. Die Garzeit kann sich dabei um etwa 5 Minuten verlängern (Packungsanleitung beachten). 450 g TK-Blattspinat entspricht etwa 1 kg frischem Spinat.

Sandwiches | Ideal für die Mitbringparty

48 Stück

Pro Stück Ricotta-Rucola-Sandwich:
E: 2 g, F: 2 g, Kh: 8 g, kJ: 265, kcal: 63, BE: 0,5
Pro Stück Gorgonzola-Birnen-Sandwich:
E: 4 g, F: 5 g, Kh: 12 g, kJ: 443, kcal: 106, BE: 1,0
Pro Stück Mango-Putenbrust-Sandwich:
E: 4 g, F: 1 g, Kh: 12 g, kJ: 320, kcal: 76, BE: 1,0
Pro Stück Roastbeef-Sandwich:
E: 4 g, F: 3 g, Kh: 9 g, kJ: 312, kcal: 74, BE: 0,5

24 Scheiben Sandwichtoast

Für Ricotta-Rucola-Sandwiches:

60 g klein gezupfter Rucola (Rauke)
125 g Ricotta (ital. Frischkäse)
Salz, gem. Pfeffer
4 Cocktailtomaten, in Scheiben geschnitten

Für Gorgonzola-Birnen-Sandwiches:

230 g abgetropfte Birnenhälften (aus der Dose)
3 EL Birnensaft (aus der Dose)
150 g Gorgonzola
Paprikapulver edelsüß
3 abgespülte und trocken getupfte Salatblätter

Für Mango-Putenbrust-Sandwiches:

100 g Mangofruchtfleisch, gewürfelt
2 EL Mango-Chutney
1 EL Zitronensaft
1 Banane
3 abgespülte und trocken getupfte Salatblätter
150 g Putenbrustaufschnitt, gewürfelt

Für Roastbeef-Sandwiches:

2 geh. EL Sahnemeerrettich
3 abgespülte und trocken getupfte Salatblätter
6 Scheiben Roastbeef-Aufschnitt
2 hart gekochte Eier, in Scheiben
3 mittelgroße Gewürzgurken, in Scheiben

Außerdem:

Frischhaltefolie

Zubereitungszeit: etwa 45 Minuten, ohne Kühlzeit

1. Von den Sandwichscheiben evtl. die Rinden abschneiden.

2. Für **Ricotta-Rucola-Sandwiches** die Hälfte des Rucolas mit Ricotta pürieren, mit Salz und Pfeffer würzen. Die Creme auf 6 Sandwichscheiben streichen, 3 davon zusätzlich mit dem restlichen Rucola und den Tomaten belegen. Die anderen Sandwichscheiben darauflegen.

3. Für **Gorgonzola-Birnen-Sandwiches** die Birnenhälften klein würfeln. Den Birnensaft mit Gorgonzola pürieren. Birnenwürfel unterheben, mit Pfeffer und Paprika würzen. Auf 3 Sandwichscheiben etwas Creme streichen, Salatblätter darauf verteilen und die restliche Creme darauf verstreichen. Mit weiteren 3 Sandwichscheiben bedecken.

4. Für **Mango-Putenbrust-Sandwiches** die Mangowürfel mit dem Mango-Chutney verrühren. Mit Salz, Pfeffer und Zitronensaft würzen. Banane schälen, klein würfeln und ebenfalls unterrühren. Die Mangomasse auf 6 Sandwichscheiben streichen. 3 Sandwichscheiben zusätzlich mit je 1 Salatblatt belegen. Die Putenbrust auf den Salatblättern verteilen. Mit je 1 bestrichenen Sandwichscheibe bedecken.

5. Für **Roastbeef-Sandwiches** 6 Sandwichscheiben mit Sahnemeerrettich bestreichen, 3 Sandwichscheiben jeweils mit 1 Salatblatt und 2 Scheiben Roastbeef belegen. Eier und Gewürzgurken darauf verteilen und mit den restlichen 3 Sandwichscheiben bedecken.

6. Alle Sandwiches fest andrücken, in Frischhaltefolie wickeln, etwa 1 Stunde beschweren (z.B. mit einem Schneidbrett und Konservendosen), dabei in den Kühlschrank stellen.

7. Sandwiches aus der Folie nehmen und zweimal diagonal durchschneiden, sodass jeweils 4 kleine Sandwiches entstehen. Auf einer Platte anrichten.

Sandwichtoasts I

Schmecken getoastet und ungetoastet

je 20 Stück

Pro Stück Schinkenpfefferbeißer:
E: 8 g, F: 13 g, Kh: 19 g, kJ: 941, kcal: 226, BE: 1,5
Pro Stück italienische Art:
E: 4 g, F: 4 g, Kh: 20 g, kJ: 539, kcal: 129, BE: 1,5
Pro Stück mit Tunfisch:
E: 11 g, F: 10 g, Kh: 19 g, kJ: 873, kcal: 208, BE: 1,5

Für Toasts mit Schinkenpfefferbeißer:

250 g Schinkenpfefferbeißer
25 schwarze Oliven ohne Stein
200 g Gouda
20 Scheiben Vollkorn-Sandwichtoast
200 g Doppelrahm-Frischkäse mit getrockneten Tomaten (aus dem Kühlregal)

Für Toasts italienische Art:

125 g Rucola (Rauke)
100 g abgetropfte, getrocknete Tomaten (in Öl eingelegt)
1 rote Zwiebel
300 g Ziegenfrischkäse
20 Scheiben Sandwichtoast

Für Toasts mit Tunfisch:

300 g abgetropfter Tunfisch in Öl (aus der Dose)
1 Zwiebel
2 Knoblauchzehen
1 rote Paprikaschote
einige Stängel glatte Petersilie
4 hart gekochte Eier
200 g Emmentaler
1 EL Kapern
2 TL mittelscharfer Senf
3 EL Salatmayonnaise
Salz, gem. Pfeffer
20 Scheiben Sandwichtoast

Außerdem:

Sandwichtoaster oder Frischhaltefolie

Zubereitungszeit: je etwa 45 Minuten

1. Für die **Toasts mit Schinkenpfefferbeißer** die Pfefferbeißer in kleine Stücke, Oliven in dünne Scheiben und Käse in Streifen schneiden. Die Sandwichtoastscheiben mit Frischkäse bestreichen. Die Hälfte der Toastscheiben mit den Pfefferbeißerstücken, Olivenscheiben und Käsestreifen belegen. Restliche Toastscheiben darauflegen, leicht andrücken.

2. Für die **Toasts italienischer Art** Rucola abspülen, trocken schleudern und in grobe Stücke zupfen. Die Tomaten in kleine Würfel schneiden. Die Zwiebel abziehen, halbieren und in dünne Scheiben schneiden. Die Rucola- und Tomatenstücke mit dem Frischkäse verrühren, die Hälfte der Toastscheiben damit bestreichen. Die Zwiebelscheiben gleichmäßig darauf verteilen und mit den restlichen Toastscheiben belegen, leicht andrücken.

3. Für **Toasts mit Tunfisch** den Tunfisch in eine Schüssel geben und mit einer Gabel zerkleinern. Zwiebel und Knoblauch abziehen, fein hacken. Paprikaschote halbieren, entstielen, entkernen und die weißen Scheidewände entfernen. Schote abspülen, trocken tupfen und in kleine Würfel schneiden. Petersilie abspülen, trocken tupfen und die Blättchen von den Stängeln zupfen. Blättchen fein schneiden.

4. Gekochte Eier pellen und klein würfeln. Käse ebenfalls fein würfeln. Tunfisch mit Zwiebeln, Knoblauch, Paprika-, Käse- und Eierwürfeln, Petersilie, Kapern, Senf und Mayonnaise vermengen, mit Salz und Pfeffer würzen. Tunfischmasse gleichmäßig auf 10 Scheiben Sandwichtoast verteilen, mit je 1 Scheibe Sandwichtoast belegen und leicht andrücken.

5. Vorbereitete Sandwiches nacheinander in den vorgeheizten Sandwichtoaster (gefettet) geben und jeweils etwa 5 Minuten toasten. Oder die vorbereiteten Sandwiches fest in Frischhaltefolien einwickeln und in den Kühlschrank stellen.

6. Anschließend die Toasts aus dem Sandwichtoaster diagonal halbieren und warm servieren. Oder die eingepackten Toasts aus der Folie wickeln, diagonal halbieren und kalt servieren.

Sandwichtoasts mit Wiener Würstchen I

Voraussetzung: ein Sandwichtoaster!

24 Stück

Pro Stück: E: 10 g, F: 12 g, Kh: 19 g, kJ: 944, kcal: 226, BE: 1,5

3–4 geh. EL Sandwichcreme
3 TL mittelscharfer Senf
4 geh. EL süßer Senf
24 Scheiben Sandwichtoast
12 Wiener Würstchen
250 g ger. Emmentaler

Zubereitungszeit: etwa 45 Minuten

1. Die Sandwichcreme mit beiden Senfsorten verrühren, die Toastscheiben damit bestreichen.

2. Die Würstchen längs halbieren und in 4 cm lange Stücken schneiden. Die Hälfte der bestrichenen Toastscheiben mit den Wurststücken belegen und mit dem Käse bestreuen.

3. Restliche Toastscheiben mit der bestrichenen Seite darauflegen, etwas andrücken und in den vorgeheizten Sandwichtoaster (gefettet) geben. Die Toasts nacheinander etwa 5 Minuten toasten und anschließend diagonal halbieren, sofort servieren.

Tipp: Statt der Sandwichcreme kann auch eine leichte Mayonnaise verwendet werden.

Schoko-Hafer-Knusperchen I

Ganz simpel – transportgeeignet

40 Stückchen

Pro Stückchen: E: 1 g, F: 2 g, Kh: 5 g, kJ: 174, kcal: 42, BE: 0,5

100 g getrocknete Aprikosen
100 g knusprige Haferfleks (von Kölln)
200 g Zartbitter-Schokolade
1 TL Speiseöl (z. B. Sonnenblumenöl)

Außerdem:

1 Tortenplatte oder großes Tablett
Backpapier

Zubereitungszeit: etwa 20 Minuten, ohne Kühlzeit

1. Die Aprikosen in sehr kleine Würfel schneiden und mit den Haferfleks in einer Schüssel gut vermischen.

2. Die Schokolade in kleine Stücke brechen und mit Speiseöl in einem Topf im Wasserbad bei schwacher Hitze schmelzen lassen.

3. Tortenplatte oder Tablett mit Backpapier belegen. Aprikosen-Haferfleks-Mischung mit der Schokolade vermischen und auf die Tortenplatte oder das Tablett geben. Die Masse mit einem glatten Messer zu einem Kreis (Ø etwa 30 cm) flach verstreichen.

4. Die runde Platte etwa 1 Stunde kalt stellen, bis die Schokolade fest geworden ist. Dann die Schokoplatte vom Backpapier lösen, in 40 kleine Stücke brechen und gut verpackt kühl aufbewahren.

Tipps: Anstelle von Zartbitter-Schokolade kann auch Blockschokolade verwendet werden. Die Knusperchen halten sich trocken gelagert etwa 10 Tage.

Rezeptvariante: Für **Cornflakes-Kirsch-Knusperchen** 100 g getrocknete, gesüßte Sauerkirschen hacken und mit 70 g Cornflakes in einer Schüssel mischen. 200 g weiße Schokolade hacken, wie im Rezept beschrieben mit 1 Teelöffel Speiseöl schmelzen und mit der Cornflakes-Kirsch-Mischung vermengen. Die Masse wie beschrieben auf einer mit Backpapier belegten Platte verstreichen, kalt stellen und in 40 Stücke brechen.

Schwedische Köttbullar

Fast wie im Möbelhaus

4 Portionen

Pro Portion: E: 38 g, F: 45 g, Kh: 25 g, kJ: 2736, kcal: 653, BE: 2,0

100 g Semmelbrösel
250 ml Milch (3,5 % Fett)
3 abgetropfte Gewürzgurken (aus dem Glas)
1–2 EL Gurkensud (aus dem Glas)
1 Zwiebel
600 g Rindergehacktes
1 Ei (Größe M)
Salz
gem. Pfeffer
3 EL Sonnenblumenöl
etwa 150 g Schlagsahne

Zubereitungszeit: etwa 40 Minuten, ohne Quellzeit

1. Die Semmelbrösel mit Milch in einer Schüssel gut verrühren und etwa 30 Minuten quellen lassen.

2. Von den Gurken 1–2 Esslöffel Gurkensud auffangen. Gurken in kleine Würfel schneiden und beides beiseitestellen.

3. Zwiebel abziehen und in sehr kleine Würfel schneiden. Gehacktes in eine Schüssel geben. Semmelbröselmasse und Ei hinzufügen. Die Zutaten zu einer geschmeidigen Hackfleischmasse verarbeiten, mit ½ Teelöffel Salz und Pfeffer würzen.

4. Aus der Hackfleischmasse mit angefeuchteten Händen walnussgroße Bällchen formen.

5. Speiseöl in einer Pfanne erhitzen. Köttbullar darin evtl. portionsweise von allen Seiten unter gelegentlichem Wenden bei mittlerer Hitze 8–10 Minuten braten. Köttbullar aus der Pfanne nehmen und zugedeckt warm stellen.

6. Beiseitegestellte Gurkenwürfel mit Gurkensud und Sahne zum verbliebenen Bratfett in die Pfanne geben, unter Rühren aufkochen und etwa 2 Minuten einkochen lassen. Die Sauce mit Salz und Pfeffer würzen. Köttbullar in die Sauce geben und kurz erwärmen.

Dazu passen: Salzkartoffeln oder Reis.

Tipp: Preiswerter wird es, wenn Sie statt Rindergehacktes gemischtes Gehacktes (halb Rind-, halb Schweinefleisch) verwenden.

Rezeptvariante: Für einen **Köttbullarauflauf** (4 Portionen, im Foto oben) die gebratenen Bällchen mit 600–800 g gegarten Kartoffelwürfeln (am besten vom Vortag) in einer großen Auflaufform (gefettet) verteilen. Etwa 15 Cocktailtomaten abspülen, abtrocknen und mit in die Form geben. 300 g Crème fraîche mit 200 g Schlagsahne, 5 Eiern (Größe M) und 2–3 Esslöffeln Schnittlauchröllchen verrühren. Sahneguss mit Salz, Pfeffer und Paprikapulver edelsüß würzen, über die Köttbullar und das Gemüse gießen, 150 g geriebenen Gouda darüberstreuen. Die Form auf dem Rost in den vorgeheizten Backofen schieben (Ober-/Unterhitze: etwa 180 °C, Heißluft: etwa 160 °C, Backzeit: etwa 35 Minuten).

Schweinefleisch, süßsauer I

Beliebt

2 Portionen

Pro Portion: E: 28 g, F: 18 g, Kh: 28 g, kJ: 1623, kcal: 388, BE: 2,0

220–230 g	*Schweineschnitzel*
1/2 EL	*Currypulver*
1 TL	*Sambal Oelek*
1/2	*rote Paprikaschote*
1 kleine Stange	*Porree (Lauch)*
150 g	*frisches Ananasfruchtfleisch*
3 EL	*Olivenöl*
2 EL	*Weißweinessig*
1/2 EL	*brauner Zucker*
75 ml	*Tomatenketchup*
einige Stängel	*glatte Petersilie*
	Salz

Zubereitungszeit: etwa 35 Minuten

1. Schnitzelfleisch mit Küchenpapier trocken tupfen und in dünne Streifen schneiden. Die Fleischstreifen mit Curry und Sambal Oelek vermischen.

2. Paprikaschote entstielen, entkernen und die weißen Scheidewände entfernen. Schote abspülen, abtropfen lassen und in kleine Stücke schneiden.

3. Porree putzen, die Stange längs halbieren, gründlich waschen und abtropfen lassen. Porree in etwa 2 cm lange Stücke schneiden oder aufblättern und in dreieckige Stücke schneiden.

4. Die Ananas in etwa 1 cm große Würfel schneiden. Das Olivenöl in einem Wok oder einer großen Pfanne erhitzen. Die Fleischstreifen darin anbraten. Dann das Fleisch herausnehmen und zugedeckt warm halten.

5. Die Paprikastücke in den Wok oder die Pfanne geben und anbraten. Ananaswürfel und Porree hinzufügen und unter Rühren ebenfalls kurz anbraten. Essig, Zucker und Ketchup unterrühren.

6. Petersilie abspülen, trocken tupfen und die Blättchen von den Stängeln zupfen. Etwa die Hälfte der Blättchen kleiner schneiden und mit den Fleischstreifen unterrühren. Das Schweinefleisch süßsauer mit Salz abschmecken und sofort mit den restlichen Petersilienblättchen garniert servieren.

Dazu passt: Duftreis.

Schweinerippchen, geschmort I

Perfekt zum Vorbereiten

4 Portionen

Pro Portion: E: 46 g, F: 33 g, Kh: 6 g, kJ: 2089, kcal: 498, BE: 0,5

2 kg Schweinerippchen (Schälrippchen)
3 EL mittelscharfer Senf
Salz, gem. Pfeffer
1 TL gerebelter Majoran
2 Zwiebeln
4 EL Speiseöl
2 Tomaten
2 Lorbeerblätter
etwa 300 ml Fleischbrühe
1–2 EL saure Sahne

Zubereitungszeit: etwa 30 Minuten
Garzeit: etwa 60 Minuten

1. Schweinerippchen unter fließendem kalten Wasser abspülen, trocken tupfen und in Portionsstücke schneiden. Die Rippchen mit Senf bestreichen, mit Salz, Pfeffer und Majoran würzen.

2. Den Backofen vorheizen.
Ober-/Unterhitze: etwa 200 °C
Heißluft: etwa 180 °C

3. Zwiebeln abziehen und vierteln. Speiseöl in einem Bräter oder weiten Topf erhitzen. Die Rippchen darin portionsweise von allen Seiten gut anbraten. Dann die Zwiebelspalten hinzufügen und mitbraten lassen.

4. Tomaten abspülen, abtrocknen, halbieren und die Stängelansätze herausschneiden. Tomaten in Stücke schneiden und zu den Rippchen geben.

5. Lorbeerblätter hinzugeben. Fleischbrühe hinzugießen. Den Bräter oder Topf zugedeckt auf dem Rost im unteren Drittel in den vorgeheizten Backofen schieben. Die Rippchen **etwa 60 Minuten garen.**

6. Etwa 10 Minuten vor Ende der Garzeit den Deckel vom Bräter oder Topf entfernen und die Rippchen bräunen lassen.

7. Die Rippchen aus dem Bräter nehmen und warm stellen. Lorbeerblätter aus dem Bratenfond nehmen. Den Fond nach Belieben pürieren oder durch ein Sieb passieren. Saure Sahne unterrühren. Die Sauce nochmals kurz aufkochen lassen, mit Salz und Pfeffer abschmecken. Die Rippchen mit der Sauce servieren.

Dazu passen: Salzkartoffeln oder Reis und Mischgemüse.

Tipp: Die Rippchen können auch zugedeckt auf dem Herd geschmort werden.

Sesambananen | Süße Versuchung

4 Portionen

VEGAN

Pro Portion: E: 2 g, F: 8 g, Kh: 35 g, kJ: 928, kcal: 221, BE: 3,0

4 Bananen (je etwa 160 g)
30 g vegane Margarine
1 Bio-Zitrone (unbehandelt, ungewachst)
4 EL Agavendicksaft
2 EL geröstete Sesamsamen (10 g)

Zubereitungszeit: etwa 15 Minuten

1. Die Bananen schälen und längs durchschneiden. Margarine in einer Pfanne zerlassen. Die Bananenhälften darin von beiden Seiten braun anbraten.

2. Die Zitrone heiß abwaschen und trocken tupfen. Die Hälfte der Zitronenschale fein abreiben, Zitrone halbieren und den Saft auspressen. Zitronenschale mit dem -saft, Agavendicksaft und den Sesamsamen verrühren.

3. Die Bananen aus der Pfanne nehmen und auf Tellern verteilen. Das Saft-Sesam-Gemisch zum Bratsud in die Pfanne geben, einmal aufkochen und auf die Bananen träufeln.

Sex on the beach

Mit Alkohol

1 Glas

Pro Glas: E: 0 g, F: 0 g, Kh: 28 g, kJ: 1011, kcal: 241, BE: 2,5

4 cl Wodka
2 cl Pfirsichlikör
2 cl Grenadinesirup
4 cl Orangensaft
2 cl Ananassaft

einige Eiswürfel

Nach Belieben:

1 Cocktailkirsche
1 Scheibe von
1 Bio-Orange (unbehandelt, ungewachst)
1 Holzspießchen

Zubereitungszeit: etwa 5 Minuten

1. Wodka, Pfirsichlikör, Grenadinesirup, Orangen- und Ananassaft mit einigen Eiswürfeln in einen Shaker geben und gut schütteln.

2. Den Drink durch ein Barsieb in ein zur Hälfte mit Eiswürfeln gefülltes Longdrinkglas abseihen.

3. Nach Belieben die Cocktailkirsche und Orangenscheibe auf das Holzspießchen stecken, den Drink damit garnieren und servieren.

Smoothies fürs Frühstück I

Schmecken auch Abends oder zwischendurch

Breakfast-Smoothie (im Foto vorn)

1 Glas

Pro Glas: E: 9 g, F: 7 g, Kh: 37 g, kJ: 1073, kcal: 256, BE: 3,0

je ½ Pfirsich und Banane
150 g Vanille-Joghurt (3,5 % Fett)
100 ml Orangensaft
1 EL kernige Haferflocken

Außerdem:

Pürierstab

Zubereitungszeit: etwa 5 Minuten

1. Pfirsichhälfte abspülen, abtrocknen und in Stücke schneiden. Bananenhälfte schälen und ebenfalls in kleine Stücke schneiden.

2. Pfirsich- und Bananenstücke, Vanille-Joghurt und Orangensaft in einen hohen Rührbecher geben und pürieren. Dann die Haferflocken unterrühren. Den Smoothie nach Belieben vor dem Servieren einige Zeit in den Kühlschrank stellen und in einem Glas servieren.

Tipp: Bestreuen Sie den Smoothie kurz vor dem Servieren mit einigen Haferflocken.

Orangen-Smoothie mit Ingwer

(im Foto hinten)

1 Glas

VEGAN

Pro Glas: E: 6 g, F: 3 g, Kh: 27 g, kJ: 695, kcal: 166, BE: 2,5

1 große Orange
½ Banane
15 g Ingwer
100–150 ml Sojamilch

Außerdem:

Pürierstab

Zubereitungszeit: etwa 5 Minuten

1. Die Orange so schälen, dass die weiße Haut mitentfernt wird. Banane schälen. Orange und Banane in Stücke schneiden. Ingwer schälen und ebenfalls in kleine Stücke schneiden.

2. Orangen-, Bananen- und Ingwerstücke mit der Sojamilch in einen großen Rührbecher geben und pürieren. Den Smoothie nach Belieben noch einige Zeit in den Kühlschrank stellen und in einem Glas servieren.

Tipps: Schmecken Sie den Smoothie nach Belieben mit etwas Honig oder Orangensaft ab. Anstelle der Sojamilch z.B. Sojamilch mit Fruchtgeschmack (z.B. Orange) verwenden.

Smoothies mit Beeren I

Frisch und fruchtig

Himbeer-Erdbeer-Smoothie

(im Foto vorn und hinten rechts)

1 Glas

Pro Glas: E: 7 g, F: 3 g, Kh: 15 g, kJ: 564, kcal: 135, BE: 1,5

50 g Erdbeeren
100 g Himbeeren
5 EL Joghurt (1,5 % Fett)
50 ml Milch (1,5 % Fett)
50 ml Zitronensaft

Nach Belieben:
einige Himbeeren
etwas gem. Zimt

Außerdem:
Pürierstab

Zubereitungszeit: etwa 10 Minuten, ohne Kühlzeit

1. Erdbeeren abspülen, trocken tupfen, entstielen und in Stücke schneiden.

2. Die Himbeeren verlesen, evtl. kurz abspülen und abtropfen lassen.

3. Die Früchte mit Joghurt, Milch und Zitronensaft in einen hohen Rührbecher geben und pürieren. Den Smoothie nach Belieben noch einige Zeit in den Kühlschrank stellen.

4. Den Smoothie vor dem Servieren in ein Glas geben. Nach Belieben mit einigen Himbeeren garnieren und mit Zimtpulver bestäubt servieren.

Tipps: Wenn Sie es lieber süßer mögen, geben Sie 1 Teelöffel flüssigen Honig oder Ahornsirup in den Smoothie. Durch die Säure des Zitronensaftes kann es passieren, dass die Vollmilch gerinnt. Achten Sie deshalb darauf, dass die Milch gut gekühlt ist, oder verwenden Sie Sojamilch.

Strawberry-Mint-Smoothie

(im Foto hinten links)

1 Glas

Pro Glas: E: 4 g, F: 2 g, Kh: 27 g, kJ: 614, kcal: 146, BE: 2,5

4–5 Stängel Minze
150 g Erdbeeren
3 EL Joghurt (1,5 % Fett)
1 EL flüssiger Honig
2–3 EL Limettensaft

Außerdem:
Pürierstab

Zubereitungszeit: etwa 10 Minuten, ohne Kühlzeit

1. Minze abspülen, trocken tupfen und die Blättchen von den Stängeln zupfen. Minzeblättchen fein schneiden. Erdbeeren abspülen, trocken tupfen, entstielen und in Stücke schneiden.

2. Minzeblättchen, Erdbeerstücke, Joghurt, Honig und Limettensaft in einen hohen Rührbecher geben und pürieren.

3. Den Smoothie nach Belieben einige Zeit in den Kühlschrank stellen und vor dem Servieren in ein Glas geben.

Tipp: Nach Belieben den Drink zusätzlich mit Minze garnieren.

Sojamilchreis I

Süße Versuchung

2 Portionen

VEGAN

Pro Portion: E: 13 g, F: 5 g, Kh: 80 g, kJ: 1796, kcal: 430, BE: 6,5

500 ml Sojamilch
1 TL Voll-Rohrzucker
125 g Rundkornreis (Milchreis)
130 g abgetropfte Aprikosenhälften (aus der Dose)
2 Kiwis
7–8 EL Orangensaft (von etwa 1/2 großen Orange)
1–2 TL Ahornsirup oder Agavendicksaft

Zubereitungszeit: etwa 40 Minuten

1. Sojamilch mit Zucker in einem kleinen Topf verrühren und zugedeckt zum Kochen bringen. Den Reis einstreuen, dann umrühren und zum Kochen bringen. Den Reis bei schwacher Hitze mit halb aufgelegtem Deckel etwa 30 Minuten quellen lassen, dabei gelegentlich umrühren (damit nichts anbrennt).

2. In der Zwischenzeit Aprikosen in schmale Spalten schneiden. Kiwis schälen, längs vierteln und in kleine Stücke schneiden.

3. Orangensaft mit Ahornsirup oder Dicksaft in einer Schüssel verrühren. Aprikosenspalten und Kiwistücke unterrühren und darin so lange ziehen lassen, bis der Reis gar ist. Die Obstmischung gelegentlich umrühren.

4. Den Sojamilchreis in Müslischalen oder tiefen Tellern verteilen und mit dem marinierten Obst dekorativ anrichten.

Tipps: Wunderbar kernig wird der Milchreis mit 1–2 Esslöffel kurz angerösteten Sonnenblumenkernen oder Mandelstiften. Wunderbar cremig schmeckt der Milchreis, wenn etwas Sojajoghurt unter den fertig gegarten Reis gerührt wird. Statt Rundkornreis die gleiche Menge Dinkel- oder Vollkornreis nehmen.

Spaghetti bolognese

Klassisch – beliebt

4 Portionen

Pro Portion: E: 34 g, F: 20 g, Kh: 81 g, kJ: 2709, kcal: 647, BE: 6,5

Für die Sauce:

1 Zwiebel
1 Knoblauchzehe
2 Möhren
100 g Knollensellerie
2 EL Olivenöl
250 g Rindergehacktes
2 EL Tomatenmark
1 Lorbeerblatt
800 g stückige Tomaten (aus der Dose)
Salz
gem. Pfeffer
gerebelter Oregano

4–5 l Wasser
4–5 gestr. TL Salz
400–500 g Spaghetti
ger. Parmesan

Zubereitungszeit: etwa 20 Minuten

1. Zwiebel und Knoblauchzehe abziehen, halbieren und würfeln. Möhren und Sellerie putzen, schälen, abspülen, abtropfen lassen und ebenfalls in feine Würfel schneiden.

2. Olivenöl in einer großen Pfanne erhitzen. Gehacktes hinzugeben und unter Rühren anbraten. Die Fleischklümpchen dabei mit einer Gabel zerdrücken. Tomatenmark hinzugeben und ebenfalls mit anbraten. Lorbeerblatt, Zwiebel-, Knoblauch-, Gemüsewürfel und Tomaten hinzugeben, die Zutaten gut miteinander verrühren. Mit Salz, Pfeffer und Oregano würzen. Sauce zugedeckt etwa 15 Minuten bei schwacher Hitze kochen lassen.

3. In der Zwischenzeit das Wasser in einem großen Topf zugedeckt zum Kochen bringen. Dann Salz und Spaghetti zugeben. Die Spaghetti im geöffneten Topf bei mittlerer Hitze nach Packungsanleitung bissfest kochen, dabei gelegentlich umrühren. Anschließend die Spaghetti in ein Sieb geben, mit heißem Wasser abspülen und abtropfen lassen.

4. Spaghetti auf den Tellern mit einer großen Gabel jeweils zu einem Nest drehen und die Bolognesesauce in die Mitte geben, mit Parmesan bestreuen und servieren.

Spaghetti mit Möhren-Tomaten-Sauce | Vegetarisch

4 Portionen

Pro Portion: E: 20 g, F: 19 g, Kh: 84 g, kJ: 2488, kcal: 594, BE: 6,0

2 Zwiebeln
1 Knoblauchzehe
750 g Möhren
2 EL Olivenöl
Salz
gem. Pfeffer
gerebelter Majoran
150 ml Gemüsebrühe
4 l Wasser
4 gestr. TL Salz
400 g Spaghetti
400 g stückige Tomaten (aus der Dose)
100 g Schlagsahne
1 EL gehacktes Basilikum
50 g ger. Parmesan
einige vorbereitete Basilikumblättchen

Zubereitungszeit: etwa 30 Minuten

1. Zwiebeln und Knoblauch abziehen, in kleine Würfel schneiden. Möhren putzen, schälen, abspülen, abtropfen lassen und in kleine Stücke schneiden.

2. Olivenöl in einem Topf erhitzen. Zwiebel-, Knoblauchwürfel und Möhrenstücke darin andünsten. Das Gemüse mit Salz, Pfeffer und Majoran würzen.

3. Brühe hinzugießen, zum Kochen bringen und zugedeckt bei schwacher Hitze etwa 8 Minuten garen.

4. In der Zwischenzeit Wasser in einem großen Topf zugedeckt zum Kochen bringen. Dann Salz und Spaghetti hinzugeben. Die Spaghetti im geöffneten Topf bei mittlerer Hitze nach Packungsanleitung bissfest kochen, dabei gelegentlich umrühren.

5. Anschließend die Spaghetti in ein Sieb geben, mit heißem Wasser abspülen und abtropfen lassen. Spaghetti zugedeckt warm stellen.

6. Stückige Tomaten zu den vorgegarten Möhrenstücken geben. Nochmals mit Salz, Pfeffer und Majoran würzen, wieder zum Kochen bringen und weitere etwa 5 Minuten kochen lassen.

7. Die Möhren-Tomaten-Masse fein pürieren, Sahne unterrühren. Basilikum hinzufügen. Möhren-Tomaten-Sauce nochmals mit den Gewürzen abschmecken.

8. Die Spaghetti auf Tellern verteilen. Die Möhren-Tomaten-Sauce daraufgeben, mit Parmesan bestreut und mit Basilikumblättchen garniert servieren.

Spanische Eierpfanne | Schnell

2 Portionen

Pro Portion: E: 15 g, F: 16 g, Kh: 8 g, kJ: 971, kcal: 232, BE: 0,5

400 g geschälte Tomaten mit Saft (aus der Dose)
1 kleine Zwiebel
1–2 grüne Peperoni
1 EL Sonnenblumenöl
Salz, gem. Pfeffer
1 Prise Zucker
4 Eier (Größe M)

Zubereitungszeit: etwa 25 Minuten

1. Die Tomaten in ein Sieb abgießen, dabei den Tomatensaft auffangen. Tomaten aus dem Sieb nehmen, in mundgerechte Stücke schneiden und zum Abtropfen zurück ins Sieb geben.

2. In der Zwischenzeit Zwiebel abziehen und fein würfeln. Peperoni längs aufschneiden, entkernen und die Scheidewände herausschneiden. Peperoni abspülen, trocken tupfen und in Streifen schneiden.

3. Das Öl in einer großen Pfanne erhitzen. Zwiebelwürfel und Peperonistreifen darin bei mittlerer Hitze in etwa 2 Minuten andünsten. Den aufgefangenen Tomatensaft hinzugießen, mit Salz, Pfeffer und Zucker kräftig würzen. Die Zutaten in 3–4 Minuten bei starker Hitze zu einer dickflüssigen Tomatensauce einkochen lassen.

4. In der Zwischenzeit die Eier mit einer Gabel gut verschlagen.

5. Die Tomatenstücke gleichmäßig in der heißen Pfanne verteilen. Die Eier darübergießen und zugedeckt bei schwacher Hitze in 8–10 Minuten garen – die Eier sollten vollständig gestockt sein. Die spanische Eierpfanne sofort servieren.

Dazu passt: Grüner Salat.

Tipps: Wer es gerne extrascharf mag, nimmt statt der Peperoni 1 Chilischote oder würzt die Tomatensauce zusätzlich mit Paprikapulver rosenscharf. Oder lieber mild? Dann statt der Peperoni 1 Esslöffel gehackte Kräuter wie Petersilie oder Schnittlauch (frisch oder TK) mit den verschlagenen Eiern zur Tomatensauce geben.

Spanische Schokolade I

Für Schokoholics

4 Gläser

Pro Glas: E: 14 g, F: 19 g, Kh: 22 g, kJ: 1310, kcal: 313, BE: 2,0

100 g Zartbitter-Schokolade
800 ml Milch (3,5 % Fett)
3 Eier (Größe M)
1–1 1/2 TL gem. Zimt

Zum Garnieren:

etwas ger. Schokolade

Zubereitungszeit: etwa 15 Minuten

1. Zartbitter-Schokolade in Stücke brechen. Die Milch mit den Eiern in einem Topf verschlagen. Die Schokoladenstücke und Zimt hinzufügen bei schwacher bis mittlerer Hitze unter ständigem Schlagen mit einem Schneebesen so lange erwärmen, bis die Schokolade geschmolzen ist und dicklich wird. Dabei die Masse nicht kochen lassen, da das Ei sonst gerinnt.

2. Die spanische Schokolade in 4 Gläser füllen, nach Belieben mit geriebener Schokolade garnieren und sofort servieren.

Hinweis: Für dieses Getränk nur ganz frische Eier verwenden, die nicht älter als 5 Tage sind (Legedatum beachten!). Das Getränk sofort nach der Zubereitung servieren.

Spanischer Tunfischreis I

Ganz simpel

2 Portionen

Pro Portion: E: 28 g, F: 9 g, Kh: 64 g, kJ: 1926, kcal: 461, BE: 5,5

1	*kleine Zwiebel*
1	*Knoblauchzehe*
1 EL	*Weißweinessig*
1/2 EL	*Olivenöl*
	Salz
	gem. Pfeffer
150 g	*abgetropfter Tunfisch naturell (aus der Dose)*
1 EL	*Speiseöl (z. B. Sonnenblumenöl)*
125 g	*Langkornreis*
250 ml	*Gemüsebrühe*
125 g	*TK-Erbsen*
etwa 1/2 TL	*gem. Kurkuma (Gelbwurz)*
1	*rote Paprikaschote*
1	*Bio-Zitrone (unbehandelt, ungewachst)*
etwas	*Cayennepfeffer*

Zubereitungszeit: etwa 35 Minuten

1. Die Zwiebel und die Knoblauchzehe abziehen und getrennt fein würfeln.

2. Essig mit Olivenöl in einer kleinen Schüssel verrühren. Die Hälfte des fein gehackten Knoblauchs mit etwas Salz und Pfeffer hinzufügen. Tunfisch in Stücke zerteilen, mit der Marinade vermischen und beiseitestellen.

3. Das Speiseöl in einem Topf erhitzen. Die Zwiebelwürfel und den restlichen Knoblauch darin in etwa 2 Minuten unter gelegentlichem Rühren bei mittlerer Hitze andünsten. Den Reis hinzufügen und 2–3 Minuten mit anbraten, dabei gelegentlich umrühren.

4. Gemüsebrühe hinzugießen, alles aufkochen lassen und zugedeckt bei schwacher Hitze garen. Nach etwa 5 Minuten Garzeit gefrorene Erbsen und Kurkuma unterrühren und anschließend bei schwacher bis mittlerer Hitze weitergaren.

5. In der Zwischenzeit die Paprikaschote halbieren, entstielen, entkernen und die weißen Scheidewände entfernen. Schoten abspülen, abtropfen lassen und in feine Streifen schneiden. Die Paprikastreifen hinzugeben und unterrühren. Den Reis weitere etwa 10 Minuten garen.

6. In der Zwischenzeit die Zitrone heiß abwaschen und abtrocknen. Etwa 1/2 Teelöffel Schale fein abreiben, anschließend die Zitrone halbieren und 1 Esslöffel Zitronensaft auspressen.

7. Marinierten Tunfisch, Zitronenschale und -saft unter den Reis rühren, kurz miterhitzen. Tunfischreis mit Salz und Cayennepfeffer abschmecken.

Tipp: Was tun mit den Resten? Tiefgekühltes Gemüse hat den Vorteil, dass man nur so viel entnehmen muss, wie man tatsächlich braucht. Die restlichen Erbsen sofort wieder einfrieren und für andere Gerichte verwenden.

Spiegeleier mit Schinkenspeck

Schnell

1 Portion

Pro Portion: E: 21 g, F: 26 g, Kh: 2 g, kJ: 1366, kcal: 327, BE: 0,0

1 EL	*Margarine oder Speiseöl*
2 Scheiben	*Schinkenspeck*
2	*Eier (Größe M)*
	Salz

Zubereitungszeit: etwa 5 Minuten
Garzeit: 5–7 Minuten

1. Margarine oder Speiseöl in einer Pfanne zerlassen oder erhitzen. Den Schinkenspeck in dem Fett anbraten, herausnehmen und warm stellen.

2. Die Eier vorsichtig einzeln in einer Tasse aufschlagen. Die Eier nebeneinander in die Pfanne gleiten lassen. Das Eiweiß mit Salz bestreuen und die Eier etwa 5 Minuten bei mittlerer Hitze braten, bis das Eiweiß fest ist.

3. Soll auch das Eigelb fest werden, die Eier mit einem Pfannenwender wenden und noch etwa 2 Minuten braten lassen.

4. Die Spiegeleier aus der Pfanne nehmen, sofort mit dem ausgebratenen Schinkenspeck anrichten und servieren.

Dazu passt: Brot, Salat oder Blattspinat.

Tipps: Den Schinkenspeck in dem heißen Fett anbraten. Aufgeschlagene Eier daraufgeben, mit etwas Pfeffer würzen und wie beschrieben braten. Statt Schinkenspeck kann auch Frühstücksspeck (Bacon) verwendet werden. Bei beschichteten Pfannen stets Pfannenwender aus Plastik oder Holz verwenden – diese machen keine Kratzer auf dem Pfannenboden.

Spiegeleiertoast | Ganz simpel – preiswert

4 Portionen

Pro Portion: E: 20 g, F: 24 g, Kh: 25 g, kJ: 1653, kcal: 394, BE: 2,0

8 Scheiben Toastbrot (etwa 9 x 8 ½ cm)
8 TL Olivenöl
Salz, gem. Pfeffer
8 Eier (Größe M)
etwa 25 g ger. Gouda oder Emmentaler
15 g gewürfelte, magere Schinkenwürfel
½ Bund Schnittlauch

Außerdem:
1–2 Backbleche
Backpapier

Zubereitungszeit: etwa 30 Minuten
Backzeit: etwa 10 Minuten je Backblech

1. Die Backbleche mit Backpapier belegen. Den Backofen vorheizen.
Ober-/Unterhitze: etwa 200 °C
Heißluft: etwa 180 °C

2. Toastbrotscheiben auf den Backblechen verteilen. Aus jeder Toastscheibe mit einer runden Ausstechform oder einem Glas (Ø etwa 5 cm) einen Kreis ausstechen. Die Brotkreise ebenfalls auf die Backbleche legen.

3. Die Brotscheiben und -kreise mit Olivenöl bestreichen, mit Salz und Pfeffer bestreuen.

4. Eier jeweils in einer kleinen Tasse aufschlagen und vorsichtig in die zuvor ausgestochenen Brotscheibenkreise gleiten lassen.

5. Die ausgestochenen Toastbrotkreise mit Käse und Schinkenwürfeln bestreuen.

6. Die Backbleche nacheinander (bei Heißluft zusammen) auf mittlerer Einschubleiste in den vorgeheizten Backofen schieben. Spiegeleiertoasts **etwa 10 Minuten backen.**

7. In der Zwischenzeit Schnittlauch abspülen, trocken tupfen und in Röllchen schneiden.

8. Spiegeleiertoasts und die Brotkreise mit Schnittlauchröllchen bestreuen und heiß servieren.

Spinat-Tortilla I

Perfekt zum Vorbereiten – für die Party

etwa 20 Fingerfood-Stücke

Pro Stück: E: 2 g, F: 3 g, Kh: 0 g, kJ: 162, kcal: 39, BE: 0,0

2 Schalotten oder
1 Zwiebel (etwa 50 g)
1 Knoblauchzehe
2 EL Olivenöl
125 g TK-Blattspinat
Salz, gem. Pfeffer
ger. Muskatnuss
6 Eier (Größe M)
6 EL Milch (1,5 % Fett)

Außerdem:

1 große Auflaufform

Zubereitungszeit: etwa 20 Minuten, ohne Abkühlzeit
Garzeit: etwa 30 Minuten

1. Schalotten oder Zwiebel und Knoblauch abziehen, in kleine Würfel schneiden. Olivenöl in einer Pfanne erhitzen. Die Schalotten- oder Zwiebel- und Knoblauchwürfel darin andünsten.

2. Den Backofen vorheizen.
Ober-/Unterhitze: etwa 200 °C
Heißluft: etwa 180 °C

3. Den gefrorenen Spinat hinzugeben, unter gelegentlichem Rühren andünsten und zugedeckt bei schwacher Hitze etwa 10 Minuten garen.

4. Den garen Spinat mit Salz, Pfeffer und Muskat würzen, mit einer Gabel vorsichtig auflockern und die Flüssigkeit verdampfen lassen. Die Auflaufform fetten. Den Spinat aus der Pfanne nehmen und in der Auflaufform verteilen.

5. Eier mit Milch verschlagen, mit Salz würzen. Die Eiermilch auf dem Spinat verteilen.

6. Die Form auf dem Rost auf mittlerer Einschubleiste in den vorgeheizten Backofen geben. Spinat-Tortilla **etwa 30 Minuten garen.**

7. Die Form auf einen Rost stellen. Die Tortilla etwas abkühlen lassen und anschließend in etwa 20 Stücke schneiden.

Tipp: Die Spinat-Tortilla-Stücke mit kleinen Holzspießen oder mit Butterbrotpapier umwickelt als Fingerfood servieren.

Spirelli alla caprese

Für die italienischen Momente

4 Portionen

Pro Portion: E: 28 g, F: 25 g, Kh: 93 g, kJ: 2996, kcal: 716, BE: 7,5

5 l Wasser
5 gestr. TL Salz
500 g Spirelli
6 mittelgroße Tomaten
250 g abgetropfter Mozzarella
4 EL abgetropfte, entsteinte schwarze Oliven
evtl. einige Stängel Basilikum
3 EL Speiseöl
1 Knoblauchzehe
Salz
gem. Pfeffer

Zubereitungszeit: etwa 25 Minuten

1. Wasser in einem großen Topf zugedeckt zum Kochen bringen. Salz und Nudeln ins kochende Wasser geben. Die Nudeln im geöffneten Topf bei mittlerer Hitze nach Packungsanleitung bissfest garen, dabei gelegentlich umrühren.

2. In der Zwischenzeit Tomaten abspülen, trocken tupfen, halbieren und die Stängelansätze herausschneiden. Tomatenhälften in Würfel schneiden. Mozzarella ebenfalls in kleine Würfel schneiden. Oliven halbieren. Basilikum abspülen und trocken tupfen. Die Blättchen von den Stängeln zupfen.

3. Die Nudeln in ein Sieb geben, mit Wasser abspülen, abtropfen lassen und warm halten.

4. Speiseöl in dem Topf erhitzen. Knoblauch abziehen, fein würfeln oder zerdrücken, in dem erhitzten Öl unter Rühren kurz dünsten. Die Tomatenwürfel hinzugeben und kurz erhitzen.

5. Nudeln zu den Tomatenwürfeln in den Topf geben. Oliven unterrühren. Den Topf von der Kochstelle nehmen. Das Ganze mit Salz und Pfeffer abschmecken.

6. Spirelli alla caprese mit Mozzarella und Basilikum sofort servieren.

Spirelli mit Zucchini-Schafkäse-Sauce I

Sattmacher

1 Portion

Pro Portion: E: 25 g, F: 29 g, Kh: 74 g, kJ: 2781, kcal: 664, BE: 5,0

Für die Nudeln:

1 l Wasser
1 gestr. TL Salz
80–100 g Spirelli (oder andere kurze Nudeln)

Für die Sauce:

200 g Tomaten
150 g Zucchini
1/2 Zwiebel
1 Knoblauchzehe
2–3 Stängel Thymian (ersatzweise 1–2 Msp. gerebelter Thymian)
1 EL Olivenöl
1 EL Schmand (Sauerrahm) oder Schlagsahne
etwa 50 ml Gemüsebrühe
Salz
gem. Pfeffer
Cayennepfeffer
50 g Schafskäse

Zubereitungszeit: etwa 25 Minuten

1. Für die Nudeln Wasser in einem Topf zugedeckt zum Kochen bringen. Dann Salz und Nudeln zugeben. Die Nudeln im geöffneten Topf bei mittlerer Hitze nach Packungsanleitung bissfest kochen, ab und zu umrühren.

2. Inzwischen für die Sauce die Tomaten kreuzweise einschneiden und mit kochendem Wasser übergießen. Nach 1–2 Minuten herausnehmen und mit kaltem Wasser abschrecken. Tomaten enthäuten, halbieren und die Stängelansätze herausschneiden. Tomaten in nicht zu kleine Stücke schneiden.

3. Zucchini abspülen, abtropfen lassen und die Enden abschneiden. Zucchini erst in Scheiben, dann in Stifte schneiden. Zwiebel und Knoblauchzehe abziehen und würfeln. Thymian abspülen, trocken tupfen und die Blättchen von den Stängeln zupfen. Thymianblättchen beiseitelegen.

4. Die Nudeln in ein Sieb abgießen, mit heißem Wasser abspülen und abtropfen lassen. Die Nudeln warm stellen.

5. Öl in einem Topf erhitzen. Zwiebel- und Knoblauchwürfel kurz darin andünsten. Zucchinistifte hinzufügen und 3–5 Minuten bei mittlerer Hitze mitdünsten.

6. Schmand oder Sahne, Tomatenstücke und Brühe hinzufügen, umrühren und aufkochen lassen. Thymian unterrühren. Die Sauce mit Salz, Pfeffer und Cayennepfeffer abschmecken.

7. Schafskäse in Würfel schneiden und in der Sauce erwärmen (nicht mehr kochen lassen). Die Zucchini-Schafskäse-Sauce zu den Nudeln servieren. Oder die Nudeln mit der Sauce vermengen und auf einem Teller anrichten, so nehmen die Nudeln die Sauce besser auf.

Tipps: Wenn es schnell gehen soll, statt der frischen Tomaten 3–4 Esslöffel stückige Tomaten (z. B. aus der Dose) verwenden. Statt Thymian schmeckt auch Basilikum. Wer keine Gemüsebrühe zur Hand hat, kann auch etwas vom Nudelkochwasser für die Sauce verwenden. Für mehrere Gäste das Rezept entsprechend der Personenzahl erhöhen.

Spoonbread | Löffelbrot – süße Mahlzeit

3–4 Portionen

Pro Portion: E: 18 g, F: 27 g, Kh: 62 g, kJ: 2363, kcal: 564, BE: 5,0

600 ml Milch (1,5 % Fett)
60 g Butter
40 g Zucker
2 EL flüssiger Honig
160 g Maismehl
4 Eiweiß (Größe M)
1 TL Dr. Oetker Backin
4 Eigelb (Größe M)
etwa 1 EL Puderzucker

Außerdem:

1 Tarte- oder Pieform (etwa Ø 26 cm) oder flache Auflaufform (etwa 1 ½ l Inhalt)
Mixer mit Rührstäben

Zubereitungszeit: etwa 20 Minuten, ohne Abkühlzeit
Backzeit: etwa 40 Minuten

1. In einem Topf Milch mit Butter, Zucker und Honig unter Rühren leicht erhitzen, bis die Butter geschmolzen ist. Den Topf von der Kochstelle nehmen. Maismehl nach und nach mit einem Schneebesen unterrühren, sodass eine glatte Masse entsteht. Masse etwas abkühlen lassen.

2. Inzwischen den Backofen vorheizen.
Ober-/Unterhitze: etwa 180 °C
Heißluft: etwa 160 °C

3. Die Form fetten. Eiweiß mit einem Mixer (Rührstäben) steif schlagen. Backpulver und Eigelb unter die Teigmasse rühren. Eischnee unterheben. Die Teigmasse in die Form füllen und glatt streichen.

4. Die Form auf dem Rost auf mittlerer Einschubleiste in den vorgeheizten Backofen schieben. Spoonbread **etwa 40 Minuten backen.**

5. Spoonbread mit Puderzucker bestäuben und sofort oder lauwarm servieren.

Tipp: Als Dessert reicht das Löffelbrot auch für 6 Portionen.

Studentenbrötchen XXL I

Transportgeeignet

1 Portion

Pro Portion: E: 26 g, F: 38 g, Kh: 30 g, kJ: 2378, kcal: 568, BE: 2,5

3 Radieschen
1 hart gekochtes Ei
evtl. 1 Salatblatt
1 Vollkorn- oder Körnerbrötchen
1 TL Butter
1 gestr. EL Salatmayonnaise
3 Scheiben Bierschinken oder Fleischwurst (etwa 30 g)
Salz, gem. Pfeffer
1 EL fein geschnittene Kräuter (z. B. Petersilie, Kerbel, Schnittlauch)
1 Scheibe Schnittkäse (z. B. Emmentaler oder Gouda)

Zubereitungszeit: 5–10 Minuten

1. Radieschen putzen, abspülen, abtropfen lassen und in dünne Scheiben schneiden. Ei pellen, ebenfalls in dünne Scheiben schneiden. Evtl. das Salatblatt abspülen und trocken tupfen.

2. Die Brötchen halbieren und die Schnittflächen mit Butter bestreichen. Vorbereitetes Salatblatt auf die untere Brötchenhälfte legen. Salatmayonnaise darauf verteilen.

3. Wurstscheiben aufrollen und darauflegen. Radieschenscheiben schuppenförmig darauf verteilen, mit Salz, Pfeffer und Kräutern bestreuen. Die Käsescheibe und zum Schluss die Eierscheiben darauflegen. Das Riesenbrötchen mit der oberen Brötchenhälfte bedecken, leicht zusammendrücken.

Tipp: Zum Mitnehmen das Brötchen fest in Frischhaltefolie wickeln.

Tacos mit Hackfleischfüllung

Für Freunde

12 Stück

Pro Stück: E: 18 g, F: 24 g, Kh: 15 g, kJ: 1466, kcal: 350, BE: 1,0

1 Zwiebel
4 EL Speiseöl (z. B. Sonnenblumenöl)
750 g Rindergehacktes
2 Knoblauchzehen
1 Beutel mexikanische Gewürzmischung (etwa 35 g)
Salz
gem. Pfeffer
Paprikapulver edelsüß
125 ml Fleisch- oder Gemüsebrühe
1 Avocado
1–2 TL Zitronensaft
150 g saure Sahne
1 EL fein geschnittene Kräuter (z. B. Petersilie, Basilikum)
1 kleiner Eisbergsalat
1 Bund Frühlingszwiebeln
12 große Taco-Schalen (Taco Shells)
285 g abgetropfter Gemüsemais (aus der Dose)
200 ml Taco Sauce
125 g ger. mittelalter Gouda

Außerdem:

1 Backblech

Zubereitungszeit: etwa 55 Minuten
Backzeit: 3–4 Minuten

1. Die Zwiebel abziehen und fein würfeln. Öl in einer Pfanne erhitzen, Zwiebelwürfel und Gehacktes darin anbraten, dabei die Fleischklümpchen mit einer Gabel grob zerkleinern.

2. Knoblauchzehen abziehen, durch die Knoblauchpresse drücken und unterrühren. Gehacktesmasse mit Gewürzmischung, Salz, Pfeffer und Paprikapulver abschmecken. Brühe hinzugießen, umrühren und etwa 15 Minuten zugedeckt bei mittlerer Hitze garen, dabei ab und zu umrühren. Das Ganze nochmals abschmecken.

3. Inzwischen den Backofen vorheizen.
Ober-/Unterhitze: etwa 180 °C
Heißluft: etwa 160 °C

4. Avocado halbieren, den Stein entfernen. Avocado schälen, das Fruchtfleisch in Würfel schneiden und mit Zitronensaft beträufeln. Für einen Kräuter-Dip saure Sahne und gehackte Kräuter verrühren, nach Belieben mit Salz und Pfeffer würzen.

5. Vom Eisbergsalat die äußeren, welken Blätter entfernen, den Salat abspülen, abtropfen lassen und in feine Streifen schneiden. Frühlingszwiebeln putzen, abspülen, abtropfen lassen und in feine Scheiben schneiden.

6. Taco-Schalen mit der offenen Seite nach unten nebeneinander auf ein Backblech setzen, im vorgeheizten Backofen **3–4 Minuten erwärmen.**

7. Alle Zutaten zum Füllen der Tacos in Schüsseln anrichten, das Hackfleisch in einer Schale auf einem Rechaud (oder einem Stövchen) warm stellen. Jeweils einen Taco mit Hackfleisch, Eisbergsalat, Frühlingszwiebeln, Mais, Avocado- und Zwiebelwürfeln füllen, mit Kräuter-Dip und/oder Taco Sauce beträufeln und mit Gouda bestreuen.

Tandoori-Spieße I

Exotisches für die WG-Party

8–10 Portionen

Pro Portion: E: 49 g, F: 4 g, Kh: 5 g, kJ: 1131, kcal: 271, BE: 0,5

Für die Tandoori-Spieße:

1 1/2–2 kg Hähnchenbrustfilets
450 g Joghurt (3,5 % Fett)
4–4 1/2 EL Tandoori-Gewürzmischung (aus dem Glas)

Für den Knoblauch-Dip:

2–3 Knoblauchzehen
300 g Joghurt (3,5 % Fett)
3–4 EL Zitronensaft
Salz, gem. Pfeffer

Außerdem:

etwa 40 Holzspieße
1 Backblech
Backpapier

Zubereitungszeit: etwa 45 Minuten, ohne Durchziehzeit
Garzeit: etwa 15 Minuten

1. Für die Tandoori-Spieße die Hähnchenbrustfilets unter fließendem kalten Wasser abspülen, trocken tupfen und in dünne, flache Streifen schneiden. Die Fleischstreifen wellenförmig auf die Holzspieße stecken.

2. Joghurt und Gewürzmischung in einer Schüssel verrühren. Die Fleischspieße in eine flache Schale legen, mit der Joghurt-Tandoori-Mischung bestreichen und zugedeckt im Kühlschrank etwa 1 Stunde durchziehen lassen.

3. Das Backblech mit Backpapier belegen. Den Backofen vorheizen.
Ober-/Unterhitze: etwa 200 °C
Heißluft: etwa 180 °C

4. Für den Dip Knoblauchzehen abziehen, durch eine Knoblauchpresse drücken oder sehr fein hacken und zu dem Joghurt geben. Dip mit Zitronensaft, Salz und Pfeffer würzen.

5. Die Spieße auf das Backblech legen, nochmals mit der Joghurt-Gewürz-Mischung bestreichen. Das Backblech auf mittlerer Einschubleiste in den vorgeheizten Backofen schieben. Die Spieße **etwa 15 Minuten garen.**

6. Nach etwa der Hälfte der Garzeit die Spieße wenden, nach Belieben nochmals mit der Joghurt-Gewürz-Mischung bestreichen, dann **bei der oben angegebenen Backofeneinstellung weitergaren.**

7. Die Spieße herausnehmen und mit dem Knoblauch-Dip servieren.

Tipp: Die Holzspieße evtl. in kaltem Wasser einweichen, damit sie aufquellen und nicht splittern. Das Fleisch lässt sich besonders gut schneiden, wenn Sie es vorher etwa 2 Stunden in das Gefrierfach legen.

Dazu passt: **Couscous mit Gemüse** (8–10 Portionen). Dafür 5 Knoblauchzehen und 5 Zwiebeln abziehen und fein würfeln. 750 g Zucchini und 1 kg Auberginen abspülen, abtrocknen, die Enden abschneiden. Vorbereitetes Gemüse in etwa 1 1/2 cm große Würfel schneiden. 750 g Kürbis in Spalten schneiden, schälen, Kerne entfernen. Kürbisfleisch abspülen, abtropfen lassen und würfeln. 600 g Möhren putzen, schälen, abspülen und ebenfalls in Würfel schneiden. 12–15 Fleischtomaten abspülen, abtrocknen und Stängelansätze herausschneiden. Tomaten in Würfel schneiden. In einem großen, weiten Topf 8 Esslöffel Olivenöl erhitzen, Knoblauch und Zwiebeln darin andünsten. Zucchini, Auberginen, Kürbis, Möhren und Tomaten hinzufügen. Mit Salz, Pfeffer, etwas gemahlenem Zimt, 1 gestrichenem Esslöffel Paprikapulver edelsüß, 2–3 Esslöffeln Harissa (afrikanische Gewürzpaste), gemahlenen Nelken (oder Piment) und Kreuzkümmel würzen, etwa 15 Minuten bei schwacher Hitze zugedeckt schmoren lassen, dabei ab und zu umrühren. Dann 750 g Couscous mit 900 ml heißer Gemüsebrühe übergießen und nach Packungsanleitung ausquellen lassen, mit 2 Gabeln auflockern, dann mit dem Gemüse vermischen. Nach Belieben noch 4 Esslöffel gehackte Petersilie untermischen.

Tiramisu mit Amaretto | Mit Alkohol

12 Portionen

Pro Portion: E: 9 g, F: 39 g, Kh: 44 g, kJ: 2482, kcal: 592, BE: 3,5

Für die Creme:

1 kg Mascarpone light (ital. Frischkäse)
200 ml Milch (3,5 % Fett)
50 g Zucker
2 Pck. Dr. Oetker Bourbon-Vanille-Zucker
4 EL Amaretto (Mandellikör)

Zum Bestreichen:

250 ml kalter Espresso oder starker Kaffee
4 EL Amaretto

400 g Löffelbiskuits
2 geh. EL Kakaopulver

Außerdem:

1–2 große, flache Auflaufformen
Mixer mit Rührstäben
Frischhaltefolie

Zubereitungszeit: etwa 45 Minuten, ohne Kühlzeit

1. Für die Creme Mascarpone in eine Rührschüssel geben. Milch, Zucker, Vanille-Zucker und Amaretto hinzugeben. Die Zutaten mit dem Mixer (Rührstäbe) auf niedrigster Stufe glatt rühren.

2. Zum Bestreichen den Espresso oder Kaffee mit Amaretto verrühren.

3. Die Böden von 1 oder 2 flachen Auflaufformen mit der Hälfte der Löffelbiskuits auslegen. Löffelbiskuits mit der Hälfte der Kaffee-Amaretto-Mischung bestreichen. Darauf die Hälfte der Mascarponecreme verteilen. Die restlichen Zutaten in gleicher Reihenfolge daraufschichten.

4. Tiramisu mit Frischhaltefolie zugedeckt mindestens 4 Stunden oder über Nacht in den Kühlschrank stellen. Das Tiramisu vor dem Servieren dick mit Kakaopulver bestäuben.

Tipps: Etwas leichter wird das Tiramisu, wenn Sie die Hälfte des Mascarpones durch 250 g Speisequark (20 % Fett) ersetzen. Noch cremiger wird das Tiramisu mit klassischem Mascarpone. Mögen Sie es gern süß, verwenden Sie 100 g Zucker für die Creme.

Tipp zum Vorbereiten: Das Tiramisu ist ein ideales Dessert zum Vorbereiten, da es gut durchgezogen noch mal so gut schmeckt.

Tiramisu mit Mandarinen I

Partydessert – mit Alkohol

12 Portionen

Pro Portion: E: 9 g, F: 22 g, Kh: 60 g, kJ: 2124, kcal: 506, BE: 5,0

500 g Cantuccini (ital. Mandelgebäck)
125 ml starker Kaffee (Espresso oder Mokka)
875 g abgetropfte Mandarinen (aus Dosen)
125 ml Cointreau (Orangenlikör)
40 g Puderzucker
500 g Joghurt (3,5 % Fett)
500 g Vanille-Joghurt (3,5 % Fett)
500 g Schlagsahne (mind. 30 % Fett)

etwas Kakaopulver zum Bestäuben

Außerdem:

1 große Auflaufform

Zubereitungszeit: etwa 50 Minuten, ohne Durchziehzeit

1. Die Cantuccini in die Auflaufform legen und mit dem kalten Kaffee tränken.

2. Die Mandarinen auf den Cantuccini verteilen, mit Cointreau beträufeln und mit Puderzucker bestäuben. Das Ganze zugedeckt im Kühlschrank 1–2 Stunden durchziehen lassen.

3. Beide Joghurtsorten in einer Schüssel miteinander verrühren. Die Sahne steif schlagen und unterheben. Die Joghurt-Sahne auf den Früchten verteilen. Das Tiramisu zugedeckt in den Kühlschrank stellen und weiter 3–4 Stunden durchziehen lassen.

4. Vor dem Servieren das fruchtige Tiramisu mit etwas Kakaopulver bestäuben.

Tipps: Steht das Tiramisu länger auf einem Buffet, zusätzlich 2 Päckchen Dr. Oetker Sahnesteif unter die Sahne rühren. Statt Cantuccini eignen sich auch Löffelbiskuits.

Toastbrottorte | Gelingt ohne Backofen

12–14 Stücke

Pro Stück: E: 5 g, F: 7 g, Kh: 38 g, kJ: 1019, kcal: 244, BE: 3,5

Zum Vorbereiten:

1 kg gemischte TK-Beeren
500 g Weizen-Toastbrot (19 Scheiben)

Für die Füllung:

1 Pck. Dr. Oetker Pudding-Pulver Vanille-Geschmack
150 g Zucker
250 ml Johannisbeersaft
5 Blatt weiße Gelatine

Zum Verzieren und Garnieren:

40 g weiße Kuvertüre
200 g Schlagsahne (mind. 30 % Fett)
1 EL Zucker
1 Pck. Dr. Oetker Sahnesteif
12–14 frische, verlesene Himbeeren

Außerdem:

1 Springform (Ø 26 cm)
1 Tortenplatte
Mixer mit Rührstäben
Frischhaltefolie

Zubereitungszeit: etwa 45 Minuten, ohne Auftau- und Kühlzeit

1. Zum Vorbereiten Beeren nach Packungsanleitung auftauen lassen. Den Boden und Rand der Springform mit 2 Lagen Frischhaltefolie auslegen. Aus 12 Toastbrotscheiben große Kreise (Ø je etwa 8 cm) ausstechen und aus 2 Toastbrotscheiben kleine Kreise (Ø je etwa 6 cm) ausstechen. Von 5 Toastbrotscheiben den Rand dünn abschneiden, die Scheiben quer halbieren.

2. Die halbierten Toastbrotscheiben an den Rand der Springform stellen. In die Mitte der Springform einen der 6-cm-Toastbrotkreise legen. 6 der 8-cm-Toastbrotkreise leicht überlappend ebenfalls auf den Springformboden legen. Die Löcher mit Toastbrotresten füllen.

3. Für die Füllung Pudding-Pulver mit Zucker und 50 ml Johannisbeersaft verrühren. Den restlichen Johannisbeersaft mit 200 g Beeren in einen großen Topf geben und unter Rühren aufkochen lassen. Den Topf von der Kochstelle nehmen.

4. Das angerührte Pudding-Pulver einrühren. Die Mischung unter Rühren etwa 2 Minuten kochen lassen. Die restlichen Beeren unterrühren. Den Beerenpudding nochmals kurz aufkochen, dann den Topf von der Kochstelle nehmen.

5. Die Gelatine nach Packungsanleitung einweichen. Gelatine leicht ausdrücken und in dem warmen Beerenpudding unter Rühren auflösen. Den Beerenpudding auf den Toastbrotboden in die Springform geben und glatt streichen.

6. Den letzten 6-cm-Toastbrotkreis in die Mitte auf den Beerenpudding legen. Die restlichen Toastbrotkreise kreisförmig und leicht überlappend auf die Beeren legen. Die Löcher mit Toastbrotresten füllen. Die Toastbrottorte mit Frischhaltefolie belegen und die Toastbrotkreise leicht andrücken. Die Toastbrottorte über Nacht in den Kühlschrank stellen.

7. Zum Verzieren und Garnieren die Frischhaltefolie vorsichtig entfernen und die Toastbrottorte auf eine Tortenplatte stürzen. Die Kuvertüre mit einem Sparschäler oder Messer in Spänen abhobeln. Die Sahne mit dem Zucker und dem Sahnesteif steif schlagen und in einen Spritzbeutel mit großer Sterntülle füllen. Die Toastbrottorte mit der Sahne verzieren, mit den vorbereiteten Himbeeren und den Kuvertürespänen garnieren.

Tofu, geschmort | Vegetarisch

2 Portionen

Pro Portion: E: 23 g, F: 15 g, Kh: 20 g, kJ: 1293, kcal: 309, BE: 1,5

250 g Tofu
150 ml Speiseöl
1 rote Paprikaschote (etwa 200 g)
1 gelbe Paprikaschote (etwa 200 g)
2 Zwiebeln
2 Knoblauchzehen
1 EL Speiseöl
1–2 Msp. Sambal Oelek
1–2 EL Sojasauce
1 TL gem. Koriander
1–2 TL Reis- oder Weinessig
1 TL Zucker
125 ml Gemüsebrühe
Salz
evtl. etwas Zucker
evtl. einige Korianderblättchen

Zubereitungszeit: etwa 40 Minuten

1. Tofu in etwa 1 cm kleine Würfel schneiden. Das Speiseöl in einem Wok erhitzen.

2. Die Tofuwürfel darin evtl. portionsweise in etwa 2 Minuten goldbraun frittieren, mit einem Schaumlöffel herausnehmen und auf Küchenpapier abtropfen lassen. Das Öl in ein Vorratsgefäß zurückgießen.

3. Paprikaschoten halbieren, entstielen, entkernen und die weißen Scheidewände entfernen. Die Schoten abspülen, abtropfen lassen und in feine Streifen schneiden. Zwiebeln und Knoblauch abziehen, in kleine Würfel schneiden.

4. Speiseöl in dem Wok erhitzen. Die Zwiebel- und Knoblauchwürfel darin andünsten. Sambal Oelek, Sojasauce, Koriander, Essig und Zucker unterrühren. Paprikastreifen hinzugeben und alles 2–3 Minuten dünsten.

5. Brühe hinzugießen, zum Kochen bringen und das Ganze 2–3 Minuten köcheln lassen. Die frittierten Tofuwürfel untermischen, erwärmen, mit Salz und nach Belieben mit Zucker abschmecken. Den geschmorten Tofu evtl. mit abgespülten und trocken getupften Korianderblättchen bestreut servieren.

Tofuburger

Vegetarisch

4 Portionen

Pro Portion: E: 33 g, F: 22 g, Kh: 40 g, kJ: 2040, kcal: 487, BE: 3,0

4	*große Friséesalatblätter*
1 Stück	*Gurke*
1	*große Fleischtomate*
600 g	*Tofu*
4 EL	*Schnittlauchröllchen*
2 gestr. TL	*Kräutersalz*
4 EL	*Sojasauce*
	gem. Pfeffer
60 g	*Sesamsamen*
5 EL	*Sojaöl*
4	*Hamburger-Brötchen mit Sesam*
4 EL	*Tomatenketchup*
einige	*klein geschnittene Kräuter (z. B. Basilikumblättchen)*

Zubereitungszeit: etwa 30 Minuten

1. Salatblätter und Gurkenstück abspülen und trocken tupfen. Gurke längs in dünne Scheiben hobeln oder schneiden. Die Tomate abspülen, trocken tupfen, in 8 dünne Scheiben schneiden, dabei den Stängelansatz entfernen.

2. Tofu zerbröseln, mit Schnittlauchröllchen, Kräutersalz, Sojasauce, Pfeffer und 40 g vom Sesamsamen zu einem Teig verarbeiten. Aus dem Teig 4 Bratlinge formen und in dem restlichen Sesam wälzen.

3. Sojaöl in einer Pfanne erhitzen. Die Bratlinge darin von jeder Seite 3–4 Minuten braten, dabei vorsichtig wenden.

4. Die Brötchen waagerecht halbieren. Die Schnittflächen der Brötchenhälften mit jeweils etwas von dem Ketchup bestreichen.

5. Die unteren Brötchenhälften mit je 1 Salatblatt und 2 Tomatenscheiben belegen. Die Bratlinge darauflegen und die Gurkenscheiben mit den Kräutern darauf verteilen. Die oberen Brötchenhälften darauflegen und servieren.

Tofueintopf | Deftig

2 Portionen

VEGAN

Pro Portion: E: 41 g, F: 23 g, Kh: 19 g, kJ: 1830, kcal: 437, BE: 1,0

400 g Tofu
1 1/2 EL Sojasauce
1 Zwiebel
je 1 gelbe und grüne Paprikaschote
250 g Champignons
250 g Tomaten
3 Stängel Majoran oder Thymian
2 EL Speiseöl (z. B. Sonnenblumen- oder Sojaöl)
500 ml Gemüsebrühe
1–2 EL Tomaten- oder Paprikamark
Salz, gem. Pfeffer
Paprikapulver rosenscharf

Zubereitungszeit: etwa 45 Minuten

1. Tofu in mundgerechte Stücke schneiden, in einen tiefen Teller geben, mit Sojasauce beträufeln. Tofuwürfel 20– 30 Minuten marinieren, dabei ab und zu wenden.

2. In der Zwischenzeit Zwiebel abziehen, halbieren und fein würfeln. Paprikaschoten halbieren, entstielen, entkernen und die weißen Scheidewände entfernen. Schoten abspülen, abtropfen lassen und in Stücke schneiden. Die Champignons putzen und in Scheiben schneiden.

3. Die Tomaten kreuzweise einschneiden und mit kochendem Wasser übergießen. Nach 1–2 Minuten herausnehmen und mit kaltem Wasser abschrecken. Tomaten enthäuten, halbieren und die Stängelansätze herausschneiden. Tomaten entkernen und das Fruchtfleisch in mundgerechte Stücke schneiden.

4. Majoran oder Thymian abspülen, trocken tupfen und die Blättchen von 1 Stängel zupfen. Die Kräuter beiseitelegen.

5. Von dem Öl 1 Esslöffel in einem Topf erhitzen. Tofuwürfel aus der Sojasauce nehmen, evtl. etwas abtropfen lassen und in dem heißen Öl von allen Seiten bei mittlerer bis starker Hitze in etwa 5 Minuten hellbraun anbraten. Dann aus dem Topf nehmen und beiseitestellen.

6. Restliches Öl in den Topf geben, erhitzen und die Zwiebelwürfel darin andünsten. Paprikawürfel und Pilzscheiben zugeben und kurz mitdünsten.

7. Gemüsebrühe, Tomaten- oder Paprikamark mit den beiden Kräuterstängeln zugeben, alles einmal aufkochen lassen und etwa 5 Minuten bei schwacher Hitze zugedeckt kochen lassen, bis das Gemüse noch Biss hat.

8. Die beiseitegelegten Tofuwürfel mit den Tomatenstücken hinzugeben, alles erneut aufkochen und weitere etwa 5 Minuten köcheln lassen. Die Kräuterstängel aus der Suppe entfernen. Den Eintopf mit Salz, Pfeffer und Paprikapulver abschmecken, mit den beiseitegelegten Kräuterblättchen bestreuen.

Rezeptvariante: Auch mit Kartoffeln ein Gedicht: Für ein **Kartoffelgulasch** Tofu durch die gleiche Menge an Pellkartoffeln (vom Vortag) ersetzen. Die Kartoffeln in mundgerechte Stücke schneiden und mit den Tomatenstücken kurz in der Suppe garen.

Tofu-Gemüse-Ragout | Vegetarisch

2 Portionen

Pro Portion: E: 22 g, F: 27 g, Kh: 12 g, kJ: 1631, kcal: 389, BE: 0,5

1	*Knoblauchzehe*
1	*Zwiebel*
je ½	*grüne und rote Paprikaschote*
125 g	*Zucchini*
200 g	*Auberginen*
200 g	*Tomaten*
3 EL	*Olivenöl*
	Salz, gem. Pfeffer
je 1 Msp.	*gerebelter Rosmarin, Thymian und Oregano*
200–250 g	*Tofu*
75 g	*Oliven mit Kräutern (aus dem Glas)*

Zubereitungszeit: etwa 35 Minuten

1. Knoblauchzehe und Zwiebel abziehen, beides fein würfeln. Paprikaschoten entstielen, entkernen und die weißen Scheidewände entfernen. Schoten abspülen, abtropfen lassen und in Würfel schneiden. Zucchini und Aubergine abspülen, abtropfen lassen, die Enden abschneiden. Beides grob würfeln. Tomaten abspülen, abtropfen lassen, halbieren und die Stängelansätze herausschneiden. Tomaten grob würfeln.

2. In einem Topf 2 Esslöffel Öl erhitzen. Knoblauch- und Zwiebelwürfel darin unter Rühren kurz andünsten. Zucchini- und Auberginenwürfel zugeben, mit Salz, Pfeffer und den getrockneten Kräutern würzen. Gemüse unter Rühren bei schwacher Hitze zugedeckt 5–8 Minuten dünsten.

3. Paprikawürfel dazugeben und weitere etwa 5 Minuten mit Deckel dünsten. Dann die Tomatenstücke unterheben und einmal aufkochen lassen.

4. Inzwischen Tofu in Würfel schneiden. Restliches Öl in einer Pfanne erhitzen. Die Tofuwürfel darin von allen Seiten bei mittlerer Hitze anbraten. Tofuwürfel mit den Oliven zum Gemüse geben und vorsichtig untermengen. Ragout zugedeckt noch etwa 5 Minuten garen. Das Ragout nach Belieben mit den Gewürzen abschmecken.

Dazu passen: Rosmarin-Kartoffeln (für 2 Portionen). 500 g neue Kartoffeln gründlich waschen, evtl. abbürsten, abtropfen lassen. Kartoffeln der Länge nach in dünne Spalten schneiden. 4–5 Esslöffel Olivenöl in einer großen Pfanne erhitzen. Die Kartoffelspalten hinzugeben, mit Salz und Pfeffer würzen. 1 großen Stängel frischen Rosmarin abspülen, trocken tupfen und die Nadeln vom Stängel zupfen. Nadeln hacken und ebenfalls zu den Kartoffelspalten geben. Kartoffeln etwa 20 Minuten braten, bis sie eine braune Kruste haben, dabei ab und zu wenden.

Tofu-Parmesan-Schnitzel I

Marinierter Gaumenschmaus

4 Portionen

Pro Portion: E: 21 g, F: 20 g, Kh: 5 g, kJ: 1186, kcal: 283, BE: 0,5

300 g Tofu
1 Knoblauchzehe
3 EL Sojasauce
125 ml Gemüsebrühe
gem. Pfeffer
1 Ei (Größe M)
2 EL kaltes Wasser
3 EL Vollkorn-Weizenmehl
150 ger. Parmesan

Zum Ausbacken:

etwa 1 l Sonnenblumenöl

Zubereitungszeit: etwa 25 Minuten, ohne Marinierzeit

1. Tofu in etwa 1/2 cm dicke Scheiben schneiden und in eine flache Schale legen.

2. Knoblauch abziehen, fein würfeln, mit Sojasauce, Brühe und Pfeffer verrühren. Die Marinade auf den Tofu geben. Das Ganze kühl gestellt und zugedeckt 5–6 Stunden marinieren, dabei gelegentlich wenden.

3. Tofuscheiben aus der Marinade nehmen und etwas abtropfen lassen. Ei mit Wasser verschlagen. Den Tofu zuerst in Mehl, dann in verschlagenem Ei und zuletzt in Parmesan wenden. Panade etwas andrücken.

4. Das Sonnenblumenöl in einer hohen Pfanne oder in einer Fritteuse auf etwa 175 °C erhitzen, sodass sich um einen in das Fett gehaltenen Holzlöffelstiel Bläschen bilden.

5. Tofu-Parmesan-Schnitzel evtl. portionsweise darin von beiden Seiten goldgelb backen. Die Schnitzel mit einem Schaumlöffel herausnehmen, auf Küchenpapier legen, sodass überschüssiges Fett aufgesaugt wird.

Tofuspieße mit Frühlingszwiebeln I

Kleiner Snack

2 Portionen

VEGAN

Pro Portion: E: 21 g, F: 11 g, Kh: 14 g, kJ: 999, kcal: 239, BE: 0,5

1 Bund Frühlingszwiebeln
250 g Tofu

Für die Marinade:

4 EL helle Sojasauce
6 EL Sojaöl
Saft von
1 Zitrone
1 TL gem. Ingwer
2 TL Fünf-Gewürze-Pulver
Cayennepfeffer
1 TL Currypulver

Außerdem:

Holzspieße
Backofenrost

Zubereitungszeit: etwa 30 Minuten, ohne Marinierzeit
Grillzeit: 5–10 Minuten

1. Die Frühlingszwiebeln putzen, abspülen, abtropfen lassen und in etwa 8 cm lange Stücke schneiden. Tofu in Würfel schneiden.

2. Die Frühlingszwiebelstücke und Tofuwürfel abwechselnd auf Spieße stecken, dabei den grünen Frühlingszwiebelteil wie eine Schlaufe um den Tofuwürfel stecken. Die Spieße in eine flache Schale legen.

3. Für die Marinade Sojasauce mit Sojaöl, Zitronensaft, Ingwer, Fünf-Gewürze-Pulver, Cayennepfeffer und Curry gut verrühren. Die Marinade über die Spieße geben. Die Spieße kühl gestellt und zugedeckt etwa 30 Minuten durchziehen lassen, dabei zwischendurch wenden.

4. Den Backofengrill vorheizen (etwa 240 °C).

5. Den Rost fetten. Die Spieße abtropfen lassen, auf dem Rost unter den vorgeheizten Backofengrill schieben. Die Tofuspieße **5–10 Minuten grillen,** dabei zwischendurch wenden und mit der Marinade bestreichen.

Tipp: Unter den Rost ein Backblech (evtl. mit Alufolie oder Backpapier belegt) mit einschieben, damit nichts in den Backofen tropft.

Tomaten-Knoblauch-Butter I

Für die Grillparty

etwa 275 g

Insgesamt: E: 5 g, F: 208 g, Kh: 9 g, kJ: 8064, kcal: 1929, BE: 1,0

1–2	*Knoblauchzehen*
250 g	*Butter (zimmerwarm)*
2–3 geh. EL	*Tomatenmark*
	Salz
	gem. Pfeffer

Zubereitungszeit: 5–10 Minuten

1. Knoblauch abziehen und sehr fein hacken oder durch eine Knoblauchpresse drücken.

2. Butter in eine Schüssel geben und gründlich mit Knoblauch und Tomatenmark verrühren.

3. Die Tomaten-Knoblauch-Butter mit Salz und Pfeffer abschmecken und bis zum Gebrauch zugedeckt in den Kühlschrank stellen.

Dazu passt: Geröstetes Fladenbrot oder gegrilltes Fleisch.

Tipps: Wer mag, kann noch klein geschnittene getrocknete Tomaten unterrühren. Auch super schnell und lecker: **Bananen-Curry-Dip** (im Foto hinten), hierfür 2 kleine, geschälte Bananen mit einer Gabel zerdrücken und mit 100 g Mayonnaise und 1–2 Teelöffeln Currypulver verrühren. Dip mit Salz und Pfeffer abschmecken.

Tomaten-Mozzarella-Baguette I

Transportgeeignet

4 Stück

Pro Stück: E: 19 g, F: 34 g, Kh: 36 g, kJ: 2183, kcal: 521, BE: 2,5

4	*Baguettebrötchen*
8 EL	*Olivenöl*
4	*Salatblätter*
4	*Fleischtomaten*
250 g	*abgetropfter Mozzarella*
2–3 Stängel	*Basilikum*
	Salz, gem. Pfeffer

Zubereitungszeit: etwa 15 Minuten

1. Brötchen waagerecht aufschneiden und mit dem Olivenöl beträufeln. Salatblätter abspülen und trocken tupfen. Die unteren Hälften mit jeweils 1 Salatblatt belegen.

2. Die Fleischtomaten abspülen, trocken tupfen, in Scheiben schneiden, dabei die Stängelansätze herausschneiden. Mozzarella ebenfalls in Scheiben schneiden.

3. Tomaten- und Mozzarellascheiben dachziegelartig auf den Salat legen. Basilikum abspülen und trocken tupfen. Die Blättchen von den Stängeln zupfen. Blättchen in Streifen schneiden und auf dem Tomaten-Mozzarella-Belag verteilen.

4. Alles mit Salz und Pfeffer würzen und mit dem restlichen Olivenöl beträufeln. Die oberen Brötchenhälften darauflegen.

Tipp: Basilikum gibt's auch in der Tiefkühltruhe.

Tortellini-Salat | Sattmacher

2 Portionen

Pro Portion: E: 21 g, F: 24 g, Kh: 41 g, kJ: 1932, kcal: 461, BE: 3,0

250 g Tortellini mit Käsefüllung (aus dem Kühlregal)
125 g Tomaten
75 g Kochschinken in Scheiben

Für die Salatsauce:

½–1 Knoblauchzehe
1–2 EL milder Essig
Salz, gem. Pfeffer
1 Prise Zucker
2–3 EL Olivenöl
etwas TK-Schnittlauch

Zubereitungszeit: etwa 20 Minuten, ohne Abkühl- und Durchziehzeit

1. Die Tortellini nach Packungsanleitung zubereiten. Anschließend die Tortellini in ein Sieb geben, kurz mit kaltem Wasser abspülen, abtropfen und erkalten lassen.

2. Inzwischen Tomaten abspülen, trocken tupfen, vierteln und die Stängelansätze herausschneiden. Die Tomaten entkernen und in Spalten schneiden. Schinken in kleine Stücke schneiden.

3. Für die Salatsauce Knoblauch abziehen und zerdrücken. Essig mit Knoblauch verrühren, mit Salz, Pfeffer und Zucker würzen. Das Olivenöl unterschlagen. Die Schnittlauchröllchen unterrühren.

4. Tortellini, Schinken- und Tomatenwürfel mit der Sauce in einer Schüssel vorsichtig mischen.

5. Den Tortellini-Salat etwa 30 Minuten durchziehen lassen. Anschließend den Salat evtl. nochmals mit Salz und Pfeffer abschmecken.

Tortellini-Suppe I

Einfache Partysuppe

12 Portionen

Pro Portion: E: 23 g, F: 25 g, Kh: 39 g, kJ: 1972, kcal: 471, BE: 3,0

2 l Gemüsebrühe
1 1/2 kg Brokkoli
400 g Schlagsahne
3 Beutel Brokkoli-Cremesuppe (für je 500 ml Wasser)

400 g Kochschinken in Scheiben
etwa 1,2 kg Tortellini mit Käsefüllung (aus dem Kühlregal)
ger. Muskatnuss
gem. Pfeffer

Zubereitungszeit: etwa 30 Minuten, ohne Abkühlzeit
Garzeit: etwa 30 Minuten

1. Die Gemüsebrühe in einem großen Topf zum Kochen bringen. Den Brokkoli putzen und die Blätter entfernen. Brokkoli in Röschen teilen. Den Strunk schälen und in Würfel schneiden.

2. Die Brokkoliröschen und die Strunkwürfel in die Brühe geben. Das Ganze wieder zum Kochen bringen und etwa 10 Minuten kochen lassen.

3. Mit einem Schaumlöffel einige Brokkoliröschen (diese sollten noch bissfest sein) aus der Brühe nehmen und beiseitestellen. Die restliche Suppe weitere etwa 15 Minuten kochen lassen.

4. Dann die Suppe pürieren und etwas abkühlen lassen. Sahne und Brokkolicreme-Suppenpulver unterrühren, alles unter Rühren wieder zum Kochen bringen. Die Suppe etwa 5 Minuten kochen.

5. Inzwischen den Kochschinken in feine Streifen schneiden.

6. Tortellini in der kochenden Suppe nach Packungsanleitung erwärmen. Zum Schluss die Schinkenstreifen und die beiseitegelegten Brokkoliröschen unterrühren. Tortellini-Suppe mit Muskatnuss und Pfeffer abschmecken und servieren.

Tipps: Die Suppe schmeckt auch mit Blumenkohl statt mit Brokkoli. Oder Brokkoli und Blumenkohl je zur Hälfte verwenden. Statt Tortellini schmecken auch Gnocchi oder Ravioli in der Suppe.

Tortillas mit Bohnen-Gemüse

Mexikanisch inspiriert

2 Portionen

VEGAN

Pro Portion: E: 22 g, F: 17 g, Kh: 49 g, kJ: 1824, kcal: 436, BE: 4,0

1 Zwiebel
3 Frühlingszwiebeln (etwa 100 g)
250 g abgetropfte, weiße Bohnen (aus der Dose, z. B. Cannellini-Bohnen)
2–2 1/2 EL Olivenöl
400 g stückige Tomaten (aus der Dose)
Salz
Chilipulver
gem. Pfeffer
2 Weizen-Tortilla-Fladen

Zubereitungszeit: etwa 20 Minuten

1. Zwiebel abziehen, halbieren und in kleine Würfel schneiden. Frühlingszwiebeln putzen, abspülen, abtropfen lassen und in feine Scheiben schneiden. Nach Belieben etwa 1/2 Esslöffel Frühlingszwiebelscheiben zum Garnieren beiseitelegen. Die Bohnen evtl. in einem Sieb mit kaltem Wasser abspülen und abtropfen lassen.

2. Von dem Olivenöl 1 Esslöffel in einem kleinen, hohen Topf erhitzen. Die Zwiebelwürfel darin andünsten. Frühlingszwiebelscheiben dazugeben und unter Rühren kurz mitdünsten.

3. Bohnen, Tomaten, Salz und etwas Chilipulver dazugeben. Das Bohnengemüse aufkochen und zugedeckt bei schwacher Hitze etwa 5 Minuten köcheln lassen, bis es etwas eingekocht ist. Das Bohnengemüse mit Salz, Pfeffer und Chili abschmecken und warm halten.

4. Eine große Pfanne mit dem restlichen Öl portionsweise ausstreichen. Die Tortillas darin von beiden Seiten in 1–2 Minuten erwärmen. Tortillas auf Teller gleiten lassen, je zur Hälfte mit dem Bohnengemüse belegen, die andere Hälfte darüberklappen, mit den beiseitegelegten Frühlingszwiebeln garnieren und sofort servieren.

Tipps: Noch Petersilie da? Dann statt der Frühlingszwiebeln einfach 1 großes Bund Petersilie nehmen. Petersilie abspülen, trocken tupfen und die abgezupften Blätter hacken. Die Petersilie 2–3 Minuten vor Garzeitende zum Bohnen-Gemüse geben und mitgaren. Oder die Petersilie als Deko nehmen, das Auge isst ja bekanntlich mit.

Warenkunde: Weizen-Tortilla-Fladen findet man sowohl in gut sortierten Lebensmittelgeschäften, als auch im Reformhaus oder Naturkostladen. Abgepackte Weizen-Tortilla-Fladen enthalten verschiedene Zusatzstoffe, die pflanzlichen Ursprungs sind.

Toskana-Kartoffel-Salat

Mediterran – schnell

4 Portionen

Pro Portion: E: 7 g, F: 16 g, Kh: 29 g, kJ: 1217, kcal: 292, BE: 2,5

750 g festkochende Kartoffeln
1 gestr. TL Salz

Für die Sauce:

175 ml heiße Gemüsebrühe
4 EL Zitronensaft
3 EL Olivenöl
Salz
gem. Pfeffer
1 Prise Zucker

300 g abgetropfte, gemischte Antipasti (z. B. Pilze, Artischocken, Zucchini, Zwiebeln, Tomaten)
etwa 6 Stängel Basilikum
40 g frisch geraspelter Parmesan

Zubereitungszeit: etwa 20 Minuten

1. Kartoffeln waschen, dann in einem Topf mit Wasser bedeckt zum Kochen bringen und Salz hinzugeben. Kartoffeln in etwa 25 Minuten gar kochen.

2. Für die Sauce inzwischen Brühe mit Zitronensaft in einer großen Salatschüssel verrühren. Olivenöl unterschlagen. Sauce mit Salz, Pfeffer und Zucker würzen.

3. Kartoffeln abgießen, abdämpfen (dafür den Topf ohne Deckel kurz auf die ausgeschaltete Kochplatte stellen und etwas schütteln) und abkühlen lassen.

4. Pellkartoffeln lauwarm pellen, vorsichtig in Spalten schneiden und mit der warmen Sauce vermischen. Den Salat etwa 5 Minuten durchziehen lassen, dabei ab und zu umrühren.

5. Inzwischen größere Stücke vom Antipasti-Gemüse klein schneiden. Das Antipasti-Gemüse unter den Kartoffelsalat heben. Salat mit Salz und Pfeffer abschmecken.

6. Basilikum abspülen und trocken tupfen. Die Blättchen von den Stängeln zupfen. Die Blättchen evtl. in grobe Streifen schneiden. Den Salat mit geraspeltem Parmesan und Basilikum bestreuen.

Tramezzini mit Eiercreme

Perfekt zum Vorbereiten – partytauglich

10 Stück

Pro Stück: E: 6 g, F: 7 g, Kh: 12 g, kJ: 564, kcal: 135, BE: 1,0

Für die Eiercreme:

5	*hart gekochte Eier*
75 g	*Crème fraîche*
1 EL	*Salatmayonnaise*
1 TL	*mittelscharfer Senf*
	Salz
	gem. Pfeffer
3	*Frühlingszwiebeln*
etwa 75 g	*abgetropfte, eingelegte, rote Paprikaschoten (aus dem Glas)*
10 Scheiben	*Vollkorn-Toastbrot*
5	*kleine Salatblätter (z. B. Lollo bionda)*

Außerdem:

Frischhaltefolie

Zubereitungszeit: etwa 25 Minuten, ohne Durchziehzeit

1. Eier pellen, vierteln, in kleine Stücke schneiden, mit Crème fraîche, Mayonnaise und Senf mithilfe einer Gabel verrühren. Eiermasse mit Salz und Pfeffer abschmecken.

2. Frühlingszwiebeln putzen, abspülen, abtropfen lassen und in feine Scheiben schneiden. Paprikaschoten trocken tupfen und in kleine Würfel schneiden.

3. Von den Brotscheiben die Rinde abschneiden. Die Rinde von 4 Brotscheiben in kleine Würfel schneiden und unter die Eiermasse rühren. Die Frühlingszwiebelscheiben und Paprikawürfel unterheben.

4. Die Salatblätter abspülen und trocken tupfen.

5. Die Hälfte der Toastbrotscheiben mit den Salatblättern belegen. Die Eiermasse daraufstreichen, mit den restlichen Brotscheiben belegen und diese etwas andrücken.

6. Die Sandwiches fest in Frischhaltefolie wickeln, in den Kühlschrank stellen und etwa 2 Stunden durchziehen lassen.

7. Zum Servieren die Brotscheiben aus der Folie wickeln und diagonal halbieren.

Türkischer Pilaw | Ganz simpel

2 Portionen

Pro Portion: E: 44 g, F: 12 g, Kh: 78 g, kJ: 2541, kcal: 608, BE: 6,0

2 Hähnchenbrustfilets (je etwa 150 g)
1 Gemüsezwiebel
1 rote Paprikaschote
2 EL Olivenöl
125 g Langkornreis
50 g Rosinen
etwa 300 ml Hühnerbrühe
½ TL gem. Kurkuma (Gelbwurz)
gem. Ingwer
Salz, gem. Pfeffer

Zubereitungszeit: etwa 45 Minuten

1. Hähnchenbrustfilets unter fließendem kaltem Wasser abspülen, trocken tupfen, in Stücke schneiden.

2. Zwiebel abziehen und würfeln. Paprikaschote halbieren, entstielen, entkernen und die weißen Scheidewände entfernen. Schote abspülen, abtropfen lassen und würfeln.

3. Öl in einer Pfanne erhitzen. Die Hähnchenstücke darin von allen Seiten anbraten. Zwiebel- und Paprikawürfel dazugeben und 2–3 Minuten mitbraten.

4. Reis hinzugeben und etwa 2 Minuten mit anrösten, bis die Körner glasig sind. Rosinen unterrühren, Brühe hinzugießen und mit Kurkuma, Ingwer, Salz und Pfeffer würzen.

5. Den Pilaw zugedeckt 25–30 Minuten bei schwacher Hitze quellen lassen, bis die Brühe verdampft und der Reis weich ist. Pilaw mit den Gewürzen abschmecken.

Tipp: Sie können zusätzlich 125 g enthäutete, entkernte Tomaten hinzugeben. So schmeckt der Pilaw noch fruchtiger.

Vanilleberg mit Erdbeeren I

Süße Versuchung

6 Portionen

Pro Portion: E: 7 g, F: 33 g, Kh: 52 g, kJ: 2267, kcal: 541, BE: 4,5

500 g Erdbeeren
4 EL Zucker
2–3 EL Zitronensaft
100 g Butterkekse oder Spritzgebäck
2 Pck. Dr. Oetker Pudding-Pulver Vanille-Geschmack
60 g Zucker
500 ml Milch (3,5 % Fett)
500 g Schlagsahne

Zubereitungszeit: etwa 30 Minuten, ohne Abkühlzeit

1. Erdbeeren abspülen und abtropfen lassen. 6 schöne Erdbeeren mit Grün zum Garnieren beiseitelegen. Restliche Erdbeeren entstielen, vierteln, mit Zucker mischen und mit Zitronensaft beträufeln. Erdbeeren 10–15 Minuten marinieren.

2. In der Zwischenzeit 6 Dessertschälchen oder eine Glasschüssel mit Keksen oder Spritzgebäck auslegen.

3. Pudding-Pulver mit Zucker und etwa 125 ml von der Milch anrühren. Restliche Milch und Sahne in einem Topf zum Kochen bringen. Angerührtes Pudding-Pulver in die von der Kochstelle genommene Sahnemilch rühren und unter Rühren aufkochen.

4. Zuerst die marinierten Erdbeeren, dann den noch warmen Pudding auf den Keksen oder dem Spritzgebäck verteilen. Das Dessert zugedeckt in den Kühlschrank stellen, wenn der Pudding abgekühlt ist.

5. Zum Servieren den Vanilleberg mit den beiseitegelegten Erdbeeren garnieren.

Tipps: Wenn es schnell gehen soll, einfach zwei Becher (je 500 g) Vanillepudding aus dem Kühlregal verwenden. Der Vanilleberg schmeckt auch mit aufgetauten, gemischten TK-Beeren.

Vanille-Kirsch-Dessert mit Eierlikör I

Ganz simpel – mit Alkohol

12 Portionen

Pro Portion: E: 13 g, F: 7 g, Kh: 46 g,
kJ: 1395, kcal: 333, BE: 4,0

Für den Pudding:

2 Pck. Dr. Oetker Pudding-Pulver Vanille-Geschmack
80 g Zucker
1 l Milch (1,5 % Fett)

Außerdem:

750 g Magerquark
60 g Zucker
125 ml Orangensaft
740 g abgetropfte Sauerkirschen (aus Gläsern)
375 ml Eierlikör
50 g Raspelschokolade

Zubereitungszeit: etwa 30 Minuten, ohne Abkühlzeit

1. Für den Pudding aus Pudding-Pulver, Zucker und Milch nach Packungsanleitung einen Pudding kochen und erkalten lassen. Dabei ab und zu umrühren, damit sich keine Haut bildet oder direkt auf die Puddingoberfläche eine Lage Frischhaltefolie legen.

2. Inzwischen den Quark mit Zucker und Orangensaft verrühren. Die Hälfte der Sauerkirschen gleichmäßig auf 12 Gläser verteilen.

3. Erst die Hälfte des Puddings in den 12 Gläsern verteilen und glatt streichen, dann die Hälfte des Quarks gleichmäßig daraufgeben. Anschließend die restlichen Kirschen, den restlichen Pudding und den restlichen Quark einschichten.

4. Den Eierlikör vorsichtig auf die obere Quarkschicht gießen und mit Raspelschokolade bestreuen. Dessert zugedeckt in den Kühlschrank stellen.

Veggie-Moussaka I

Sattmacher

6–8 Portionen

Pro Portion: E: 14 g, F: 38 g, Kh: 18 g, kJ: 1981, kcal: 472, BE: 0,5

3	*Zwiebeln*
4–5	*Zucchini (etwa 1 1/4 kg)*
4–5	*große Auberginen (etwa 1,8 kg)*
	Salz
8	*Tomaten*
2 Stängel	*Thymian*
2 Stängel	*Rosmarin*
etwa 200 ml	*Olivenöl*
4–5 EL	*Weizenmehl*
	gem. Pfeffer
3	*Knoblauchzehen*
150 g	*ger. Parmesan*

Außerdem:

1	*große Auflaufform*

Zubereitungszeit: etwa 50 Minuten
Garzeit: etwa 20 Minuten

1. Zwiebeln abziehen und in feine Würfel schneiden. Zucchini abspülen, abtrocknen, die Enden abschneiden. Zucchini in Würfel schneiden.

2. Auberginen abspülen, abtrocknen und die Stängelansätze abschneiden. Auberginen in 1/2–1 cm dicke Scheiben schneiden, mit Salz bestreuen und etwa 15 Minuten Saft ziehen lassen.

3. In der Zwischenzeit Tomaten abspülen, abtrocknen, halbieren und die Stängelansätze herausschneiden. Tomaten entkernen und das Tomatenfruchtfleisch in Würfel schneiden.

4. Thymian- und Rosmarinstängel abspülen, trocken tupfen, Blättchen und Nadeln von den Stängeln zupfen und fein schneiden.

5. Etwas von dem Öl in einer Pfanne erhitzen. Die Auberginenscheiben mit Küchenpapier trocken tupfen. Auberginenscheiben in Mehl wälzen und portionsweise in dem Öl von beiden Seiten anbraten. Die Auflaufform fetten. Die gebratenen Auberginenscheiben in der Auflaufform fächerförmig einschichten und warm stellen.

6. Den Backofen vorheizen.
Ober-/Unterhitze: etwa 200 °C
Heißluft: etwa 180 °C

7. Das restliche Öl in der Pfanne erhitzen. Die Zwiebelwürfel darin andünsten. Zucchini-, Tomatenwürfel und gehackte Kräuter hinzugeben, mit Salz und Pfeffer würzen.

8. Knoblauchzehen abziehen, durch eine Knoblauchpresse drücken oder fein hacken und unterrühren. Die Gemüsemischung 2–3 Minuten bei schwacher Hitze garen, mit Salz und Pfeffer abschmecken.

9. Die Gemüsemischung zwischen den Auberginenscheiben verteilen und mit Parmesan bestreuen.

10. Die Form auf dem Rost auf mittlerer Einschubleiste in den vorgeheizten Backofen schieben. Den Auflauf **etwa 20 Minuten garen.**

Dazu passt: Fladenbrot.

Tipp: Wer keine große Auflaufform hat, gart den Auflauf in 2 kleinen Auflaufformen.

Veggie-Wraps | Für Freunde

4 Portionen (16 Stück)

Pro Portion: E: 21 g, F: 35 g, Kh: 63 g, kJ: 2710, kcal: 648, BE: 5,0

- *1/2 Eisbergsalat*
- *2 mittelgroße Möhren*
- *1 gelbe Paprikaschote*
- *175 g Joghurt-Salatcreme*
- *100 g Joghurt (3,5 % Fett)*
- *Salz, gem. Pfeffer*
- *1 Prise Currypulver*
- *140 g abgetropfter Gemüsemais (aus der Dose)*
- *8 Weizen-Tortilla-Fladen (aus dem Brotregal)*
- *160 g ger. Käse (z. B. mittelalter Gouda oder Emmentaler)*

Zubereitungszeit: etwa 45 Minuten

1. Salat putzen, abspülen, abtropfen lassen, trocken tupfen oder schleudern und in feine Streifen schneiden. Möhren putzen, schälen, abspülen, abtropfen lassen und grob raspeln. Die Paprikaschote halbieren, entstielen, entkernen und die weißen Scheidewände entfernen. Schotenhälften abspülen, abtropfen lassen und in feine, lange Streifen schneiden.

2. Salatcreme mit Joghurt in einer Schüssel verrühren, mit Salz, Pfeffer und 1 Prise Curry pikant würzen. Dann den Mais untermischen.

3. Tortilla-Fladen in einer heißen Pfanne ohne Fett nach Packungsanleitung kurz erhitzen, herausnehmen und erkalten lassen. Jeden Tortilla-Fladen mit einem Achtel der Salatstreifen, Möhrenraspel und Paprikastreifen belegen. Mais-Joghurt-Salatcreme-Mischung gleichmäßig darauf verteilen. Auf jeden belegten Fladen etwa 20 g Käse streuen.

4. Zwei gegenüberliegende Seiten der Tortilla-Fladen zur Mitte hin leicht einklappen. Von einer der anderen Seiten aus Tortillas möglichst fest aufrollen. Mittig schräg durchschneiden, in eine Serviette wickeln und in Gläsern servieren.

Tipps: Die Wraps lassen sich sehr gut schon am Vortag zubereiten. Dafür die Tortillas wie unter Punkt 4 beschrieben aufrollen, dann fest in Frischhaltefolie wickeln und bis zum Servieren in den Kühlschrank legen. Vor dem Servieren auswickeln, einfach durchschneiden und hübsch anrichten.

Virgin Hugo | Spritzig frisch – alkoholfrei

4 Gläser (etwa 250 ml)

Pro Glas: E: 0 g, F: 1 g, Kh: 46 g, kJ: 863, kcal: 206, BE: 4,0

3 Stängel Minze
3 Bio-Limetten (unbehandelt, ungewachst)
10–15 Eiswürfel
200 ml Holunderblütensirup
350 ml Mineralwasser mit Kohlensäure
250 ml Ginger Ale

Zubereitungszeit: etwa 10 Minuten

1. Die Minze abspülen, trocken tupfen und die Blättchen von den Stängeln zupfen.

2. Limetten heiß abwaschen, abtrocknen und halbieren. Von 1/2 Limette den Saft auspressen und beiseitestellen. Von den übrigen Limettenhälften die Enden abschneiden. Limettenhälften jeweils in Stücke oder Scheiben schneiden und in den Gläsern verteilen. Eiswürfel hinzufügen.

3. Den Holunderblütensirup in einen Becher geben, den ausgepressten Limettensaft hinzufügen, beides gut vermischen. Sirup und Minze gleichmäßig in die Gläser verteilen und alles mit Mineralwasser und Ginger Ale auffüllen. Sofort mit einem Strohhalm servieren.

Wachschüttelkuchen I

Schnell

20 Stücke

Pro Stück: E: 4 g, F: 17 g, Kh: 23 g, kJ: 1102, kcal: 263, BE: 2,0

Für den Schüttelteig:

200 g Butter
300 g Weizenmehl
1 Pck. Dr. Oetker Backin
200 g Puderzucker
200 g gem. Haselnusskerne
1 Msp. gem. Zimt
4 Eier (Größe M)
250 ml kalter, starker Kaffee

50 g Zartbitter-Schokolade

Außerdem:

1 verschließbare Schüssel (etwa 3 l Inhalt)
1 Backblech (30 x 40 cm)

Zubereitungszeit: etwa 20 Minuten, ohne Abkühlzeit
Backzeit: etwa 25 Minuten

1. Für den Teig Butter zerlassen und abkühlen lassen.

2. Das Backblech fetten. Den Backofen vorheizen.
Ober-/Unterhitze: etwa 180 °C
Heißluft: etwa 160 °C

3. Mehl mit Backpulver und Puderzucker mischen und in eine verschließbare Schüssel (etwa 3 l Inhalt) geben. Restliche Zutaten für den Teig dazugeben und die Schüssel mit dem Deckel fest verschließen.

4. Schüssel mehrmals kräftig schütteln (insgesamt 15–30 Sekunden), sodass alle Zutaten gut vermischt sind. Alles mit einem Schneebesen oder Rührlöffel nochmals sorgfältig durchrühren, damit trockene Zutaten vom Rand mit untergerührt werden.

5. Den Teig auf das Backblech geben und glatt streichen. Das Backblech auf mittlerer Einschubleiste in den vorgeheizten Backofen schieben. Den Kuchen **etwa 25 Minuten backen.**

6. Das Backblech auf einen Rost stellen. Den Kuchen darauf erkalten lassen.

7. Schokolade in Stücke brechen und in einem kleinen Topf im Wasserbad bei schwacher Hitze unter Rühren schmelzen. Den Kuchen mit einem kleinen Löffel damit besprenkeln.

Tipp: Wer keine Schüssel mit Deckel hat, kann den Teig auch gut und kräftig mit einem Schneebesen verrühren.

Rezeptvariante: Für einen **Wachschüttelkuchen mit Chai-Tee** anstelle von Kaffee und Zimt starken Gewürztee verwenden. Dafür eignet sich Chai – schwarzer Tee, der mit Gewürzen versetzt ist. Dafür 6 Teebeutel (je 2,5 g) mit 250 ml kochendem Wasser übergießen und etwa 8 Minuten ziehen lassen. Den Beutel ausdrücken und den abgekühlten Tee für den Teig verwenden. Chai-Tee gibt es mit unterschiedlichen Aroma-Mischungen.

Waffeln I

Ganz simpel – schnell

7–8 Waffeln

Pro Waffel: E: 6 g, F: 22 g, Kh: 49 g, kJ: 1771, kcal: 423, BE: 4,0

Für den Rührteig:

175 g Butter oder Margarine (zimmerwarm)
175 g Zucker
1 Prise Salz
4 Eier (Größe M)
200 g Weizenmehl
1 Pck. Dr. Oetker Pudding-Pulver Vanille-Geschmack
1 gestr. TL Dr. Oetker Backin
100 ml Milch (3,5 % Fett) oder Wasser

Zum Bestäuben:

etwas Puderzucker

Außerdem:

Waffeleisen
Mixer mit Rührstäben

Zubereitungszeit: etwa 30 Minuten

1. Das Waffeleisen erhitzen und evtl. leicht fetten, dabei die Herstelleranleitung beachten.

2. Für den Teig Butter oder Margarine mit dem Mixer (Rührstäbe) auf höchster Stufe geschmeidig rühren. Nach und nach Zucker und Salz unterrühren. So lange rühren, bis eine gebundene Masse entstanden ist.

3. Die Eier nach und nach unterrühren (jedes Ei etwa ½ Minute). Das Mehl mit Pudding-Pulver und Backpulver mischen, abwechselnd mit Milch oder Wasser in 2 Portionen auf mittlerer Stufe kurz unterrühren.

4. Das Waffeleisen auf mittlere Temperatur zurückschalten.

5. Pro Waffel 2–3 Esslöffel Teig in das Waffeleisen geben und leicht verstreichen. Die Waffeln goldbraun backen, herausnehmen und nebeneinander auf einen Rost legen.

6. Die Waffeln mit Puderzucker bestäuben und noch warm servieren.

Weizen de luxe | Erfrischend

2–4 Gläser

Pro Glas: E: 1 g, F: 0 g, Kh: 27 g, kJ: 1385, kcal: 330, BE: 2,0

1 l Hefeweizenbier
375 ml trockener Sekt
100 ml Pfirsichlikör

Zubereitungszeit: etwa 3 Minuten

1. Gut gekühltes Hefeweizenbier mit etwa 300 ml gut gekühltem Sekt und Likör verrühren (dabei aber nicht zu stark rühren, damit die Kohlensäure erhalten bleibt).

2. Den Biertrunk kurz vor dem Verzehr in hohe Gläser füllen und mit dem restlichen, gut gekühlten Sekt aufspritzen.

Tipp: Weizen de luxe kann man wunderbar vorbereiten, da der Biertrunk seine Frische durchs Aufspritzen mit Sekt wiederbekommt.

Wraps mit Barbecue-Hack-Füllung | Transportgeeignet

8–10 Stück

Pro Stück: E: 16 g, F: 12 g, Kh: 27 g, kJ: 1186, kcal: 283, BE: 2,0

1 Knoblauchzehe
1 Zwiebel
½ kleine, rote Chilischote
1 Aubergine (etwa 250 g)
1 EL Olivenöl
400 g Rindergehacktes
Salz
½ TL Barbecue-Gewürzmischung
gem. Pfeffer
150 ml Tomatenketchup
10 EL Wasser
175 g Schafskäse
8–10 Wraps (Weizen-Tortilla-Fladen, aus dem Brotregal)

Zubereitungszeit: etwa 30 Minuten, ohne Abkühlzeit

1. Knoblauch und Zwiebel abziehen, klein würfeln. Die Chilischote abspülen, trocken tupfen, entstielen und entkernen. Chilischote fein hacken.

2. Aubergine abspülen, abtrocknen und den Stängelansatz abschneiden. Aubergine halbieren und in kleine Stücke schneiden.

3. Das Olivenöl in einem Topf erhitzen. Knoblauch- und Zwiebelwürfel darin anbraten. Gehacktes hinzufügen und unter Rühren anbraten. Dabei die Fleischklümpchen mit einer Gabel zerdrücken.

4. Auberginenstücke und Chili hinzufügen, mit wenig Salz, Gewürzmischung und Pfeffer würzen. Ketchup und Wasser unterrühren. Die Hack-Auberginen-Masse zum Kochen bringen und etwa 15 Minuten bei mittlerer Hitze kochen lassen.

5. Den Schafskäse in Stücke schneiden, mit einer Gabel fein zerdrücken und unter die Hack-Auberginen-Masse rühren. Die Hackmasse mit den Gewürzen abschmecken, erkalten lassen, in ein verschließbares Gefäß füllen und in den Kühlschrank stellen.

6. Jeweils etwas von der Barbecue-Hack-Füllung auf einen Wrap geben. Die Wraps fest aufrollen, evtl. schräg halbieren und nach Belieben in Butterbrotpapier wickeln.

Tipp: Im Kühlschrank ist die Barbecue-Hack-Füllung 3–4 Tage haltbar.

Wurst-Käse-Salat

Deftig – ganz simpel

2 Portionen

Pro Portion: E: 29 g, F: 48 g, Kh: 4 g, kJ: 2357, kcal: 563, BE: 0,0

125 g Zwiebeln
125 g Emmentaler
175 g Fleischwurst
40 g abgetropfte Gewürzgurken (aus dem Glas)

Für die Sauce:

1 EL Essig
1 EL Wasser
1/2 TL mittelscharfer Senf
Salz
gem. Pfeffer
etwas Zucker
2 EL Sonnenblumenöl

1/2 EL Schnittlauchröllchen

Zubereitungszeit: etwa 20 Minuten, ohne Durchziehzeit

1. Die Zwiebeln abziehen und zunächst in Scheiben schneiden, dann in Ringe teilen. Die Zwiebelringe in kochendes Wasser geben, etwa 2 Minuten kochen, dann in ein Sieb geben und abtropfen lassen.

2. Emmentaler entrinden und in Streifen schneiden. Die Fleischwurst enthäuten. Fleischwurst und Gewürzgurken in Scheiben schneiden.

3. Für die Sauce Essig mit Wasser, Senf, Salz, Pfeffer und Zucker verrühren. Das Sonnenblumenöl unterschlagen. Die Salatzutaten mit der Sauce vermengen. Den Salat etwa 1 Stunde durchziehen lassen, dann mit Schnittlauchröllchen bestreut servieren.

Dazu passt: Baguette.

Tipp: Der Salat ist auch ein prima WG-Party-Rezept. Je nach Größe der Party lassen sich die Zutaten einfach verdrei-, vervierfachen ...

Yufkarollen mit Gemüse-Feta-Füllung I

Orientalisch

24 Stück

Pro Stück: E: 3 g, F: 6 g, Kh: 8 g, kJ: 397, kcal: 95, BE: 0,5

450 g	*abgetropfte, geröstete Paprikahälften (aus dem Glas)*
2	*Knoblauchzehen*
2	*kleine Tomaten (etwa 100 g)*
½ Bund	*glatte Petersilie*
200 g	*Schafskäse*
	gem. Pfeffer
evtl. etwas	*gem. Kreuzkümmel (Cumin)*
12	*große, runde Yufkateigblätter (Ø 20–30 cm)*

Außerdem:

etwa 250 ml Speiseöl (z. B. Sonnenblumenöl)

Zubereitungszeit: etwa 20 Minuten, ohne Ausbackzeit

1. Paprikahälften mit Küchenpapier trocken tupfen. Knoblauch abziehen und sehr fein würfeln.

2. Tomaten abspülen, abtrocknen, halbieren und die Stängelansätze herausschneiden. Die Tomaten würfeln. Paprikahälften nach Belieben längs in feine Streifen schneiden. Die Petersilie abspülen, trocken tupfen, die Blättchen von den Stängeln zupfen und grob schneiden.

3. Den Schafkäse fein zerbröseln und in eine Schüssel geben. Petersilie untermischen, mit Pfeffer und nach Belieben mit Kreuzkümmel würzen.

4. Die Yufkateigblätter auf einer Arbeitsfläche ausbreiten und dünn mit Speiseöl bestreichen. Jeweils 2 Teigblätter übereinanderlegen. Mit einem scharfen Messer in Viertel schneiden. Die vorbereiteten Gemüsezutaten und die Käse-Petersilien-Mischung auf den runden Seiten der einzelnen Teigstücke verteilen, dabei die Ränder jeweils frei lassen. Die Seiten etwas einklappen. Die Teigdreiecke je zur Spitze hin aufrollen. Die Ränder leicht andrücken.

5. Speiseöl in einer großen, tiefen Pfanne erhitzen. Die Teigrollen portionsweise schwimmend in dem siedenden Speiseöl etwa 2 Minuten von allen Seiten knusprig braun braten. Die Yufkarollen mit einem Schaumlöffel herausnehmen, auf Küchenpapier legen, damit überschüssige Fett aufgesaugt wird.

Tipp: Yufkateigblätter gibt es in türkischen Lebensmittelläden und auch im Supermarkt (z. B. schon in Dreiecke geschnitten aus dem Frischeregal oder vakuumverpackt).

Zaziki

Klassisch – beliebt

6 Portionen

Pro Portion: E: 5 g, F: 6 g, Kh: 8 g, kJ: 452, kcal: 109, BE: 0,5

450 g Salatgurke
5–6 Knoblauchzehen
900 g Joghurt (3,5 % Fett)
Salz
gem. Pfeffer

Zubereitungszeit: etwa 15 Minuten, ohne Durchziehzeit

1. Gurke schälen und die Enden abschneiden. Gurke längs halbieren, die Kerne mit einem Löffel entfernen und die Gurke fein raspeln. Den Knoblauch abziehen und durch eine Knoblauchpresse drücken.

2. Joghurt glatt rühren und mit Gurke und Knoblauch vermengen.

3. Zaziki zugedeckt in den Kühlschrank stellen und gut durchziehen lassen, anschließend mit Salz und Pfeffer abschmecken und servieren.

Passt zu: Fladenbrot, Backkartoffeln, Salat, Gemüsesticks, Spießen oder Grillfleisch.

Tipp: Lässt sich gut am Vortag vorbereiten.

Zitronencreme I

Erfrischendes Partydessert

12 Portionen

Pro Portion: E: 4 g, F: 24 g, Kh: 35 g, kJ: 1662, kcal: 398, BE: 3,0

Für die Zitronencreme:

12 Blatt weiße Gelatine
150 ml Zitronensaft
375 g Zucker
450 g Joghurt (3,5 % Fett)
1,2 kg Schlagsahne (mind. 30 % Fett)

Zum Garnieren:

je 1 Bio-Limette und Bio-Orange (unbehandelt, ungewachst)

Außerdem:

Mixer mit Rührstäben

Zubereitungszeit: etwa 30 Minuten, ohne Kühlzeit

1. Für die Creme Gelatine nach Packungsanleitung einweichen. Zitronensaft in einem Topf erwärmen. Die Gelatine leicht ausdrücken und in dem heißen Zitronensaft auflösen. Dann den Zucker einrühren.

2. Die Gelatine-Flüssigkeit etwas abkühlen lassen. Die Gelatine-Flüssigkeit zuerst mit etwa 4 Esslöffeln von dem Joghurt verrühren, dann unter den restlichen Joghurt rühren.

3. Zitronenjoghurt in den Kühlschrank stellen, dabei ab und zu umrühren.

4. Sobald die Masse anfängt zu gelieren, Sahne steif schlagen und unterheben. Die Creme in Portionsgläser füllen und zugedeckt etwa 3 Stunden in den Kühlschrank stellen.

5. Zum Garnieren Limette und Orange heiß abwaschen und abtrocknen. Von der Limette mit einem Zestenreißer dünne Streifen abreißen. Limette und Orange so schälen, dass die weiße Haut mitentfernt wird. Orange und Limette in dünne Scheiben schneiden. Die Scheiben halbieren oder vierteln. Die Creme mit dem Obst und den Limettenzesten garnieren.

Tipps: Ist kein Zestenreißer zur Hand, die Schale der Limette dünn abschälen und in feine Streifen schneiden. Zum Garnieren eignet sich auch Zitronenmelisse. Sie können den Zitronensaft durch Orangen-, Limetten- oder Grapefruitsaft ersetzen. Für eine Orangen- oder Limettencreme jedoch nur 100 g Zucker verwenden.

Zitronenkuchen I (im Foto vorn)

etwa 20 Stücke

Pro Stück: E: 3 g, F: 16 g, Kh: 40 g, kJ: 1350, kcal: 323, BE: 3,5

Für den Rührteig:

350 g weiche Butter oder Margarine
250 g Zucker
2 Pck. Dr. Oetker Finesse Geriebene Zitronenschale
5 Eier (Größe M)
275 g Weizenmehl
120 g Speisestärke
2 gestr. TL Dr. Oetker Backin

Für den Guss:

250 g Puderzucker
6–7 EL Zitronensaft

Außerdem:

1 Backblech (30 x 40 cm)
Backpapier
Mixer mit Rührstäben

Zubereitungszeit: etwa 35 Minuten
Backzeit: etwa 25 Minuten

1. Das Backblech mit Backpapier belegen. Den Backofen vorheizen.
Ober-/Unterhitze: etwa 180 °C
Heißluft: etwa 160 °C

2. Für den Rührteig Butter oder Margarine mit dem Mixer (Rührstäbe) auf höchster Stufe geschmeidig rühren. Nach und nach Zucker und Zitronenschale unterrühren. So lange rühren, bis eine gebundene Masse entstanden ist. Eier nach und nach unterrühren (jedes Ei etwa ½ Minute).

3. Mehl mit Stärke und Backpulver mischen und in 2 Portionen auf mittlerer Stufe unterrühren.

4. Den Teig auf das Backblech geben und glatt streichen. Das Backblech auf mittlerer Einschubleiste in den vorgeheizten Backofen schieben. Den Kuchen **etwa 25 Minuten backen.**

5. Für den Guss Puderzucker mit so viel von dem Zitronensaft verrühren, dass ein dickflüssiger Guss entsteht.

6. Das Backblech auf einen Rost stellen. Den heißen Kuchen mit dem Guss bestreichen (je heißer der Kuchen, desto stärker zieht der Guss ein). Den Kuchen auf dem Backblech erkalten lassen.

Rezeptvariante: Für einen **Orangen-Schoko-Kuchen** (im Foto hinten) 175 g Mandarinen (aus der Dose) in einem Sieb abtropfen lassen, dabei den Saft auffangen. Den Teig wie im Zitronenkuchenrezept beschrieben zubereiten. Statt der Zitronenschale 2 Päckchen Finesse Orangenschalen-Aroma verwenden. Zum Schluss die Mandarinen unterrühren. Den Teig auf das vorbereitete Backblech geben und glatt streichen. Den Kuchen wie beschrieben etwa 25 Minuten backen. Das Backblech auf einen Rost stellen. 200 g Zartbitter-Schokolade in der Größe der vorgeformten Einteilung in Stücke brechen, sofort auf dem heißen Kuchen verteilen und etwas andrücken. Den Kuchen etwa 30 Minuten erkalten lassen. 175 g Puderzucker mit 4–5 Esslöffeln vom aufgefangenen Mandarinensaft zu einem dickflüssigen Guss verrühren. Den Guss mit einem Teelöffel in die Zwischenräume geben und verstreichen.

Zitronenlimonade I

(im Foto vorn)

Erfrischend fruchtig

4 Gläser

Pro Glas: E: 0 g, F: 0 g, Kh: 32 g, kJ: 537, kcal: 128, BE: 2,5

1 l stilles Mineralwasser
100–150 g Zucker
1 Prise Salz
50–60 ml Zitronensaft

Zubereitungszeit: etwa 15 Minuten, ohne Kühlzeit

1. Wasser, Zucker und Salz in einem Topf unter Rühren zum Kochen bringen. Die Mischung abkühlen lassen und nach Belieben in einen Glaskrug füllen. Die Mischung etwa 2 Stunden zugedeckt in den Kühlschrank stellen.

2. Den Zitronensaft zugeben und umrühren.

Rezeptvariante: Für **Orangenlimonade** (im Foto rechts und hinten links) nur 10–20 ml Zitronensaft und zusätzlich 50 ml Orangensaft unterrühren.

Tipps: Servieren Sie die Limonade in Gläsern mit viel Eis. Garnieren Sie die Gläser nach Belieben mit Orangen- oder Zitronenscheiben.

Zwiebelkuchen-Häppchen I

(im Foto Mitte)

Ganz simpler Partysnack

etwa 20 Stücke

Pro Stück: E: 3 g, F: 6 g, Kh: 11 g, kJ: 471, kcal: 112, BE: 1,0

1 Pck. Pizzateig (aus dem Kühlregal, 400 g)
1 Beutel Zwiebelsuppe (für 750 ml Flüssigkeit)
250 g Schmand (Sauerrahm)
100 g Schafskäse

Außerdem:

1 Backblech
Backpapier

Zubereitungszeit: etwa 15 Minuten
Backzeit: etwa 15 Minuten

1. Das Backblech mit Backpapier belegen. Den Backofen vorheizen.
Ober-/Unterhitze: etwa 220 °C
Heißluft: etwa 200 °C

2. Den Pizzateig mit dem Backpapier auf die Arbeitsfläche legen und in etwa 20 gleich große Rechtecke (etwa 5 x 9 cm) schneiden. Die Teigplatten vom Backpapier vorsichtig auf das Backblech legen.

3. Das Zwiebelsuppenpulver mit Schmand verrühren und auf die Teigplatten streichen.

4. Den Schafskäse in Würfel schneiden oder mit einer Gabel zerdrücken und auf der Schmandmasse verteilen. Das Backblech auf mittlerer Einschubleiste in den vorgeheizten Backofen schieben. Die Zwiebelkuchen-Häppchen **etwa 15 Minuten backen.**

5. Die Zwiebelkuchen-Häppchen direkt aus dem Backofen oder kalt servieren.

Tipps: Besonders dekorativ sind runde Häppchen. Dafür mit einem Glas (Ø etwa 7 cm) runde Platten ausstechen. Die Teigreste wieder zusammenkneten, nochmals ausrollen und weitere Platten ausstechen. Anschließend die Teigplatten wie im Rezept beschrieben weiterverarbeiten. Statt Schafskäse etwa 75 g geriebenen Käse (z. B. Gouda) auf der Schmandmasse verteilen. Für noch mehr Gäste 2 oder 3 Pizzateige mit verschiedenen Belägen vorbereiten. Die Backbleche nacheinander (bei Heißluft zusammen) in den vorgeheizten Backofen schieben und backen.

Rezeptvarianten: Für **Paprika-Häppchen** (im Foto unten) anstatt der Zwiebelsuppe 165 g abgetropfte Tomatenpaprika in Streifen (aus dem Glas) nehmen. Diese mit 1 gehäuftem Esslöffel Paprikamark und dem Schmand verrühren. Die Paprikamasse mit Salz und Pfeffer würzen, auf die Teigplatten streichen. Den Schafskäse oder anderen geriebenen Käse darüber verteilen und wie im Rezept angegeben backen.
Für **Häppchen mit Pesto** (im Foto oben) statt der Zwiebelsuppe 90–100 g Pesto alla Genovese mit dem Schmand verrühren und auf die Teigplatten streichen. Schafskäse darüber verteilen und wie im Rezept angegeben backen.

Zwiebelpizzen I

Pikanter, vegetarischer Knuspergenuss

4 Stück

Pro Stück: E: 17 g, F: 15 g, Kh: 49 g, kJ: 1705, kcal: 407, BE: 3,5

Für den Hefeteig:

250 g Vollkorn-Weizenmehl
21 g frische Hefe
150 ml lauwarmes Wasser
2 EL Speiseöl
1 TL gerebelter Thymian
Salz

Für den Belag:

je 150 g rote und weiße Zwiebeln
350 g Tomaten
1 TL Speiseöl
gerebelter Rosmarin
gerebelter Oregano
gerebelter Thymian
gem. Pfeffer
½ TL Zucker
100 g geraspelter Emmentaler

Außerdem:

2 Backbleche
Backpapier
Mixer mit Knethaken

Zubereitungszeit: etwa 40 Minuten, ohne Teiggehzeit
Backzeit: etwa 25 Minuten je Backblech

1. Für den Teig das Mehl in eine Rührschüssel geben und in die Mitte eine Vertiefung eindrücken. Die Hefe hineinbröckeln. 50 ml Wasser hinzufügen und mit einer Gabel mit etwas Mehl zu einem Brei verrühren, 10–15 Minuten gehen lassen.

2. Restliches Wasser (100 ml), Speiseöl, Thymian und ½ Teelöffel Salz hinzufügen. Die Zutaten mit dem Mixer (Knethaken) zunächst kurz auf niedrigster, dann auf höchster Stufe in etwa 5 Minuten zu einem glatten Teig verarbeiten. Den Teig mit Mehl bestäuben und zugedeckt so lange an einem warmen Ort gehen lassen, bis er sich sichtbar vergrößert hat (etwa 30 Minuten).

3. Für den Belag in der Zwischenzeit Zwiebeln abziehen, zuerst in Scheiben schneiden, dann in Ringe teilen. Tomaten kreuzweise einschneiden und mit kochendem Wasser übergießen. Nach 1–2 Minuten herausnehmen und mit kaltem Wasser abschrecken. Tomaten häuten, halbieren und die Stängelansätze herausschneiden. Tomaten in Scheiben schneiden.

4. Die Backbleche mit Backpapier belegen. Den Backofen vorheizen.
Ober-/Unterhitze: etwa 200 °C
Heißluft: etwa 180 °C

5. Den gegangenen Teig leicht mit Mehl bestäuben, aus der Schüssel nehmen, auf der bemehlten Arbeitsfläche nochmals gut durchkneten und 4 gleich große Kugeln daraus formen. Die Teigkugeln mit bemehlten Händen jeweils zu runden Fladen (Ø etwa 22 cm) formen und auf die beiden Backbleche legen. Die Teigränder mit Speiseöl bestreichen (sie werden dann knuspriger). Die Fladen mit Tomaten belegen und mit Kräutern und Pfeffer bestreuen. Zwiebelringe darauf verteilen und Zucker daraufstreuen.

6. Die Backbleche nacheinander (bei Heißluft zusammen) in den vorgeheizten Backofen schieben. Die Zwiebelfladen **etwa 20 Minuten je Backblech backen.**

7. Die Fladen mit Käseraspeln bestreuen und **etwa 5 Minuten überbacken,** bis der Käse zerlaufen ist.

Vorrat und Küchenausstattung

Natürlich hängt es vom Rezept ab, was man braucht. Es gibt aber Zutaten, die man öfters benötigt. Es ist auch hilfreich, einige Küchenutensilien da zu haben, damit man z. B. für einen Dosenöffner nicht erst die Nachbarn abklappern muss, wenn man mitten im Rezept steckt.

Vorschläge für den Vorratsschrank

- Nährmittel (z. B. Nudeln, Reis, Mehl), getrocknete Hülsenfrüchte (z. B. Linsen), aber auch Salz und Zucker
- Dosen und Konserven (z. B. passierte und/oder stückige Tomaten, Gemüsemais, Kidneybohnen)
- Instant-Brühe (z. B. Gemüse- oder Fleischbrühe), Speiseöl (am besten ein neutrales Öl wie Sonnenblumen- oder Rapsöl), Sojasauce

Umfüll-Tipp: Den Inhalt angebrochener Packungen in dicht schließende Vorratsbehälter (z. B. aus Kunststoff oder Glas) umfüllen. Versehen mit einem Etikett, auf dem Inhalt, Tag der Umfüllung und Haltbarkeitsdatum stehen, ist man immer auf der sicheren Seite.

Vorschläge für den Kühlschrankvorrat (je nach Vorliebe)

- Eier (Größe M)
- Milch- oder Sojaprodukte
- Würstchen oder Tofu
- Butter oder Margarine
- angebrochene Packungen von Senf, Ketchup, Tomatenmark und Mayonnaise

Lagerungs-Tipp: Einige Lebensmittel gehören nicht in den Kühlschrank, z. B. Brot, Kartoffeln, Bananen und Speiseöl.

Was man sonst noch braucht

- Kaffee und/oder Tee
- Zitronen oder Zitronensaft
- Obst, Gemüse, Kartoffeln, Zwiebeln und evtl. Knoblauch je nach Bedarf kaufen
- getrocknete Kräuter oder evtl. TK-Kräuter (z. B. gemischte Kräuter oder Petersilie)
- Gewürze (z. B. gemahlener Pfeffer, Paprika- und Currypulver, geriebene Muskatnuss)
- Semmelbrösel

Küchenausstattung

- je 1 kleiner und großer Topf mit Deckel und 1 Pfanne mit Deckel (für 1–2 Portionen sollte der Pfannendurchmesser 20–24 cm, für 4 Portionen etwa 28 cm betragen)
- 1 große, flache Auflaufform (für 4 Portionen: etwa 20 x 30 cm, 2 ¼–2 ½ l Inhalt, für 1–2 Portionen sollte die Auflaufform etwas kleiner sein und etwa 1 ½ l Inhalt fassen)
- 1 Pfannenwender
- Schneidbretter
- je 1 großes und kleines Messer, evtl. Sparschäler
- Besteck (kleine und große Löffel, Messer und Gabeln)
- Dosenöffner
- Schere
- Reibe
- Mixer mit Rührbesen und Knethaken
- Pürierstab
- Küchenwaage
- Messbecher/Litermaß
- Rührschüssel/Rührbecher
- Teigrolle (eine saubere Flasche mit zylindrischer Form geht auch)
- Rührschüssel
- Schneebesen
- Haushaltssieb
- luftdicht verschließbare Kunststoffgefäße
- 1 Backblech und 1 Backofenrost (meist im Backofen vorhanden)
- 1–2 Backformen (z. B. 1 Springform Ø 26 cm, 1 Muffinform für 12 Muffins)

Außerdem

Küchenpapier
Backpapier
Frischhaltefolie
Geschirrtücher
Topflappen

BAföG-freundlich einkaufen

- Preise vergleichen lohnt sich! Das gleiche Produkt gibt es von einem anderen Hersteller oder als No-Name-Artikel oft deutlich günstiger. Dabei immer auch auf die Packungsgröße achten: Ist der Grundpreis je 100 Gramm bei einer Großpackung wirklich niedriger als bei der kleinen? Und vor allem: Braucht man die Großpackung wirklich auf?
- Angebote der Supermärkte beachten: Hier findet sich sicher das eine oder andere günstige Angebot, das genau zum Speiseplan passt.
- Einkaufszettel schreiben: Vorausschauend planen, was es in der Woche geben soll und dabei auch die Vorräte checken, vor allem die, die schnell verbraucht werden müssen. Alles aufschreiben, auch das, was während der Woche aufgebraucht werden könnte.
- Wer hungrig einkauft, gibt mehr aus! Verführungen widersteht man leichter, wenn man satt ist.
- Frisches Obst- und Gemüse dann kaufen, wenn es bei uns Saison hat. Bei regionalen Produkten entfallen lange Transportwege. Die Ware ist meist nicht nur frischer, sondern auch preiswerter. Ist die jeweilige Saison vorbei, auf günstige TK-Produkte ausweichen.

Energie sparen = Geld sparen

- Topfgröße = Herdplattengröße = Energie sparen! Denn ein kleiner Topf auf einer größeren Kochstelle verbraucht unnötig Energie und Wärme geht verloren. Umgekehrt wird mit einem großen Topf auf einer kleinen Kochstelle das Ankochen unnötig verlängert, da keine schnelle Wärmeübertragung erfolgen kann.

- Möglichst nicht ohne Deckel kochen – das verlängert nicht nur die Garzeit, sondern kostet vor allem Bares! Ausnahme: Nudeln immer offen kochen.
- Das Wasser, z. B. für Nudeln, mit dem Wasserkocher statt auf dem Herd zum Kochen bringen. So spart man nicht nur Energiekosten, sondern auch Zeit. Den Herd erst, kurz bevor das Wasser im Kocher siedet, anschalten, den Topf auf die Kochstelle stellen und das Wasser in den Topf umgießen.
- Die Kochstelle erst einschalten, wenn der Topf (mit Inhalt) daraufsteht. Nach dem Ankochen auf dem Elektroherd die Hitze so reduzieren, dass es gerade eben weiterkocht.
- Zum Garen von Kartoffeln nur so viel Wasser zugeben, dass die Kartoffeln knapp mit Wasser bedeckt sind.

- Zum Garen von Gemüse nur so viel Wasser nehmen, dass es 3–4 cm hoch im Topf steht. Weiterer Vorteil hier: Die Zubereitung ist auch vitamin- und nährstoffschonender.
- Restwärme nutzen! Fast immer können Backofen oder Kochstelle schon etwa 5 Minuten früher ausgeschaltet werden, ohne dass das Ergebnis darunter leidet.
- Jedes Öffnen von Topf- oder Pfannendeckel oder von der Backofentür kostet nicht nur Wärme, sondern auch Energie.
- Die Gebrauchsanweisung des Backofens daraufhin checken, in welchen Fällen auf Vorheizen verzichtet werden kann.

An morgen denken

- Kartoffeln gleich für 2 Tage kochen: Am ersten Tag Salzkartoffeln genießen und am nächsten werden daraus Bratkartoffeln oder ein leckerer Kartoffelsalat.
- Reis und Nudeln können gleich in größeren Portionen vorgekocht und zugedeckt im Kühlschrank aufbewahrt werden.
- TK-Produkte wie Fisch oder Fleisch, die aufgetaut verwendet werden, bereits am Vortag in den Kühlschrank legen, so tauen sie schonend auf.
- Ist vom Essen etwas übrig geblieben, die Reste schnell abkühlen lassen und ab in den Kühlschrank damit. Am anderen Tag wieder aufgewärmte Speisen schmecken oft ganz besonders lecker. Mit Reis oder Nudeln und anderen passenden Zutaten wird daraus schnell ein neues Essen „gezaubert“.
- Brot oder Brötchen sind trocken und hart geworden? Dann nicht gleich wegwerfen! Rösten Sie Croûtons daraus – viele Suppen oder Salate erhalten so den richtigen Pfiff. Oder machen Sie Semmelbrösel daraus. Denn Frikadellen oder Hackbraten werden lockerer, wenn Sie zu Semmelbröseln geriebenes, trockenes Brot daruntermischen.
- Die Wurst ist zwar noch gut, aber schon ziemlich unansehnlich? Braten Sie sie zusammen mit Kartoffelscheiben und klein gewürfelten Zwiebeln in der Pfanne an. Schon haben Sie im Handumdrehen eine deftige Bratkartoffel-Mahlzeit!
  Alternativ: Einfach Eier zur angebratenen Wurst in die Pfanne schlagen und dazubraten. Das Ganze mit Brot und evtl. Salat servieren.

Suppen & Eintöpfe

Salate

Mit Fleisch & Fisch

Vegetarisch

● = vegan

Fürs Monatsende

● = vegan

Schnell und ganz simpel

Desserts

Drinks

Kuchen, Kekse & Co.

● = vegan

Kaiserstraße 14 b
D-80801 München

3. Auflage 2016

ISBN: 978-3-7670-1723-8

Projektleitung: Carola Reich

Redaktionelle Mitarbeit: Andrea Gloß

Lektorat: no:vum, Susanne Noll

Nährwertberechnungen: Nutri Service

Rezeptentwicklung und -beratung: Irmgard Radke

Wir danken für die freundliche Unterstützung: Campari Deutschland, Oberhaching
Coca-Cola, Berlin
Mast-Jägermeister, Wolfenbüttel
Peter Kölln, Elmshorn

Titelgestaltung: kontur:design GmbH

Grafische Gestaltung und Satz: MDH Haselhorst

Fotografie: Walter Cimbal (S. 53, 56, 111, 154)
Fotostudio Diercks (Thomas Diercks, Kai Boxhammer, Christiane Krüger) (S. 8, 9, 13, 15, 24, 32–37, 60, 62, 64, 69, 77, 83, 84–88, 91, 94, 95, 99, 107, 108, 119, 124, 125, 127, 128, 134, 139, 164, 171, 187, 195, 199, 202, 204, 216, 223, 224, 229, 231, 240, 244, 262, 264, 265, 267, 269, 271, 281)
Eising Studio Food Photo & Video (S. 14, 18, 27, 38, 39–45, 46, 47, 48, 61, 81, 89, 92, 113, 114, 121, 145, 158, 174, 207, 217, 228, 245, 248, 249, 277, 279)
Ulli Hartmann (S. 63, 66, 75, 101, 132, 167, 193, 205, 276)
Janne Peters (S. 25, 54, 65, 110, 166, 179, 266)
Antje Plewinski (S. 6, 7, 11, 12, 17, 19, 20–23, 26, 28–31, 50, 51, 59, 67, 71–76, 78, 79, 97, 98, 100, 102–104, 106, 109, 112, 115, 117, 118, 120, 122, 123, 126, 129–131, 133, 136, 137, 140, 143, 144, 146, 149, 150, 153, 156, 157, 159, 162, 165, 168–170, 173, 175–178, 180, 181, 183, 185, 186, 188–192, 196–198, 200, 201, 203, 208, 211, 213–215, 218, 219, 221, 222, 225–227, 230, 232–235, 237, 238, 241, 246, 247, 250–252, 254, 256–259, 261, 268, 270, 273–275, 278, 280)
Anke Politt (S. 49, 68, 70, 182, 194, 243, 263)
Hans-Joachim Schmidt (S. 57, 161, 163, 253, 255)
Axel Struwe (S. 55, 82, 116, 155, 212, 220, 242)
Norbert Toelle (S. 80, 85, 86, 148, 160, 272)
Brigitte Wegner (S. 10, 30, 93, 172, 206, 233, 236)

Producing: Jan Russok, Peter Karg-Cordes

Druck & Bindung: Optimal media GmbH, Röbel/Müritz

Die Bücher und E-Books unter der Marke Dr. Oetker Verlag erscheinen als Lizenz in der ZS Verlag GmbH. www.oetker-verlag.de | www.facebook.de/Dr.OetkerVerlag

Die ZS Verlag GmbH ist ein Unternehmen der Edel AG, Hamburg.
www.zsverlag.de / www.facebook.de/zs-verlag

Für Fragen, Vorschläge oder Anregungen steht Ihnen der Verbraucherservice der Dr. Oetker Versuchsküche Telefon: 00800 71 72 73 74 Mo.–Fr. 8:00–18:00 Uhr, Sa. 9:00–15:00 Uhr (gebührenfrei in Deutschland) zur Verfügung.